Basiswissen Psychologie

Reihe herausgegeben von
Jürgen Kriz, Institut für Psychologie, Universität Osnabrück
Osnabrück, Deutschland

Beirat
Markus Bühner, Department Psychologie, Ludwig-Maximilians-Universität München, München, Deutschland

Thomas Goschke, Fakultät Psychologie, Technische Universität Dresden
Dresden, Deutschland

Arnold Lohaus, Fakultät für Psychologie und Sportwissenschaft
Universität Bielefeld, Bielefeld, Deutschland

Jochen Müsseler, Institut für Psychologie, RWTH Aachen
Aachen, Deutschland

Astrid Schütz, Institut Psychologie, Otto-Friedrich-Universität Bamberg
Bamberg, Deutschland

Die erfolgreiche Lehrbuchreihe im Programmbereich Psychologie: Das Basiswissen ist konzipiert für Studierende und Lehrende der Psychologie und angrenzender Disziplinen, die Wesentliches in kompakter, übersichtlicher Form erfassen wollen.

Eine ideale Vorbereitung für Vorlesungen, Seminare und Prüfungen: Die Bücher bieten Studierenden in aller Kürze einen fundierten Überblick über die wichtigsten Ansätze und Fakten. Sie wecken so Lust am Weiterdenken und Weiterlesen.

Neue Freiräume in der Lehre: Das Basiswissen bietet eine flexible Arbeitsgrundlage. Damit wird Raum geschaffen für individuelle Vertiefungen, Diskussion aktueller Forschung und Praxistransfer.

Herausgegeben von
Prof. Dr. Jürgen Kriz
Universität Osnabrück

Wissenschaftlicher Beirat:
Prof. Dr. Markus Bühner
Ludwig-Maximilians-Universität München

Prof. Dr. Thomas Goschke
Technische Universität Dresden

Prof. Dr. Arnold Lohaus
Universität Bielefeld

Prof. Dr. Jochen Müsseler
RWTH Aachen

Prof. Dr. Astrid Schütz
Otto-Friedrich-Universität Bamberg

Elisabeth Kals · Isabel T. Strubel
Jürgen Hellbrück

Umweltpsychologie

2., vollständig überarbeitete Auflage

Elisabeth Kals
Katholische Universität
Eichstätt-Ingolstadt
Eichstätt-Ingolstadt, Deutschland

Isabel T. Strubel
Katholische Universität
Eichstätt-Ingolstadt
Eichstätt-Ingolstadt, Deutschland

Jürgen Hellbrück
Katholische Universität
Eichstätt-Ingolstadt
Eichstätt-Ingolstadt, Deutschland

Zusätzliches Material zu diesem Buch finden Sie auf http://www.lehrbuch-psychologie.springer.com

ISSN 2626-0441 ISSN 2626-0492 (electronic)
Basiswissen Psychologie
ISBN 978-3-662-67246-4 ISBN 978-3-662-67247-1 (eBook)
https://doi.org/10.1007/978-3-662-67247-1

Die Deutsche Nationalbibliothek verzeichnet diese Publikation in der Deutschen Nationalbibliografie; detaillierte bibliografische Daten sind im Internet über https://portal.dnb.de abrufbar.

© Der/die Herausgeber bzw. der/die Autor(en), exklusiv lizenziert an Springer-Verlag GmbH, DE, ein Teil von Springer Nature 2010, 2023
Ursprünglich erschienen bei VS Verlag für Sozialwissenschaften | Springer Fachmedien Wiesbaden GmbH, 2010
Das Werk einschließlich aller seiner Teile ist urheberrechtlich geschützt. Jede Verwertung, die nicht ausdrücklich vom Urheberrechtsgesetz zugelassen ist, bedarf der vorherigen Zustimmung des Verlags. Das gilt insbesondere für Vervielfältigungen, Bearbeitungen, Übersetzungen, Mikroverfilmungen und die Einspeicherung und Verarbeitung in elektronischen Systemen.
Die Wiedergabe von allgemein beschreibenden Bezeichnungen, Marken, Unternehmensnamen etc. in diesem Werk bedeutet nicht, dass diese frei durch jedermann benutzt werden dürfen. Die Berechtigung zur Benutzung unterliegt, auch ohne gesonderten Hinweis hierzu, den Regeln des Markenrechts. Die Rechte des jeweiligen Zeicheninhabers sind zu beachten.
Der Verlag, die Autoren und die Herausgeber gehen davon aus, dass die Angaben und Informationen in diesem Werk zum Zeitpunkt der Veröffentlichung vollständig und korrekt sind. Weder der Verlag noch die Autoren oder die Herausgeber übernehmen, ausdrücklich oder implizit, Gewähr für den Inhalt des Werkes, etwaige Fehler oder Äußerungen. Der Verlag bleibt im Hinblick auf geografische Zuordnungen und Gebietsbezeichnungen in veröffentlichten Karten und Institutionsadressen neutral.

Einbandabbildung: © J. Sangsorn/Stock.adobe.com

Planung/Lektorat: Joachim Coch, Dr. Angelika Schulz
Springer ist ein Imprint der eingetragenen Gesellschaft Springer-Verlag GmbH, DE und ist ein Teil von Springer Nature.
Die Anschrift der Gesellschaft ist: Heidelberger Platz 3, 14197 Berlin, Germany

Einführung und Empfehlungen für das Studium

Überblick über die Themen
Wir freuen uns sehr, dass der vorliegende Band „Umweltpsychologie" nun in zweiter, vollständig überarbeiteter Auflage vorliegt. Er folgt der Philosophie der Springer-Reihe „Basiswissen Psychologie", in kompakter und übersichtlicher Form Wissen an Studierende der Psychologie und angrenzender Fachrichtungen zu vermitteln. Die Herausforderung für Autorinnen und Autoren besteht bei einer solchen Aufgabe stets in der Kunst des Weglassens und des Begrenzens. Dies fällt im Fall der Umweltpsychologie nicht leicht, da der Stoff umfangreich und breit gefächert ist und auch andere wissenschaftliche Disziplinen einbezieht. In den letzten zehn Jahren ist dieser Stoff nochmals breiter geworden. Wir hoffen, in diesem Buch die richtige Auswahl getroffen zu haben. Dabei sind mehrere Themen im Vergleich zur ersten Auflage neu dazugekommen.

Bei der Themenwahl werden der naturwissenschaftliche und der sozialwissenschaftliche Zugang zur Umweltpsychologie in gleichem Maß gewichtet und berücksichtigt. Unter den umweltpsychologischen Lehrbüchern dürfte dieses Buch bis dato nach wie vor das einzige sein, das einen so weiten Bogen spannt. Möglich wurde dies durch die Tatsache, dass durch die Autorinnen und Autoren unterschiedliche Schwerpunkte eingebracht werden: Während Elisabeth Kals und Isabel Strubel ihren Schwerpunkt eher in den sozialwissenschaftlichen Domänen, inklusive umweltpsychologischen Handelns, haben, ist Jürgen Hellbrück stärker in naturwissenschaftlich-technisch ausgewiesenen Feldern der Umweltpsychologie verortet. Die Autorinnen und Autoren verbindet die Überzeugung, dass sowohl der eine wie der andere Zugang notwendig sind, um Mensch-Umwelt-Beziehungen zu verstehen und um – gründend auf diesem Verständnis – Probleme der Mensch-Umwelt-Beziehungen anzugehen.

Nach einer integrativen Einleitung befassen sich die anschließenden vier Kapitel schwerpunktmäßig mit der physisch-materiellen Umwelt, die Kap. 6, 7, 8, 9, 10 und 11 dagegen mit der räumlich-sozialen Umwelt und der Psychologie des Umweltschutzes. Im letzten Kapitel findet eine Synthese beider Bereiche statt.

Im ersten Kapitel wird in den Gegenstandsbereich der Umweltpsychologie eingeführt. Dabei werden begriffliche Abgrenzungen vorgenommen und eine Einbettung der Umweltpsychologie in den historischen Kontext der Psychologie versucht sowie gegenwärtige Trends in der Umweltpsychologie skizziert.

In Kap. 2 gehen wir darauf ein, wie die komplexen Reizkonfigurationen in der natürlichen Umwelt wahrgenommen, verstanden und erinnert werden. Das dritte Kapitel behandelt Umweltstressoren und wie sie die Gesundheit des Menschen beeinträchtigen können. Im vierten Kapitel geht es um Natur- und Landschaftserleben und um die Wirkungen von Wetter und Klima auf den Menschen. Das fünfte Kapitel befasst sich mit Gefahren und Risiken, die sowohl in der natürlichen als auch in der technischen Umwelt lauern, und mit der Frage, wie Menschen damit umgehen.

Im sechsten Kapitel stehen Mensch-Raum-Beziehungen und die Implikationen der gebauten Umwelt für Erleben und Verhalten im Mittelpunkt. Im siebten Kapitel werden Fragen der Werte, des Umweltbewusstseins und der Nachhaltigkeit unter psychologischen Gesichtspunkten thematisiert. Das achte Kapitel beschreibt, wie umweltschützendes Handeln psychologisch erklärt und gefördert werden kann. Dabei wird deutlich, dass ökologische Ziele in einem potenziellen Spannungsverhältnis zu anderen Zielen, etwa ökonomischen, stehen. Daher stehen im neunten Kapitel die Nachhaltigkeit und hier speziell der nachhaltige Konsum im Vordergrund. Im sich anschließenden Kapitel wird Freiwilligenarbeit im Umweltschutz betrachtet. Die Begrenztheit der Ressourcen provoziert Konflikte zwischen ökologischen, ökonomischen und sozialen Interessen. Damit stellen sich Fragen der Gerechtigkeit und der Mediation, d. h. der Vermittlung zwischen unterschiedlichen Ansprüchen und Forderungen. Dies wird in Kapitel elf behandelt.

Im letzten Kapitel werden schließlich Fragen der Professionalisierung der umweltpsychologischen Disziplin sowie Probleme umweltpsychologisch motivierter Gestaltungen und deren Erfolgsbewertung in einer Gesamtschau behandelt.

Theoretische Grundlagen und praktische Anwendungen werden in allen Kapiteln gleichermaßen bedacht.

Aufbau der Kapitel und Empfehlungen für das Studium
Die zwölf Kapitel dieses Bands bieten Stoff für zwölf Vorlesungstermine. Damit liegen sie am unteren Ende der Bandbreite von einem üblichen Semesterumfang von 12 bis 14 Vorlesungsterminen und lassen so Dozent:innen Raum, um in den noch freien Sitzungen Themen nach eigener Wahl zu behandeln. In einem Begleitseminar können einzelne Fragestellungen durch zusätzliches Literaturstudium vertieft werden. Wir raten hierbei zu den beiden Bänden „Umweltpsychologie" aus der *Enzyklopädie der Psychologie*, die man in den Semesterapparat aufnehmen sollte, sowie einer ergänzten neueren internationalen Edition:

- Lantermann, E. D., & Linneweber, V. (Hrsg.). (2008). *Grundlagen, Paradigmen und Methoden der Umweltpsychologie*. Hogrefe.
- Linneweber, V., Lantermann, E.-D., & Kals, E. (Hrsg.). (2010). *Spezifische Umwelten und umweltbezogenes Handeln*. Hogrefe.
- Steg, L., & de Groot, J. I. M. (Hrsg.). (2019). *Environmental psychology* (2. Aufl.). Wiley-Blackwell.

Darüber hinaus werden am Ende eines jeden Kapitels weitere Literaturempfehlungen für das vertiefte Studium angegeben.

Insbesondere für ein Masterstudienprogramm empfiehlt es sich nach unseren Lehrerfahrungen, aufbauend auf Vorlesung und Begleitseminar ein Projektseminar durchzuführen. Hierzu sollten in Kleingruppen Fragestellungen in empirischen Untersuchungen bearbeitet werden, die innerhalb eines Semesters durchführbar sind, und die mit einem klassischen, im APA-Format abzufassenden Untersuchungsbericht abgeschlossen werden. Anregungen finden sich in den Materialien auf der Seite www.lehrbuch-psychologie.springer.com. Dort gibt es auch zu einzelnen Kapiteln ergänzendes Textmaterial.

Dieser Band Umweltpsychologie wendet sich in erster Linie an Studierende der Psychologie, die bereits psychologisches Grundlagenwissen mitbringen, das sie in einem Bachelor-Studiengang erworben haben. Er richtet sich aber auch an Psychologiestudierende, die während ihres Bachelor-Studiums Entscheidungshilfen für eine spätere Vertiefung im Rahmen eines Master-Studiengangs suchen. Auch Studierende von sozial- und naturwissenschaftlichen Nachbardisziplinen, wie der Soziologie und der Pädagogik, der Architektur, der Geographie und der Wirtschaftswissenschaften sowie natürlich alle, die im Bereich der Umweltwissenschaften studieren, dürften von diesem Buch profitieren. Den Externen raten wir, sich noch ein aktuelles allgemeines Lehrbuch der Psychologie sowie ein Lexikon oder Wörterbuch der Psychologie auf den Schreibtisch zu legen, zum Beispiel:

- Häcker, H., & Stapf, K.-H. (Hrsg.). (2009). *Dorsch psychologisches Wörterbuch* (15. Aufl.). Huber.
- Städtler, T. (2003). *Lexikon der Psychologie*. Kröner.
- Zimbardo, P. G., & Gerrig, R. J. (2018). *Psychologie* (21. Aufl.). Pearson.

Wir würden uns wünschen, dass dieses Buch weiterhin auch in Masterstudiengängen Verwendung findet, die interdisziplinär zusammengesetzt sind, da es von Vorteil ist, Umweltpsychologie im interdisziplinären Verbund der Umweltwissenschaften zu studieren.

Für wen ist dieses Buch also geschrieben? Für alle, die Freude am Studieren und Forschen im umweltpsychologischen Kontext haben, dabei gern über den eigenen Tellerrand hinausschauen und – nicht zuletzt – auch Verantwortung für die Umwelt empfinden und diese auf Sachverstand begründet wahrnehmen wollen.

Zum Schluss möchten wir uns bei dem Herausgeber, Herrn Prof. Dr. Jürgen Kriz, für die große Unterstützung und die wertvollen Anregungen zur Verbesserung des Manuskripts bedanken. Ausdrücklich danken wir auch Frau Theresa Morner, die uns mit großer Genauigkeit und hoher Expertise bei der Erstellung und beim Korrekturlesen des Buchs in ungezählten Arbeitsstunden unterstützt hat.

Eichstätt, 2023   Elisabeth Kals, Isabel T. Strubel und Jürgen Hellbrück

Inhaltsverzeichnis

1 Umweltpsychologie und ihre historischen Wurzeln 1
   1.1 Was ist Umweltpsychologie? 1
   1.2 Begriffe – Umwelt, Natur, Zivilisation, Kultur und
       Nachhaltigkeit 2
   1.3 Die drei Umwelten des Menschen und der Umweltschutz 4
   1.4 Historische Wurzeln und neuere Entwicklungen der
       Umweltpsychologie 6
   1.5 Paradigmen und methodische Zugänge 10
   Wo Sie Ihr Wissen erweitern und vertiefen können 12

2 Umweltbezogene Wahrnehmung und Kognition 13
   2.1 Elementare Empfindungen 13
   2.2 Ökologische Optik 14
   2.3 Kognition und kognitive Karten 15
   2.4 „The Image of the City" 18
   Wo Sie Ihr Wissen erweitern und vertiefen können 19

3 Umweltbelastungen, Stress und Gesundheit 21
   3.1 Stress und Gesundheit 21
   3.2 Schall und Lärm 24
   3.3 „Smellscape" – Düfte und Gestank 29
   3.4 Umweltgifte 31
   3.5 „Elektrosmog" 33
   Wo Sie Ihr Wissen erweitern und vertiefen können 35

4 Landschaft, Wetter und Klima ... 37
- 4.1 Landschaft und die Liebe zur Natur ... 37
- 4.2 Landschaftspräferenzen und Wirkungen von natürlicher Landschaft ... 39
- 4.3 Klima, Wetter und Mensch ... 42
- 4.4 Bioklima und Bioklimatologie ... 44
- 4.5 Saisonale Einflüsse – Licht und Hitze ... 47
- Wo Sie Ihr Wissen erweitern und vertiefen können ... 50

5 Umweltrisiken und Umweltkatastrophen ... 51
- 5.1 Definitionen – Risiko, Gefahr, Katastrophe ... 51
- 5.2 Naturgefahren und technische Umweltgefahren ... 53
- 5.3 Vor der Katastrophe ... 58
- 5.4 Während der Katastrophe ... 60
- 5.5 Nach der Katastrophe ... 61
- Wo Sie Ihr Wissen erweitern und vertiefen können ... 62

6 Raum und gebaute Umwelt ... 63
- 6.1 Bedeutung der gebauten Umwelt ... 63
- 6.2 Crowding und Dichte ... 65
- 6.3 Persönlicher Raum (Personal Space) und Territorialität ... 68
- 6.4 Stadt- und Wohnumwelt, Arbeitswelt und Mobilität ... 72
- 6.5 Spezifische Umwelten ... 77
- Wo Sie Ihr Wissen erweitern und vertiefen können ... 77

7 Werte, Umweltbewusstsein und Nachhaltigkeit ... 79
- 7.1 Werte und Wertewandel ... 80
- 7.2 Umweltschutz als Wert und Umweltbewusstsein ... 82
- 7.3 Sozioökologisches Dilemma ... 84
- 7.4 Vom Umweltschutz zur Nachhaltigkeit ... 86
- 7.5 Lebensstile bzw. Lebensstiltypen ... 90
- Wo Sie Ihr Wissen erweitern und vertiefen können ... 92

8 Umweltschützendes Handeln ... 93
- 8.1 Modelle umweltrelevanten Handelns ... 93
- 8.2 Empirische Befunde ... 97
- 8.3 Psychologische Ansätze zur Förderung umweltschützenden Verhaltens ... 100
- 8.4 Interventionsansätze aufgrund der Erklärung umweltschützenden Handelns ... 103
- 8.5 Interventionsansätze der Umweltbildung und Bildung für nachhaltige Entwicklung ... 108
- Wo Sie Ihr Wissen erweitern und vertiefen können ... 110

9 Nachhaltiger Konsum ... 111
9.1 Nachhaltiger Konsum als zentraler Bestandteil nachhaltiger Entwicklung ... 111
9.2 Was ist nachhaltiger Konsum? ... 113
9.3 Was beeinflusst nachhaltiges Konsumhandeln? ... 116
9.4 Kritische Überlegungen zum nachhaltigen Konsum ... 125
Wo Sie Ihr Wissen erweitern und vertiefen können ... 126

10 Freiwilligenarbeit im Umweltschutz ... 129
10.1 Die Bedeutung von Freiwilligenarbeit im Umweltschutz ... 129
10.2 Umfang und Formen der Freiwilligenarbeit im Umweltschutz ... 131
10.3 Definitionen und Charakteristika freiwilliger Engagements ... 132
10.4 Was bewegt Menschen zur Freiwilligenarbeit im Umweltschutz? ... 133
10.5 Wie kann gelingende Freiwilligenarbeit im Umweltschutz gestaltet werden? ... 138
10.6 Entwicklungen in der Freiwilligenarbeit ... 141
Wo Sie Ihr Wissen erweitern und vertiefen können ... 143

11 Umweltkonflikte und Umweltmediation ... 145
11.1 Umweltgefährdung und Ursachen von Umweltkonflikten ... 145
11.2 Spezifika von Umweltkonflikten ... 147
11.3 Externe Möglichkeiten zur Lösung von Umweltkonflikten ... 148
11.4 Grundlagen der Umweltmediation ... 149
11.5 Chancen und Grenzen der Umweltmediation ... 150
Wo Sie Ihr Wissen erweitern und vertiefen können ... 152

12 Professionalisierung, Gestaltung und Evaluation ... 153
12.1 Professionalisierung ... 153
12.2 Umweltpsychologische Kernkompetenzen ... 155
12.3 (Gestaltungs-)Aufgaben der Umweltpsychologie ... 156
12.4 Evaluation von Interventions- bzw. Gestaltungsprogrammen ... 158
12.5 Ausbildung und Berufsfelder ... 159
Wo Sie Ihr Wissen erweitern und vertiefen können ... 161

Literatur ... 163

Stichwortverzeichnis ... 187

Umweltpsychologie und ihre historischen Wurzeln

1

In diesem Einführungskapitel werden grundlegende Begriffe sowie Sichtweisen und Paradigmenwechsel behandelt, die zum Entstehen der Umweltpsychologie beigetragen haben. Wir definieren zunächst den Begriff Umweltpsychologie, erläutern anschließend Begriffe wie Umwelt, Natur und Zivilisation und gehen auf die „drei Umwelten" nach Willy Hellpach ein. Anschließend beleuchten wir historische Hintergründe der Umweltpsychologie. Wir beginnen mit den biologischen Einflüssen, von Darwins Evolutionstheorie über Uexkülls Bedeutungslehre bis Haeckels Ökologie. Anschließend behandeln wir Entwicklungen innerhalb der Psychologie, die vom amerikanischen Funktionalismus bis hin zu Barkers Behavior-Setting-Ansatz und neuen evolutionspsychologischen Erkenntnissen reichen. Zum Schluss diskutieren wir deterministische, possibilistische und transaktionalistische Denkweisen und streifen kurz die Systemanalyse als einen möglichen methodischen Zugang zu komplexen Umweltproblemen.

1.1 Was ist Umweltpsychologie?

Psychologie ist die Wissenschaft vom Erleben (Bewusstsein) und Verhalten des Menschen. Umweltpsychologie stellt eine psychologische Teildisziplin dar, die sich mit den Wechselwirkungen zwischen dem Menschen und seinen physischen und soziokulturellen Umwelten befasst (vgl. Bell et al., 2005; Graumann & Kruse, 2008). Gegenstände der Umweltpsychologie sind somit die Einflüsse der physischen und soziokulturellen Umwelten auf Erleben und Verhalten von Individuen und Gruppen sowie ferner das Verhalten von Menschen, das – gewollt oder ungewollt – Veränderungen von Umwelten bewirkt. Diese haben ihrerseits wieder Implikationen für Erleben und Verhalten (vgl. Ittner et al., 2018).

Umwelt beschreibt – siehe unten – das „Umgebende", das für das jeweilige Lebewesen Bedeutung besitzt. Im Fokus der Umweltpsychologie steht daher das äußere, oft komplexe Bedingungsgefüge, unter dem die Menschen leben und handeln und dessen Ausgestaltung sie zu einem großen Teil auch selbst in der Hand haben. Dazu zählen beispielsweise die Wohn- und Lebensbedingungen in Städten und auf dem Land sowie Landschaften und klimatische Bedingungen. Technische Anlagen, industrielle und landwirtschaftliche Produktionsstätten sowie Straßen-, Schienen- und Luftverkehr mit ihren negativen Begleiterscheinungen wie Luftverschmutzung, Lärm und Altlasten stellen ebenso vom Menschen hervorgerufene und beeinflusste Umweltbedingungen dar, wie klimaschädigende Emissionen durch den hohen Verbrauch fossiler Energieträger. Forschungen und Anwendungen der Umweltpsychologie fokussieren insbesondere die negativen Auswirkungen der Umwelt auf den Menschen, vor allem im Hinblick auf die psychosoziale Gesundheit und auf das soziale Miteinander. Darüber hinaus stehen immer mehr Fragen und Probleme des Erhalts der natürlichen Umwelt – also Fragen der ökologischen Nachhaltigkeit – im Brennpunkt umweltpsychologischer Forschung.

1.2 Begriffe – Umwelt, Natur, Zivilisation, Kultur und Nachhaltigkeit

Im wissenschaftlichen Kontext sind gerade bei alltäglich genutzten Begriffen, wie Umwelt, Natur, Zivilisation und Kultur – auch Nachhaltigkeit ist mittlerweile ein häufig gebrauchter Begriff –, Definitionen sehr wichtig, um Mehrdeutigkeit zu vermeiden und Missverständnissen vorzubeugen.

Umwelt: Der Begriff Umwelt stammt ursprünglich von dem Biologen Jakob von Uexküll (1864–1944). Dieser meinte damit den Ausschnitt aus der physischen Welt, der für ein Lebewesen bzw. die jeweilige Spezies Bedeutung besitzt. Uexküll unterscheidet Umwelt und Umgebung. Die Umgebung können wir objektiv beschreiben, d. h. anhand von intersubjektiv nachvollziehbaren Beschreibungsmerkmalen. Tiere leben dagegen in ihren spezifischen Umwelten, die sie durch ihre jeweiligen Sinnesorgane bemerken (Merkwelt) und auf die sie mittels ihres Bewegungsapparats (Wirkorgane) einwirken (Wirkwelt). Das in sich geschlossene Ineinandergreifen von Merkwelt und Wirkwelt bezeichnet Uexküll als Funktionskreis. Uexküll konzipierte seinen Umweltbegriff für die Tierwelt; auf den Menschen übertragen heißt dies, dass Menschen ein und dieselbe (objektiv beschreibbare) Umgebung je nach ihrer individuellen Bedeutung unterschiedlich erleben

1.2 Begriffe – Umwelt, Natur, Zivilisation, Kultur und Nachhaltigkeit

und damit mehr oder weniger unterschiedliche Umwelten aufweisen. Beispielsweise kann eine Straßenverkehrssituation, die objektiv durch die Anzahl der stündlich durchfahrenden Fahrzeuge und andere objektive Kriterien beschrieben werden kann, für eine Mutter kleiner Kinder eine gefährliche Umwelt darstellen und für den dort wohnenden, seinen Ruhestand genießenden Rentner eine laute und ärgerliche Umwelt. Ein dort ansässiger Geschäftsinhaber aber kann diese Umgebung wegen der günstigen Verkehrsanbindung als erfreulich erleben. Alle drei befinden sich in der gleichen Umgebung, leben aber in mehr oder weniger unterschiedlichen Umwelten, da die Umgebung für diese drei Personen unterschiedliche Bedeutungen aufweist, im einen Fall eine Bedrohung, im anderen eine Belästigung und im dritten Fall eine wirtschaftliche Verheißung. Uexkülls Umweltlehre wird daher auch als Bedeutungslehre bezeichnet.

Uexkülls Umweltbegriff spielt in der heutigen Umweltpsychologie keine wichtige Rolle mehr. Stattdessen verwendet man einen objektiv wissenschaftlichen und verallgemeinerten Begriff von Umwelt, der wie folgt definiert werden kann:

> Umwelt ist die Gesamtheit aller Prozesse und Räume, in denen sich die Wechselwirkungen – also das gegenseitige Aufeinandereinwirken – zwischen Natur und Zivilisation abspielen.

Bei dieser Definition wird zwischen Umwelt und Umgebung nicht explizit unterschieden: Wenn man beispielsweise die Entwicklung des Autoverkehrs auf das Wohnverhalten der Menschen in einer Region untersucht, wäre die Frage, ob mit Autoverkehr das gemeint ist, was objektive, wissenschaftliche Beobachtende beschreiben, oder das, was die Betroffenen subjektiv wahrnehmen und erleben.

Im Folgenden werden die Begriffe Natur, Zivilisation und Kultur voneinander abgegrenzt.

Natur, Zivilisation und Kultur: Unter dem Begriff Natur sind alle anorganischen und organischen Erscheinungen zusammengefasst, die ohne Zutun des Menschen bestehen und sich entwickeln. Der Begriff Zivilisation beschreibt dagegen die durch wissenschaftlichen und technischen Fortschritt und durch Umgestaltungen der natürlichen Bedingungen geschaffenen menschlichen Lebensgrundlagen. Diese sind Ausdruck der kulturellen Entwicklung des Menschen, die – regional und gesellschaftlich unterschiedlich ausgeformt – auch Wertvorstellungen, Normen und Überzeugungen einschließt. Werte und Normen haben wiederum Einfluss auf die Art des gesellschaftlichen Zusammenlebens der Menschen sowie auf die politische Infrastruktur, die ihrerseits Rahmen für die Entfaltungsmöglichkeiten der Menschen ist und damit ebenfalls einen Umweltfaktor darstellt. Ohne die Komplexität des Begriffs Kultur zu verkennen, wollen wir hier kulturelle Umwelt als eine spezifisch menschliche Umwelt auffassen, in der die Gegebenheiten nicht als unveränderlich, sondern als veränderbar und gestaltbar erlebt werden. Mit der Öffnung zum Möglichen und Machbaren stellen sich aber auch Fragen nach Verantwortung und Schuld. Umwelt hat daher auch eine ethische Komponente.

Nachhaltigkeit: Die kulturelle Entwicklung der Menschheit gründet auch auf der Nutzung natürlicher Ressourcen. Dies rückt das Problem der Begrenztheit und Endlichkeit natürlicher Ressourcen in den Brennpunkt und verweist auf den Begriff der Nachhaltigkeit. Dieser Begriff bezieht sich ursprünglich auf die Nutzung regenerierbarer, lebender Ressourcen (z. B. Wald), die nur so weit erfolgen darf, dass die Bestände auch die Möglichkeit des Nachwachsens und somit der Erneuerung haben. Heute erstreckt sich dieser Begriff nicht nur auf natürliche Ressourcen (ökologische Nachhaltigkeit), sondern auch auf die wirtschaftlichen und sozialen Grundlagen (ökonomische und soziale Nachhaltigkeit). Dies wird in verschiedenen Modellen der Nachhaltigkeit deutlich, die diese drei Dimensionen zueinander in Beziehung setzen (näheres hierzu in Kap. 7).

Nachhaltigkeit und Ethik: Mit dem Postulat der Nachhaltigkeit kommt die ethische Komponente ins Spiel. Nach geltenden ethischen Prinzipien haben alle Menschen gleichermaßen ein Recht auf die Befriedigung energiekonsumierender Grundbedürfnisse, wie Nahrung, Wärme und Mobilität. Diese Grundrechte gewähren auch ein Recht auf Umweltnutzung. Dass der Gesetzgeber die Umweltnutzung einem Normenregime unterwirft und den Zugang zur Umweltnutzung einschränken kann, steht dazu nicht im Widerspruch, birgt aber Konfliktpotenzial. Fragen der Umweltethik, des Konflikts zwischen einzelnen Interessensgruppen oder auch Ansprüchen der Allgemeinheit einerseits und des Individuums andererseits, sowie Fragen eines als gerecht erlebten Interessensausgleichs sind daher ebenfalls Gegenstände der Umweltpsychologie.

1.3 Die drei Umwelten des Menschen und der Umweltschutz

Der Psychologe und Mediziner Willy Hellpach (1877–1955), der als Begründer der Umweltpsychologie im deutschsprachigen Raum gilt, hat die Umwelt des Menschen in natürliche Umwelt, soziale und kulturell-zivilisatorische Umwelt aufgeteilt (Hellpach, 1924). Diese Gliederung ist immer noch sinnvoll.

Natürliche Umwelt: Zu den Wirkungen der natürlichen Umwelt zählen die Einflüsse von Wetter, Klima, Boden und Landschaft auf den Menschen. Diese waren auch die vorrangigen Themen in Hellpachs bekanntestem Buch, das den Titel *Geopsyche* trägt, 1911 erstmals erschien und in acht Auflagen publiziert wurde.

Heute, mehr als ein Jahrhundert nach Hellpachs Werk, sind viele seiner Themen immer noch aktuell, wie der Einfluss von Wetter und Klima auf Stimmung und Verhalten des Menschen. In Kap. 4 werden solche Themen, z. B. „Licht und SAD (Seasonal Affective Disorder)" oder „Hitze und Aggression", behandelt. Aber auch das Erleben von Landschaft und Natur und deren Wirkungen auf Wohlbefinden und Gesundheit sind Themen der Umweltpsychologie.

Räumlich-soziale Umwelt: Ein weiterer Umweltaspekt handelt von der räumlich-sozialen Umwelt. Damit sind Räume gemeint, die Menschen gemeinsam nutzen und in denen sie soziale Beziehungen verwirklichen. Unter Räumen sind baulich umschlossene Teile innerhalb eines Gebäudes zu verstehen, aber auch Plätze in einer Stadt und sozial verbundene Teile einer Siedlung wie Nachbarschaften. Räume sind im psychologischen Sinn mehr als reine zwei- oder dreidimensionale bauliche Gebilde. Räume und Gebäude sind vielmehr unter funktionalen und ästhetischen Gesichtspunkten planvoll zueinander in Beziehung gebracht. Räume sind in Wohn- und Arbeitsräume gegliedert; Gebäude und Plätze in Siedlungen, Dörfern und Städten angeordnet, die durch Wege und Straßen miteinander verbunden sind. Häuser und Räume zeichnen sich durch sinnhafte Strukturen aus, die das Verhalten und Handeln der Menschen gestalten und reflektieren. Diese Strukturen zu verstehen und sich darin zurechtzufinden, ist auch ein Teil des kulturellen Erbes. Hierzu ein Beispiel: Ein traditioneller japanischer Wohnraum mit Tatamis als Bodenbelag, Futons, Sitzkissen und Schiebetüren mit Papierbespannung ist für einen Menschen aus dem Westen im wahrsten Sinn des Wortes ungewohnt. Er muss sich dessen Funktionen und Bedeutungen erst erschließen, ebenso wie er das „richtige" Verhalten im Umgang mit den Nutzer:innen eines solchen Raums erlernen muss.

Kulturell-zivilisatorische Umwelt: Die kulturell-zivilisatorische Umwelt umfasst alle durch wissenschaftlich-technischen und kulturellen Fortschritt bedingten Lebensgrundlagen und Begleiterscheinungen des modernen Lebens. Die wissenschaftlich-technische und kulturelle Entwicklung befreit den Menschen einerseits von Beschränkungen, die durch die Natur gesetzt sind, belastet ihn aber andererseits auch mit dadurch bedingten unangenehmen Folgen. Sie ermöglicht ihm, mit Auto, Bahn und Flugzeug weite Strecken in kurzer Zeit zurückzulegen, eine Bequemlichkeit, die mit Lärm, verunreinigter Luft, Landschaftszergliederung und nicht zuletzt mit der Ausbeutung von fossilen Energieträgern und der damit einhergehenden Klimaproblematik erkauft wird.

Umweltschutz: Angesichts der weltweiten Ausbeutung natürlicher Ressourcen und der damit verbundenen Probleme und Gefahren für das Leben auf der Erde stellt sich die Frage des Schutzes der natürlichen Umwelt und – für die Umweltpsychologie – was die Psychologie dazu beitragen kann. Umweltschutz stellt einen

Problemkomplex dar, der mit naturwissenschaftlich technischen Mitteln allein nicht lösbar ist, sondern der sozialwissenschaftlicher Ergänzung bedarf.

Umweltschutzpsychologie hat sich seit der Proklamation der Grenzen des Wachstums durch den *Club of Rome* (gegründet 1968) und vor allem seit der Energiekrise in den 1970er-Jahren als ein weitgehend eigenständiger Bereich der Umweltpsychologie etabliert, in dem der Begriff Umwelt enger gefasst und auf die natürlichen Bedingungen und Ressourcen bezogen wird (vgl. auch den Bericht des Club of Rome von 2022: Nair, 2022). Umweltschutzpsychologie nahm ihren Anfang in den USA und wurde mit einer Zeitverzögerung von wenigen Jahren auch im deutschsprachigen Raum aufgegriffen.

Umweltschutzpsychologie ist normativ begründet, indem sie sich das „Prinzip Verantwortung" – ein Begriff des Philosophen Hans Jonas (1903–1993) – zu eigen macht und Beiträge zur Förderung umweltverantwortlichen Verhaltens und Handelns leistet. Die Fragen nach umweltverantwortlichem Verhalten umfassen ein weites Spektrum. Sie reichen von der adäquaten Vermittlung von Umweltwissen über Möglichkeiten der gezielten Einstellungs- und Verhaltensänderung bis zu Fragen der erlebten Gerechtigkeit, etwa bei der Verteilung von Ressourcen. Bei der Etablierung von umweltverantwortlichem Verhalten geht es auch um innerpsychische Bedingungen, um Werte und Normen sowie deren Stabilisierung und dauerhaften Verknüpfung mit kongruenten Verhaltensweisen (vgl. zu Umweltpsychologie und ihren historischen Wurzeln auch Hellbrück & Fischer, 1999, Kap. 1 und 2).

1.4 Historische Wurzeln und neuere Entwicklungen der Umweltpsychologie

Wurzeln in der Biologie – von Darwin bis Uexküll: Die Wurzeln der Umweltwissenschaften – zu denen letztlich auch die Umweltpsychologie zählt – reichen zurück bis zu Darwins Evolutionslehre, nach der die genetische Variabilität von Merkmalen und die natürliche Selektion die treibenden Kräfte der Entwicklung des Lebens sind.

Darwins Lehre wurde im deutschsprachigen Raum durch Ernst Haeckel (1834–1919) populär, der ausgehend von Darwins Überlegungen zur Anpassung eines Lebewesens an die Umwelt eine neue Wissenschaft forderte. Auf Haeckel geht der Begriff und die Wissenschaft Ökologie (wörtlich: Wissenschaft vom Haus bzw. Haushalt) zurück. Unter Ökologie verstand er eine „Wissenschaft von den Beziehungen der Organismen zur umgebenden Außenwelt". Jakob von Uexküll,

1.4 Historische Wurzeln und neuere Entwicklungen der Umweltpsychologie

der bereits erwähnte Schöpfer des Worts Umwelt, hat diese Wissenschaft als einer der ersten durch seine breit angelegte Bedeutungslehre (siehe oben) umgesetzt.

Brunswiks probabilistischer Funktionalismus und die ökologische Validität: Egon Brunswik (1903–1955) ließ sich nachweislich durch Jakob von Uexküll inspirieren. Auf ihn geht der allseits bekannte Begriff ökologische Validität zurück, mit dem zum Ausdruck gebracht wird, dass eine empirische Untersuchung Aussagekraft für das „wirkliche Leben" haben muss. Auch die Methode des „repräsentativen Designs" ist eine Erfindung Brunswiks. Darunter ist im Prinzip eine Korrelationsstudie zu verstehen, bei der in einem natürlichen Umfeld subjektive Daten erhoben und mit den sich gerade ergebenden Umgebungsfaktoren korreliert werden. Brunswik war einer der ersten Psycholog:innen, der die damals relativ neue statistische Methode der Korrelationsrechnung für die psychologische Forschung zu nutzen suchte. Sie diente ihm aber auch als Metapher. Brunswik betrachtete den Menschen als „intuitiven Statistiker", der aus der Umwelt diejenigen Sinnesdaten extrahiert, die ihm – in Grenzen der Wahrscheinlichkeit – ein bestmögliches Funktionieren im Sinne eines adaptiven Verhaltens ermöglichen. Man bezeichnet seinen Ansatz daher auch als *probabilistischen Funktionalismus*.

Behaviorismus und Umwelt: Von der amerikanischen Psychologie wurde die Evolutionstheorie Darwins bereitwillig aufgenommen und führte zum sogenannten Funktionalismus, der annahm, dass Instinkte und „habits", also primärbiologische Verhaltensmuster und durch Lernerfahrungen erworbenes Verhalten, die Anpassung zwischen Mensch und Umwelt ermöglichen. Darwins Einfluss auf die amerikanische Psychologie machte auch den Weg für tierpsychologische Experimente und der Übertragbarkeit dieser Ergebnisse auf das menschliche Verhalten frei. Da sich alle Lebewesen, einschließlich des Menschen, nach der Darwinschen Theorie in einer gemeinsamen Entwicklungslinie befinden, erschien es theoretisch legitim, von tierischem Verhalten auf das Verhalten des Menschen schließen zu dürfen. Dies sollte zumindest für einfache Verhaltenselemente gelten, wie konditionierte Reflexe oder die Wirkungen von operanten Verstärkern. Daraus entwickelte sich eine rigorose Verhaltenslehre, nämlich der Behaviorismus, der in methodischer Hinsicht nur noch das äußerlich beobachtbare Verhalten als empirisches Datum akzeptierte. Der Behaviorismus in seiner ideologischen Ausformung nahm an, dass das Verhalten von Tieren und Menschen vollkommen unter der Kontrolle von Verstärkern stehe und diese auch gezielt zum Wohle der Menschen eingesetzt werden sollten. Im orthodoxen Behaviorismus spielte der Begriff der Umwelt als Gegenpol zu Anlage („nature or nurture") eine wichtige Rolle. Umwelt war jedoch im Behaviorismus gleichgesetzt mit Verstärkern – eine Vorstellung, die Uexküll entsetzte und die auch heute keine Akzeptanz mehr findet.

Kognitive Karte: Der orthodoxe Behaviorismus wurde in den 1940er-Jahren aufgeweicht. Der Psychologe Edward Tolman (1886–1959) sah sich zwar selbst als Behaviorist an, stand aber eigentlich schon auf der Schwelle zur kognitiven Psychologie. Aufgrund der Ergebnisse seiner Labyrinthexperimente mit Ratten stellte er die Theorie auf, dass seine Versuchstiere eine räumliche Repräsentation ihrer Umgebung im Gedächtnis gebildet haben. Das Konzept der *kognitiven Karte* („cognitive map" bzw. „mental map") hat sich als besonders fruchtbar für die an räumlichem Verhalten interessierte Humangeographie erwiesen und bildet ein wichtiges Bindeglied zwischen dieser Wissenschaft und der kognitiven Psychologie (vgl. Kap. 2).

Barker und der Behavior-Setting-Ansatz: Für die Umweltpsychologie bedeutsam und inspirierend war vor allem der Sozialpsychologe Kurt Lewin (1890–1947). Nach Lewin ist Verhalten eine Funktion von Person und Umwelt: $V = f(P, U)$. Diese Formel wirkt auf den ersten Blick banal. Sie ist allerdings Basis einer von Lewin ausgearbeiteten „Feldtheorie" mit einer anspruchsvollen Formulierung und Formalisierung topologischer (psychisch-phänomenaler) Räume. Lewins Mitarbeiter Roger Barker (1903–1990) hat die Arbeit Lewins als ökologische Perspektive unter dem Begriff *Behavior Setting* fortentwickelt.

Ausschlaggebend war für Barker, der ein wichtiger Spiritus rector der Umweltpsychologie war, die Erkenntnis, wie außerordentlich stark der Einfluss des Settings ist, in dem sich Verhalten abspielt. Diese Erkenntnis, die zunächst trivial erscheinen mag, hat sich – einmal in den Fokus wissenschaftlicher Betrachtung gerückt – als äußerst fruchtbar erwiesen, nicht zuletzt für die Praxis.

Unter einem *Behavior Setting* sind Räume zu verstehen, die auf ein bestimmtes Verhalten abgestimmt sind und auf die sich wiederum das Verhalten abstimmt. Verhalten und Raum stabilisieren sich also gegenseitig zu einem synomorphen Raum-Handlung-System. Wechselt man den Raum, ändert sich das Verhalten. Der hohe Innenraum einer gotischen Kathedrale beispielsweise flößt Ehrfurcht ein; die Menschen bewegen sich darin gemessenen Schrittes, vermeiden lautes Sprechen und spontan-abrupte Bewegungen. Ganz anders dagegen ist das Verhalten in einem Gasthaus bei einer Vereinsfeier. Eine Vereinsfeier ließe sich nicht angemessen in einem hohen Raum gleich einer Kathedrale abhalten. Kleinere Räume und dichteres Zusammensein fördern das Gemeinschaftserleben, natürlich nur sofern man die Gemeinschaft möchte und nicht für sich allein sein will (dann erzeugt Dichte Stress). Umgekehrt legt ein Wirtshaus kein ehrfurchtsvolles Verhalten nahe. Weitere Beispiele: Uferpromenaden laden zu einem anderen Gehverhalten ein als normale Gehsteige; soziofugale Sitzanordnungen – vgl. Kap. 6 – lassen keine Gespräche zu und empfehlen sich dort, wo diese auch nicht erwünscht sind; eine rechteckige Tischformation in einem Besprechungs-

1.4 Historische Wurzeln und neuere Entwicklungen der Umweltpsychologie

raum lässt im Gegensatz zu runden Formationen auf Hierarchien unter den Gesprächsteilnehmenden schließen und strukturiert dementsprechend auch die Diskussionsform; Ausrichtung der Schultische zur Lehrperson lässt nur einen Frontalunterricht zu und keinen Gruppenunterricht usw. (vgl. Barker, 1968; Kaminski, 2008).

Die Untersuchungsmethode der Wahl war für Barker die systematische Verhaltensbeobachtung von Menschen und Menschenkollektiven in ihren natürlichen Umgebungen. Dazu richtete er sogar spezielle Beobachtungsstationen ein. Er bezeichnete seine Methode als „Verhaltensstromanalyse". Die Inspiration durch die damals prosperierende vergleichende Verhaltensforschung (Ethologie), die begann, Tiere in ihrem natürlichen Habitat systematisch zu beobachten, ist unverkennbar.

Evolutionspsychologie: Evolutionspsychologische Ansätze haben seit den 1980er-Jahren zunehmend an Bedeutung gewonnen. Die Evolutionspsychologie bzw. evolutionäre Psychologie sieht sich als eine Synthese zwischen moderner Kognitionspsychologie und Evolutionsbiologie. Sie fragt, welche Kräfte im Verlauf der Entwicklungsgeschichte des Menschen den menschlichen Geist so geformt haben, wie er sich heute darstellt, welchen Zweck dieser erfüllt und warum Menschen aus der unzähligen Menge potenziell möglicher Informationen und Handlungen nur wenige auswählen. Die Gründe sehen Evolutionspsycholog:innen in einem Anpassungsprozess zwischen genetischen Anlagen und Umweltanforderungen. Dabei kann sich zeigen, dass viele Reaktionsweisen, die in der Zeit der Jäger und Sammler angemessen waren, sich in der heutigen Umwelt als fehlangepasst erweisen. In dieser Fehlanpassung können z. B. viele der sogenannten Zivilisationskrankheiten begründet sein, wie etwa Stoffwechselerkrankungen durch Fehlernährung. Unser Appetit auf Süßes, Salziges und Fettiges und die wenig ausgeprägte Neigung, Verzicht zu leisten, sondern viel zu viel in sich hinein zu schlingen, sind einem evolutionsbiologischen Erbe aus prähistorischen Zeiten geschuldet. In jenen waren Zucker, Salz und Fett äußerst rar und der Verzicht darauf wäre keine gute Überlebensstrategie gewesen. Aber auch die Tatsache, dass wir bestimmte Landschaftsformen als angenehm empfinden, andere als wenig anregend, wiederum andere als bedrohlich wahrnehmen, dürfte zu einem großen Anteil ebenfalls in unserem evolutionären Erbe begründet sein.

Der evolutionäre Ansatz wird von der Umweltpsychologie zunehmend rezipiert. Er spielt eine Rolle bei der Erforschung des Verhaltens in Städten (Stadtethologie; z. B. Kamelger & Atzwanger, 2002) und bei der Analyse des Verhältnisses des Menschen zur Natur (zur evolutionären Psychologie vgl. Barkow et al., 1992; Buss, 2004).

1.5 Paradigmen und methodische Zugänge

Man kann verschiedene wissenschaftliche Denkweisen (Paradigmen) unterscheiden, die bei der Untersuchung der Mensch-Umwelt-Beziehungen Anwendung finden:

Determinismus: Nach der deterministischen Denkweise bestimmt die Umwelt das Leben und Verhalten der Menschen. Dass Menschen selbst auf die Umwelt Einfluss nehmen, wird vernachlässigt. Diese Sichtweise dominierte auch die frühe Anthropogeographie (heute: Humangeographie), wie sie von Friedrich Ratzel (1844–1904) begründet wurde. Beispiel: Es wird angenommen, dass Migrationen durch den Druck („push") von Umweltveränderungen ausgelöst werden, wie z. B. Klimaveränderungen zur Zeit der Völkerwanderungen in der Spätantike oder prekäre Wirtschafts- und Arbeitsmarktverhältnisse in der Neuzeit. Gleichzeitig entsteht ein Sog („pull") in die klimatisch oder wirtschaftlich attraktiveren Regionen. Man bezeichnet solche ohne weitere Zusatzannahmen auskommenden Denkansätze als Push-and-pull-Theorien. Der Mensch wird als ein Spielball äußerer Kräfte gesehen. Auf individueller Ebene haben deterministische Ansätze in der Regel nur begrenzte Erklärungskraft, denn sie berücksichtigen nicht die innerpsychischen Motive, Konflikte und Entscheidungsprozesse.

Possibilismus: Konträr zur deterministischen Denkweise steht die possibilistische Position, die hinsichtlich des räumlich-zeitlichen Verhaltens die Entscheidungsfreiheit der Menschen postuliert. Bezug zur possibilistischen Sichtweise hat beispielsweise der *Time-Geography*-Ansatz des schwedischen Humangeographen Torsten Hägerstrand. Er geht von der einfachen Tatsache aus, dass ein Mensch nicht zur gleichen Zeit an verschiedenen Orten sein kann, und so hinsichtlich seines räumlichen Verhaltens stets vor Entscheidungen steht (vgl. z. B. Golledge & Stimson, 1997, Kap. 8 „Activities in Time and Space").

Transaktionalismus: Die transaktionale Sichtweise betont die Einheit zwischen Mensch und Umwelt. Sie geht über einen Wechselwirkungsansatz hinaus, indem sie Mensch und Umwelt nicht als voneinander unabhängige, sich wechselseitig beeinflussende Entitäten ansieht, sondern als unauflösbares Beziehungsgeflecht. Umwelt und Mensch stehen nach diesem Ansatz nicht in einer eindeutigen Beziehung zueinander, sondern sind jeweils Teil eines ganzheitlichen Prozesses. Die Beziehungssituation sei – so der Transaktionalismus – von sich aus nicht eindeutig, sondern bedürfe stets einer kognitiven Strukturierung basierend auf Erfahrung und Wissen. Als ein Vertreter des transaktionalen Ansatzes in der Umweltpsychologie gilt William Ittelson (Ittelson & Cantril, 1954). Transaktionalistische Sichtweisen spielen beispielsweise in der Umweltstressforschung (Kap. 3) sowie in der Umweltschutzpsychologie (Kap. 7 und 8) eine Rolle.

1.5 Paradigmen und methodische Zugänge

In Reinform kommen diese Denkweisen praktisch nicht vor. Man sollte sich ihrer jedoch bewusst sein, um im gegebenen Forschungs- und Anwendungsfall sein eigenes Denken auch vor diesem Hintergrund zu reflektieren.

Methodische Zugänge – Systeme und Systemanalyse: In der Umweltpsychologie findet sich nahezu das gesamte Methodenspektrum der Psychologie wieder (vgl. dazu Lantermann & Linneweber, 2008, Teil IV). Im Zusammenhang mit Umweltproblemen im Allgemeinen und umweltpsychologischen Problemen im Besonderen wird jedoch oft auf deren Komplexität und systemischen Charakter verwiesen.

Im Rahmen unserer Betrachtungen wird unter System eine dynamisch organisierte Ganzheit verstanden, deren Teile bzw. Elemente wechselseitig aufeinander wirken. Diese dynamische Wechselwirkung hat zur Folge, dass sich typischerweise die Einwirkung auf einen Teil des Systems auch auf das Verhalten der anderen Teile und des ganzen Systems auswirkt. Der üblicherweise von uns erwartete (linear-kausale) Zusammenhang von kleinen Ursachen mit kleinen Wirkungen und großen Ursachen mit großen Wirkungen gilt hier nicht: Je nach Systemzustand können auch relativ große Einwirkungen wieder ausgeglichen werden, während in einem anderen Zustand, nahe der Instabilität, eine extrem geringe Einwirkung sehr große Folgen haben kann. Für diese nichtlinearen Zusammenhänge ist die Metapher des Schmetterlingseffekts populär geworden, die auf den Klimatologen Edward N. Lorenz (1917–2008) zurückgeht. Der Titel eines berühmten Beitrags von Lorenz aus den 1970er-Jahren lautet: „Predictability: Does the flap of a butterfly's wings in Brazil set off a tornado in Texas?". Vorhersagbarkeit ist in nichtlinearen Systemen, zu denen das Wetter und das Klimageschehen zählen, oft nur schwer möglich, da ein kleiner Tropfen das Fass nicht nur – dem Sprichwort folgend – zum Überlaufen, sondern sogar regelrecht zum Bersten bringen kann.

Bereits ab den 1930er-Jahren entwickelte Ludwig von Bertalanffy (1901–1972) mit Konzepten wie dem „Fließgleichgewicht" und der „Homöostase" eine allgemeine Systemtheorie, mit der er die relativ stabile Struktur bestimmter dynamischer Prozesse, etwa des Blutkreislaufs oder der Körpertemperatur erklärte. Ab den 1940er-Jahren wurde von Norbert Wiener (1894–1964) die Kybernetik entwickelt, in deren Zentrum die Stabilität technischer Systeme steht, die bestimmte Sollwerte über Regelkreise im Gleichgewicht halten. Ein bekanntes Beispiel ist die von einem Thermostat gesteuerte Heizung. Solange die Zimmertemperatur unter einem Sollwert steht, wird die Temperatur der Heizkörper erhöht. Übersteigt der Istwert der Zimmertemperatur den Sollwert, wird die Energiezufuhr gedrosselt und der Temperaturanstieg gebremst. Auf diese Weise bleibt das System im Gleichgewicht (Homöostase).

Der große Unterschied moderner Systemtheorien (z. B. der Synergetik von Hermann Haken) liegt darin, dass diese Ansätze keinen Regler (wie bei der Zentralheizung) brauchen, denn zu Recht kann man bei natürlichen Systemen fragen: Wer regelt den Regler? Stattdessen geht es um Selbstorganisation, die beschreibt, wie Systeme sich über Rückkopplungen an äußere Bedingungen und deren Veränderungen adaptieren – allerdings im obigen Sinn auf nichtlineare Weise: In hinreichend stabilen Phasen gleicht das System Veränderungen aus, während in instabilen Phasen kleinste Veränderungen zu einem drastischen Strukturwechsel führen. Genau diese Phänomene beschäftigen und beunruhigen uns beispielsweise in Bezug auf die globale Erderwärmung („Klimakatastrophe"). Dort spricht man von Kipppunkten, ab denen keine Korrekturen mehr möglich sind.

Psychologisch interessant ist, dass Menschen exponentielle Wachstumsprozesse intuitiv nicht gut verstehen, etwa bei pandemischem Geschehen wie der Entwicklung der Covid-19-Pandemie (Lammers et al., 2020). Noch schwerer ist offenbar zu verstehen, warum bei bestimmten Systemzuständen ganz kleine Einwirkungen zu massiven Veränderungen führen können, die dann auch nicht dadurch rückgängig gemacht werden können, dass man diese kleine Einwirkung zurückfährt. Dieses für den Menschen kontraintuitive Verhalten nichtlinearer dynamischer Systeme macht es so schwer, die wissenschaftlich bekannten und tagtäglich in den Medien beschriebenen Bedrohungsszenarien im Zusammenhang mit Klimaveränderungen und anderen Umweltbedingungen den Menschen näher zu bringen.

Wo Sie Ihr Wissen erweitern und vertiefen können

Bell, P. A., Greene, T. C., Fisher, J. D., & Baum, A. (2005). *Environmental Psychology* (5. Aufl., Kapitel 1, S. 1–22). Wadsworth.

Graumann, C. F., & Kruse, L. (2008). Umweltpsychologie – Ort, Gegenstand, Herkünfte, Trends. In E.-D. Lantermann & V. Linneweber (Hrsg.), *Grundlagen, Paradigmen und Methoden der Umweltpsychologie* (S. 3–65). Hogrefe.

Ittner, H., Hübner, G., & Kals, E. (2018). Umweltpsychologie. In O. Decker (Hrsg.), *Sozialpsychologie und Sozialtheorie, Band 2: Forschungs- und Praxisfelder* (S. 55–68). Springer VS.

Als Spezielle Vertiefungen in die Systemtheorie sind z. B. Vester (2019), Kriz (1999) und Haken (1995) als leicht zu lesende Einführung, Bischof (2016) sowie Haken und Schiepek (2005) als anspruchsvolle Lektüre zu empfehlen.

Siehe auch: kostenfreie Materialien auf der Seite www.lehrbuch-psychologie.springer.com.

2 Umweltbezogene Wahrnehmung und Kognition

Zunächst wird aus dem Feld der umweltbezogenen Wahrnehmung (Guski & Blöbaum, 2008) die ökologische Wahrnehmungslehre von James Gibson mit dem psychophysikalischen Ansatz kontrastiert. Die Psychophysik steht für den molekularen (mikroskopischen) Ansatz, der Gibsonsche für den molaren (makroskopischen) Ansatz. Der erste untersucht grundlegende Eigenschaften des sensorischen Systems im „sterilen" (kontextfreien) Labor, der zweite untersucht Wahrnehmung unter Berücksichtigung konkreter Umweltbedingungen. Für einen molaren Ansatz steht auch Edward Tolman, der das Konzept der kognitiven Karte eingebracht hat. Das Konzept der kognitiven Karte ist wichtig, wenn wir verstehen wollen, wie Menschen sich in ihrer Umwelt räumlich orientieren und wie sie Räume erinnern. In diesem Kapitel werden Sie auch erfahren, welche Merkmale das mentale Abbild einer Stadt formen. Dies alles ist nicht nur von theoretischem, sondern auch von praktischem Interesse, vor allem für Architektur und Stadtplanung.

2.1 Elementare Empfindungen

Erkenntnisse über die Umwandlung von Reizenergie in elementare Empfindungen verdanken wir der Psychophysik (vgl. Hellbrück & Schlittmeier, 2008). Durch sie kennen wir die Grenzen der Wahrnehmung, also die Reizschwellen und die Unterschiedsschwellen. Das visuelle System des Menschen kann beispielsweise elektromagnetische Wellen mit einer Wellenlänge zwischen 400 und 700 nm in Farbempfindungen von violett bis rot umwandeln. Das Gehörsystem transformiert Schallfrequenzen zwischen 20 Hz und 20 kHz in Töne unterschiedlicher Tonhöhe. Außerhalb dieser jeweiligen physikalischen Grenzen sind keine Empfindungen möglich. Es geht in der Psychophysik um den Zusammenhang zwischen einfachen energetischen Veränderungen in der Umwelt – den Reizen – und den dadurch ausgelösten einfachen Empfindungen. Untersucht werden diese Zusammenhänge in „sterilen", dekontextualisierten Laborexperimenten, in denen sichergestellt wird, dass kein anderer Faktor als der untersuchte Reiz wirksam ist. Bei den im Labor eingesetzten Reizen handelt es sich in der Regel um einfachste energetische Veränderungen, die in dieser Form in der natürlichen Umwelt oft gar nicht vorkommen, wie beispielsweise reine Sinustöne, die dazu noch über Kopfhörer oder bei fixiertem Kopf präsentiert werden.

Aber was ist der Reiz für komplexe Wahrnehmungen? Setzen sich komplexe Wahrnehmungen aus einfachen Empfindungen zusammen? Und wer „komponiert" diese einfachen Empfindungen dann zu einer komplexen Wahrnehmung? Mit diesen Fragen nähern wir uns der ökologischen Wahrnehmungstheorie von James Gibson, die vor allem auf dem Gebiet des Sehens ausgearbeitet wurde.

2.2 Ökologische Optik

James Gibson (1904–1979) ist Begründer der von ihm so bezeichneten „Ökologischen Optik". Gibsons Interesse gilt komplexeren Wahrnehmungsphänomenen und weniger eindimensionalen Reiz-Empfindung-Beziehungen. Er hat beispielsweise wertvolle wissenschaftliche Beiträge zur Tiefenwahrnehmung und Größenkonstanz geliefert, nämlich dem Phänomen, dass die wahrgenommene Größe eines Gegenstands erhalten bleibt, obwohl sich bei variierender Entfernung vom Betrachter die Größe des Netzhautbilds entsprechend der Gesetze der Optik drastisch ändert. Gibsons Theorie der visuellen Wahrnehmung fußt nicht auf dem Netzhautbild, das vom Gehirn zu einer Wahrnehmung verarbeitet wird, sondern hat ihren Ausgangspunkt in der natürlichen Umwelt und dem sich darin bewegenden und handelnden Individuum. Der methodische Zugang ist daher für Gibson kein psychophysischer Ansatz, bei dem Stimuli isoliert in einer reizarmen Umgebung unter restriktiven Bedingungen (z. B. Fixierung des Kopfs) präsentiert werden. Vielmehr gilt sein Interesse der Frage, wie der Wahrnehmungsprozess aus dem ständigen Reizfluss, der sich entsprechend der Bewegungen eines Individuums ergibt, Invarianten, d. h. stabile Wahrnehmungsstrukturen, extrahiert (Gibson, 1982; Guski, 1996).

Affordanz: Gibson prägte einen für die ökologische Wahrnehmungstheorie wichtigen Begriff, nämlich den der Affordanz („affordance"). Was ist damit gemeint? Es ist nachvollziehbar, dass man Dingen Eigenschaften ansieht, die für das Handeln im jeweiligen Umfeld bzw. der jeweiligen Handlungssituation von Bedeutung sind. Steine sehen fest und hart aus und können sich als solide Grundlage anbieten, um darauf zu stehen oder zu gehen, sie können sich aber in einer anderen Situation auch als Waffe anbieten, um damit einen aggressiven Hund zu vertreiben (ein Beispiel, das übrigens von Uexküll stammt). Ein Sofa sieht weich und kuschelig aus und lädt ein, es sich stundenlang darauf bequem zu machen. Die Stühle und Tische und das gesamte Interieur eines Fast-Food-Restaurants sehen dagegen hart und kühl aus, sodass sie nicht zu einem über das Verzehren des Imbisses hinausgehenden Verweilen einladen. Diese funktionalen Eigenschaften, welche die Dinge unmittelbar in der Wahrnehmung aufweisen, fasste Gibson unter den Begriff „affordance", welcher sich schwer übersetzen lässt. Gemeint ist, dass Menschen (und andere Lebewesen wahrscheinlich auch) die Eigenschaften der Dinge so wahrnehmen, wie sie beispielsweise zu ihrem Bewegungsapparat passen. Ein kleiner Stein ist für eine Hand greifbar und z. B. als Wurfgeschoss geeignet, ein großer, flacher Stein wird unmittelbar als passend wahrgenommen, um darauf fest stehen zu können.

Reize höherer Ordnung: Es geht Gibson um Reize höherer Ordnung, die einen direkten Bezug zu Bewegungen und Handeln in der Umwelt haben. Damit ist die Psychophysik nicht obsolet. Natürlich sind auch bei komplexen Wahrnehmungsphänomenen die aus der Psychophysik bekannten Eigenschaften des Auges oder des Gehörs bezüglich der Reizschwellen weiterhin grundlegend, doch der adäquate Reiz ist auf einer anderen, einer höheren Organisationsebene zu suchen. Zur Illustration dieses Gedankens: Für die Analyse der architektonischen Ästhetik einer Kathedrale ist es nicht notwendig, vielleicht sogar kontraproduktiv, sich auf die Ebene der einzelnen Ziegelsteine zu begeben, wenngleich ohne diese Ziegelsteine die Kirche nicht stehen würde. Von Norbert Bischof wissen wir, dass der bedeutende Verhaltensforscher Erich von Holst verächtlich von den „Ziegelsteinforschern" zu reden pflegte. „Das war keine Geringschätzung für all die vielen Ziegelsteine, ohne die kein Dom erbaut werden könnte: Er prangerte nur die Idee an, das Verständnis für Ziegelsteine könne das Verständnis für Dome ersetzen", so Bischof (2008, S. 562).

2.3 Kognition und kognitive Karten

Kognition: Unter Kognition versteht man den geistigen Prozess, welcher der Aufmerksamkeitssteuerung und der Enkodierung von sensorischen Eindrücken in vorhandene Wissensstrukturen dient. Darüber hinaus zählen zur Kognition die Speicherung von Informationen und deren Abruf aus dem Gedächtnis sowie die weitere Verarbeitung von Informationen in Denk- und Entscheidungsprozessen. Die kognitive Psychologie entwickelte sich als eine Gegenreaktion auf den radikalen

Behaviorismus, der solche mentalen Prozesse für nicht untersuchbar ansah und sie als *Black Box* behandelte. An der Schwelle zwischen Behaviorismus und Kognitionspsychologie stand der schon im ersten Kapitel erwähnte Lernpsychologe Edward Tolman.

Kognitive Karte: Tolman führte den Begriff „kognitive (Land-)Karte" („cognitive map"; auch „mental map") ein. Dieser Begriff ist nicht nur in der Psychologie bekannt, sondern wird auch in der Humangeographie und in der Stadtplanung benutzt. Tolman konnte in Tierexperimenten nachweisen, dass Versuchsratten beim Erlernen von Wegen in einem Labyrinth eine mentale Repräsentation des Wegenetzes bilden (Tolman, 1948). Hatten die Ratten nämlich erst einmal einen Weg im Labyrinth gelernt, um zum Futter zu kommen, war es ihnen auch möglich, auf schnellstem Weg zum Futter zu gelangen, wenn ihnen der bevorzugte Weg blockiert wurde. Es kann somit angenommen werden, dass sie eine Art Landkarte des Labyrinths in ihrem Gedächtnis abgespeichert hatten. Unter einer kognitiven Karte versteht man also eine mentale Repräsentation, d. h. eine mentale Abbildung von räumlich angeordneten Gegebenheiten. Dies können geographische Anordnungen sein, also die mentale Repräsentation eines Ortes, einer Stadt oder eines Stadtteils mit Straßen, Geschäften und Häusern, eines Universitätscampus etc. oder aber auch einer geographischen Karte, also einer Landkarte oder eines Stadtplans.

Kognitionspsychologische Grundlagen von kognitiven Karten: Kognitive Karten entstehen während des Prozesses der Auseinandersetzung mit der räumlichen Umwelt bzw. beim Versuch sie zu verstehen; z. B. wenn wir versuchen, uns den Weg zum Bahnhof einzuprägen, wenn wir bei einer Einkaufstour die Innenstadt erkunden, wenn wir bei einer Taxifahrt in einer fremden Stadt uns zu orientieren versuchen oder wenn wir bei der Urlaubsplanung eine Landkarte oder eine Straßenkarte studieren. Kognitive Karten sind visuell-räumlich vorgestellte Abbilder der realen räumlichen Umwelt. Sie werden im visuell-räumlichen Arbeitsgedächtnis aktiviert. Eine wichtige Rolle spielt hierbei der Hippocampus, der sich im Temporallappen des Gehirns befindet und für die Gedächtniskonsolidierung wichtig ist. Läsionen im Hippocampus erschweren das Erlernen neuer räumlicher Umgebungen erheblich. Der aus der Neuropsychologie berühmte Patient HM, dem zur Heilung seiner Epilepsie ein Großteil des Hippocampus entfernt wurde, war danach nicht mehr in der Lage, sich neue Wege einzuprägen (Kolb & Whishaw, 1996, S. 370–392).

Sind kognitive Karten analog der visuell-räumlichen Anordnung gespeichert? Sind sie also bildlicher Natur oder sind sie vielmehr semantischer Natur? Letzteres würde implizieren, dass Bedeutungen im Gedächtnis gespeichert werden. Wahrscheinlich ist beides der Fall: Der semantische (Wissens-)Aspekt betrifft das Was (was ist vorhanden?) und der visuell-räumliche Aspekt das Wo (wo ist es?).

2.3 Kognition und kognitive Karten

Letzteres dürfte eher bildhafter Natur sein, quasi eine Art geistiges Auge („mind's eye") darstellen. Werden wir beispielsweise nach dem Aussehen unseres Wohnhauses gefragt, so *wissen* wir, dass es allgemeine Merkmale, wie Wände, Türen, Fenster und ein Dach hat und besondere, wie beispielsweise grüne Fensterläden aus Holz. Für die Angabe der genauen Anzahl der Fenster müssen wir uns jedoch das Haus *bildlich* vorstellen, im Geist um es herumgehen und die Fenster abzählen.

Auch wenn die Frage nach der bildhaften bzw. semantischen Komponente kognitiver Karten nicht eindeutig zu beantworten ist, besteht kein Zweifel, dass Personen in der Lage sind, aus dem Gedächtnis heraus Abbilder von Ausschnitten ihrer räumlichen Umwelt zu zeichnen oder Distanzen zwischen verschiedenen Orten zu schätzen. Natürlich darf keine Maßstabstreue erwartet werden. Vielmehr ergeben sich Auslassungen und zusätzliche Ergänzungen sowie systematische Verzerrungen, bei denen man Akzentuierungen (Überbetonungen) und Assimilationen (Angleichungen) unterscheiden kann.

Ausgelassen werden häufig kleine, weniger auffällige Bestandteile des Orts, wie kleine Straßen und Gassen, kleine Gebäude etc.; hinzugefügt – obwohl in der Realität nicht vorhanden – werden dagegen manchmal solche Gegenstände, deren Vorhandensein logisch schlüssig oder notwendig erscheint, wie beispielsweise eine Ampel an einer Straßenkreuzung. Überbetont wird häufig die räumliche Ausdehnung des eigenen Wohnumfelds und der Nachbarschaft, allgemein: Plätze, die wir gut kennen und von denen wir viele Details erinnern, oder auch Plätze, die wir gegenüber anderen bevorzugen und attraktiv finden. Daher erscheinen viele zeichnerische Reproduktionen oder Distanzschätzungen hinsichtlich der räumlichen Gliederung disproportional. Auch werden häufig große und herausragende Gebäude überproportional groß wiedergegeben; Straßenkreuzungen, die in Wirklichkeit spitzwinklig zulaufen, werden je nach Winkelgrad noch spitzwinkliger oder rechtwinklig dargestellt. Entsprechendes gilt für die Krümmung von Straßenverläufen (Downs & Stea, 1982; Kitchin & Blades, 2002).

Adaptive Funktion von kognitiven Karten: Was ist die adaptive Funktion von kognitiven Karten? Kognitive Karten bzw. das kognitive Kartieren folgen offensichtlich dem Prinzip der Sparsamkeit. Gegenständen oder Ortsteilen, die nicht wichtig für ein Individuum oder nicht salient sind, wird keine Aufmerksamkeit geschenkt. Sie werden entweder gar nicht abgespeichert oder aber entsprechend ihrer mangelnden Bedeutung in das Wichtigere eingepasst. Ein mit Details überfrachtetes Gedächtnis wäre für eine schnelle Orientierung hinderlich, ein auf allgemeine und individuelle Bedürfnisse abgestimmtes mentales Abbild dagegen ermöglicht eine effiziente Orientierung. Die Funktion kognitiver Karten besteht darin, möglichst wenig Zeit mit der Orientierung und Zielsuche zu vergeuden, also auf dem kürzesten Weg zum Ziel zu finden.

Individuelle Unterschiede: Dass es individuelle Unterschiede in kognitiven Karten geben kann, ist nach dem bisher Dargestellten evident. Die Vertrautheit mit einem Ort und individuelle Präferenzen sind hierfür verantwortlich. Gibt es aber noch andere systematische Unterschiede zwischen Individuen? Oft wird behauptet, dass Frauen eine schlechtere räumliche Orientierung haben als Männer. Selbsteinschätzungen belegen diesen Unterschied (Harrell et al., 2000; Schmitz, 1997). Die Leistungen beim Erstellen kognitiver Karten und dem Wegefinden vermitteln jedoch kein einheitliches Bild, wenngleich einige Befunde zu dem Ergebnis tendieren, dass weibliche Personen sich eher an Landmarkenmustern (Abfolge bestimmter bedeutsamer Ankerpunkte) orientieren und männliche Personen eher Übersichtsmuster (Orientierung an Ziel und Himmelsrichtung) präferieren. Dieser Unterschied deutet sich auch bereits bei Schulkindern an (Neidhardt & Schmitz, 2001).

2.4 „The Image of the City"

Die Methoden zur Erfassung kognitiver Karten beinhalten im Wesentlichen das Freihandzeichnen von Ausschnitten der räumlichen Umwelt, das Distanzschätzen, das Wiedererkennen und die Bewertung der Attraktivität von Orten oder Regionen. Die verschiedenen Methoden haben unterschiedliche Vorzüge und Nachteile. Die *Methode des Zeichnens* gibt der Untersuchungsperson viel Freiheit und die Möglichkeit, individuelle Besonderheiten zum Ausdruck zu bringen. Entsprechend groß sind jedoch die Varianz und die Schwierigkeit, die kognitiven Karten auszuwerten, mit statistischen Methoden zu analysieren und zu interpretieren. Weitere Methoden werden in den Materialien auf der Seite www.lehrbuch-psychologie. springer.com erklärt.

Mit der Methode des Zeichnens wurden wichtige Ergebnisse gefunden. Der Stadtplaner Kevin Lynch, der die Methode des Zeichnens zur Untersuchung von kognitiven Karten eingesetzt hat, fand damit die wesentlichen Merkmale heraus, die das mentale Abbild der Stadt („The image of the city") prägen (Lynch, 1960; Abb. 2.1).

Diese sind wie folgt:

- Wege („paths"), die gemeinsam genutzt werden, also Straßen und Fußwege,
- Begrenzungen („edges"), z. B. Wände von Gebäuden, Flussufer,
- Stadtteile („districts"), die sich durch eine bestimmte Charakteristik auszeichnen,
- Knotenpunkte („nodes"), markante Plätze mit charakteristischen Aktivitäten, z. B. Straßenkreuzungen und Verkehrsknotenpunkte,
- besondere Orientierungspunkte („landmarks"), z. B. herausragende Gebäude, Kirchen oder Denkmäler.

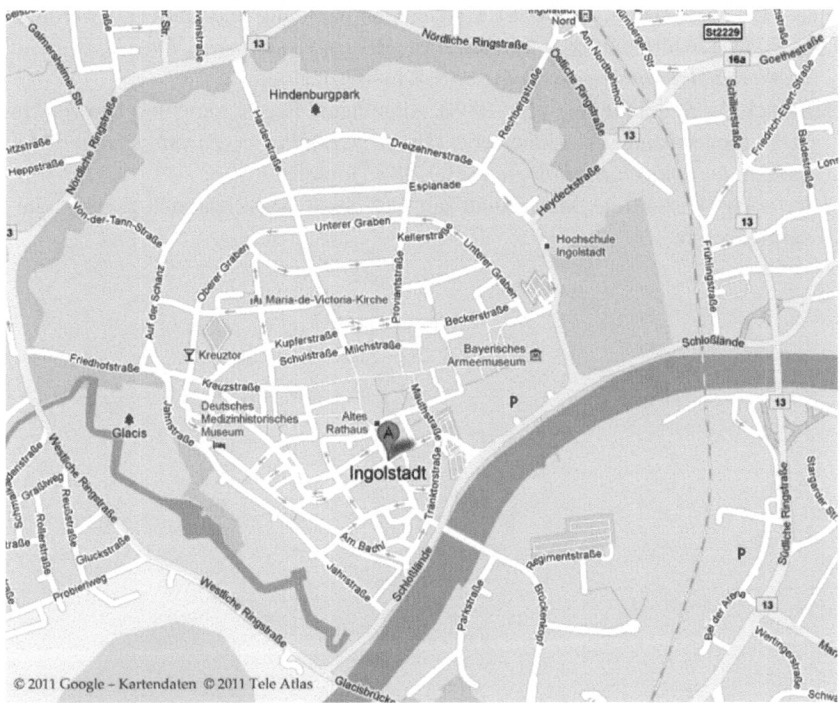

Abb. 2.1 Versuchen Sie anhand von Stadtplänen (hier eine Google-Map von Ingolstadt) oder Luftaufnahmen (z. B. Google Earth) die Merkmale zu identifizieren, die nach Lynch die mentale Repräsentation einer Stadt prägen

Diese Merkmale können bei entsprechender Ausprägung einem Individuum die Vorstellung der örtlichen Struktur einer Stadt erleichtern. Wenn es leichtfällt, ein Vorstellungsbild von der räumlichen Struktur einer Stadt zu bilden, im Gedächtnis zu speichern und von dort nach Bedarf abzurufen, dann wird auch die Orientierung erleichtert und die Vertrautheit mit der Stadt oder dem Stadtviertel gestärkt (vgl. z. B. Kitchin & Blades, 2002).

Wo Sie Ihr Wissen erweitern und vertiefen können

Golledge, R. G., & Stimson, R. J. (1997). *Spatial behavior. A geographic perspective.* The Guilford Press. (Kapitel 7 „Spatial cognition and cognitive mapping").

Guski, R., & Blöbaum, A. (2008). Umweltwahrnehmung und Umweltbewertung. In E.-D. Lantermann & V. Linneweber (Hrsg.), *Grundlagen, Paradigmen und Methoden der Umweltpsychologie* (S. 443–470). Hogrefe.

Hellbrück, J., & Schlittmeier, S. (2008). Allgemeine Psychologie und Umwelt. In E.-D. Lantermann & V. Linneweber (Hrsg.), *Grundlagen, Paradigmen und Methoden der Umweltpsychologie* (S. 69–98). Hogrefe.

Siehe auch: kostenfreie Materialien auf der Seite www.lehrbuch-psychologie.springer.com.

Umweltbelastungen, Stress und Gesundheit

3

In diesem Kapitel wird der Einfluss von umweltbedingten Stressoren wie beispielsweise Lärm behandelt, aber auch andere umweltbedingte Einflussfaktoren, die Gesundheit und Wohlbefinden des Menschen belasten, kommen zur Sprache. Zunächst werden Begriffe, Konzepte und Modelle zu Stress und Gesundheit dargestellt. Danach werden umweltbedingte Einflussfaktoren behandelt, die als psychische Stressoren oder direkt die Gesundheit und das Wohlbefinden des Menschen beeinflussen. Im Einzelnen werden die Wirkungen der akustischen Umwelt auf den Menschen, die Wirkungen von Gerüchen sowie die Einwirkungen von Umweltgiften und elektromagnetischen Strahlen und Feldern auf den Menschen diskutiert. Auch Umweltsyndrome wie Multiple Chemikaliensensitivität, Sick-Building-Syndrom sowie Elektrosensitivität und -sensibilität werden angesprochen.

3.1 Stress und Gesundheit

Definition: Stress ist ein sehr populärer Begriff, der in der Alltagssprache als etwas Belastendes, Beanspruchendes oder auch Bedrohliches verstanden wird. Auch in der wissenschaftlichen Sprache ist der Begriff heute mit einer negativen Konnotation verbunden. Der „Vater" der Stressforschung und Begründer der ersten Stresstheorie, Hans Selye (1907–1982), verstand jedoch unter Stress eine unspezifische Antwort des Organismus auf jegliche Art von Anforderung, die je nach Situation unangenehm oder angenehm erlebt werden kann. Im Fall einer unangenehm erlebten Stresssituation („schlechter Stress") sprach Selye von „Distress", bei einer angenehm erlebten Herausforderung von „Eustress" („guter Stress").

Neuere Konzeptionen von Stress betonen jedoch einseitig den intensiven, unangenehmen Spannungszustand, verbunden mit einer Situation, die als bedrohlich und lange andauernd erlebt wird und deren Vermeidung subjektiv wichtig ist (Homburg, 2008).

Man unterscheidet im Wesentlichen drei Stresskonzepte, nämlich das stimulusorientierte Konzept, das reaktionsorientierte Konzept und das transaktionale Konzept.

Stimulusorientiertes Stresskonzept: Im stimulusorientierten Stresskonzept werden bestimmte äußere Situationen als Stressoren betrachtet. Dies können beispielsweise belastende Arbeitssituationen (z. B. Mobbing), einschneidende Lebensereignisse (z. B. Verlust eines geliebten Menschen) oder physische Umweltbedingungen (z. B. extreme Hitze) sein. Menschen reagieren auf solche Stressoren mit Stressreaktionen, wobei mehr oder weniger große interindividuelle Abweichungen zu verzeichnen sind.

Reaktionsorientiertes Stresskonzept: Umgekehrt verhält es sich mit dem reaktionsorientierten Konzept. Hier wird der Stress über die Reaktion der Person bzw. des Organismus bestimmt. Dies entspricht dem Stresskonzept von Selye, das eher physiologisch orientiert ist. Das Problem besteht in den Abgrenzungen und der Wahl der Kriterien. Gleich erscheinende physiologische Reaktionen können durch ganz verschiedene Ereignisse ausgelöst werden und mit völlig unterschiedlichen psychologischen Zuständen korreliert sein; hohe Pulsfrequenz kann beispielsweise sowohl durch große Angst als auch durch große Freude hervorgerufen werden.

Transaktionales Stresskonzept: Transaktionale Stresskonzepte, die im Wesentlichen auf Richard Lazarus (Lazarus & Folkman, 1984) zurückgehen, sehen Stress weder allein in der Umwelt noch allein in der Person begründet, sondern in der Beziehung zwischen Person und Umwelt: Nicht die Situation an sich ist der Stressor, sondern die von der Person vor dem Hintergrund ihrer Motive, Überzeugungen und Handlungsziele wahrgenommene und bewertete Situation (kognitiv-emotionale Komponente). Person und Umwelt werden nicht als zwei unabhängige Entitäten gesehen, sondern als eine sich gegenseitig bedingende Beziehung. Dabei spielen vor allem die Überzeugungen von den persönlichen Bewältigungsfähigkeiten (Coping-Strategien) und die Einschätzung der Bewältigungsmöglichkeiten in der jeweiligen Situation eine wichtige Rolle. Der Erfolg bzw. Misserfolg der Bewältigungshandlung („coping") ist wiederum entscheidend für eine Neubewertung der Ausgangssituation.

Dazu folgendes Beispiel: Eine bestimmte Umweltsituation, etwa Rasenmäherlärm in der Nachbarschaft, kann als belastend erlebt, aber nach einer nachbarschaftlichen Aussprache neu bewertet und als erträglich eingestuft werden.

3.1 Stress und Gesundheit

Erlebte Kontrolle: In engem Zusammenhang mit den Bewältigungsoptionen („coping options") im Rahmen des transaktionalen Stresskonzepts steht das Konzept der erlebten Kontrolle. Können Personen den Stressor beeinflussen – bereits die Überzeugung, die Möglichkeit zu haben, genügt –, reduziert dies das Stresserleben. Beispielsweise konnten Glass und Singer in einem Experiment zur Wirkung von Verkehrslärm zeigen, dass die prinzipielle Möglichkeit, den Lärmpegel durch Schließen von Fenstern zu reduzieren, das Stresserleben verringert, selbst wenn man von dieser Möglichkeit keinen Gebrauch macht. Belastend ist es dagegen, einem Stressor hilflos ausgesetzt zu sein (Glass & Singer, 1972).

Gesundheitliche Wirkungen: Stress und Gesundheit stehen in engem Zusammenhang. Stress ist eine natürliche adaptive Reaktion auf außergewöhnliche Belastungen und dient damit dem Schutz der Unversehrtheit. Zwei unterschiedliche psychophysiologische Reaktionsmuster sind denkbar: Interpretiert der Mensch eine Situation als eine Bedrohung der Statuskontrolle, dann reagiert der Organismus mit einer Fight-Flight-Reaktion. Dadurch wird der Hypothalamus aktiviert, der das sympathische Nervensystem stimuliert und die Freisetzung von Stresshormonen (Katecholamine und Cortisol) veranlasst. Stresshormone, insbesondere das Cortisol, sind wichtig, wenn man sich in einer Notsituation befindet. Die Pumpleistung des Herzens wird erhöht und das Blutvolumen zugunsten der Muskeldurchblutung umverteilt. Diese Reaktionen dienen – neben der Aktivierung leistungssteigernder Stoffwechselprozesse – dazu, mehr Energie für motorische Aktivitäten bereitzustellen. Gleichzeitig hemmt Cortisol die Immunreaktion.

Erlebt der Mensch jedoch in lang anhaltenden Stresssituationen Kontrollverlust, führt dies zu einer Niederlagereaktion, die mit einer dauerhaften Erhöhung des Cortisolspiegels einhergeht. Die Niederlagereaktion äußert sich in Rückzugsverhalten, Niedergeschlagenheit und depressiver Verstimmung. Wird der Stress chronisch, sind die Stressoren also von Dauer, wie bei Menschen, die an lauten Straßen oder Flugplätzen leben, und stehen keine adäquaten Bewältigungsressourcen und Bewältigungsoptionen zur Verfügung, kann sich der Stress in Krankheitsbildern manifestieren, z. B. in Herz-Kreislauf-Erkrankungen oder auch Immunsuppression mit erhöhtem Erkrankungsrisiko (vgl. Butcher et al., 2009, Kap. 5).

Umweltstressoren: Man kann Umweltstressoren in folgende Kategorien unterteilen (vgl. dazu Homburg, 2008):

1. Katastrophenartige Ereignisse („cataclysmic events"), die schlagartig eintreten, das Leben auf den Kopf stellen und schnelle und hohe Anpassungsleistungen erfordern. Unfälle und Naturkatastrophen zählen dazu. Auf diese kommen wir im Kapitel „Umweltrisiken und Umweltkatastrophen" eigens zu sprechen.

2. Kritische Lebensereignisse („stressful life events"): Umweltpsychologisch relevant könnte beispielsweise Heimatverlust nach einer Umweltkatastrophe sein.
3. Mehr oder weniger wiederkehrende Alltagsereignisse, die mit Anspannung, Unbehagen und Ärger verbunden sind, wie z. B. der tägliche Stau im Berufsverkehr („daily hassles").
4. Umgebungsstressoren („ambient stressors"), wie beispielsweise der ständig vorhandene Verkehrslärm vor der eigenen Haustür.
5. Makrosoziale Stressoren, wie etwa Informationen über bedrohliche globale Umweltveränderungen, Medienberichte über angeblich gesundheitsschädliche (sinnlich nicht wahrnehmbare) Strahlung von Mobilfunksendeanlagen, Berichte über schädliche Zusatzstoffe in Nahrungsmitteln oder auch die Kenntnisnahme vermeintlicher oder nachgewiesener umweltmedizinischer Erkrankungsrisiken.

Ferner gibt es Umweltschadstoffe, die sich nachweislich auf das Nervensystem und das endokrinologische System (Hormonhaushalt) auswirken und damit auch das Erleben und Verhalten beeinflussen. Auf die wichtigsten Stressfaktoren und gesundheitlichen Einflussgrößen kommen wir im Folgenden zu sprechen (vgl. Steneberg, 1996).

3.2 Schall und Lärm

Definition von Lärm und Bewertung des Lärms: Unter Lärm versteht man unerwünschten Schall. Dieser beeinträchtigt das Wohlbefinden des Menschen, indem er Tätigkeiten unterbricht (Interferenzkomponente), dadurch für Verärgerung sorgt oder gar wütend macht (emotionale Komponente) und hierüber physiologische Reaktionen (Ausschüttung von Stresshormonen) auslöst. Bei chronischer Lärmbelastung ist auch die physische Gesundheit gefährdet (somatische Komponente). Das wichtigste Maß für die Bewertung des Lärms ist der A-bewertete Schalldruckpegel, welcher in der Einheit Dezibel [dB(A)] angegeben wird. A-Bewertung bedeutet, dass die sehr tiefen und sehr hohen Frequenzen weniger gewichtet werden als die mittleren (etwa 1000–5000 Hz), weil in den Randbereichen des hörbaren Frequenzspektrums (16–16.000 Hz) das menschliche Gehör unempfindlicher ist (zur quantitativen Erfassung des Lärms vgl. Maue, 2009). Die Schalldruckpegelmessung gibt jedoch in nur sehr begrenztem Maß Auskunft über die Wirkungen des Lärms (Hellbrück et al., 2010; Hellbrück & Guski, 2018).

Aurale und extraaurale Lärmwirkungen: Lärmbedingte Hörbeeinträchtigungen bezeichnet man als aurale Lärmwirkungen. Sie kommen vor allem an Arbeitsplätzen mit hohem Schalldruckpegel vor, z. B. bei bestimmten Metall- oder Holzverarbeitungen, im Baugewerbe und beim Umgang mit lauten Maschinen etc. Dort ist ab einem Tageslärmexpositionspegel (8 h) von 85 dB(A) persönlicher Gehörschutz (Gehörschutzstöpsel, Gehörschutzkapseln) vorgeschrieben (Lärm- und Vibrations-Arbeitsschutzverordnung – LärmVibrationsArbSchV vom 6. März 2007; letzte Änderung 2021; siehe Bundesministerium der Justiz, 2007). Trotz dieser Verordnung nimmt die Lärmschwerhörigkeit immer noch einen Spitzenplatz bei den anerkannten Berufskrankheiten ein. Im Umweltbereich kommt Schall, der aufgrund seiner Intensität und Einwirkdauer das Gehör schädigen könnte, kaum vor. Hier spielen extraaurale Lärmwirkungen eine Rolle. Als extraaurale Lärmwirkungen bezeichnet man solche, die zwar keine Hörschäden hervorrufen, aber psychologische, physiologische und auch sozioökonomische Wirkungen zur Folge haben.

Man kann die extraauralen Lärmwirkungen in akute, kumulative und chronische Wirkungen unterteilen:

Akute Lärmwirkungen: Akute Lärmwirkungen sind solche, die zeitgleich mit dem Lärm oder unmittelbar danach einsetzen. Dazu gehören Schreckreaktionen („startle reflex") und Orientierungsreflexe. Diese lenken die Aufmerksamkeit von einer Tätigkeit ab und leiten sie auf den Ort des Geschehens um, mit dem Ziel, die Informationsaufnahme durch Fokussierung der Aufmerksamkeit zu optimieren. Ferner gehören dazu Kommunikationsbeeinträchtigungen, da durch den Lärm Nutzschall, wie Sprache oder Warnsignale, verdeckt werden kann. Zu den akuten Lärmwirkungen zählen auch Einschlafstörungen und vorzeitiges Aufwachen. Die Beeinträchtigung der Schlafqualität hat Folgen für Wohlbefinden und Leistungsfähigkeit am folgenden Tag.

Kumulative Lärmwirkungen: Als kumulativ bezeichnet man solche Lärmwirkungen, die sich im Verlauf der Lärmexposition aufbauen. Typischerweise zählen hierzu lärmbedingte Beeinträchtigungen von geistigen Aktivitäten, wie dem Verfassen oder Lesen von Texten. Der Ablauf ist folgender: Zu Beginn der Lärmexposition kompensiert man die ablenkende Wirkung der Störreize durch Anspannungssteigerung und erhöhte Konzentration bis die Energie nachlässt und es nicht mehr gelingt, die Störreize zu unterdrücken. Damit einher geht das Gefühl der Belästigung und Verärgerung und in der Regel eine Beeinträchtigung der Leistung.

In Büros können Hintergrundgeräusche und Hintergrundsprechen schon bei niedrigen Schalldruckpegeln (55 dB(A) und weniger) Wohlbefinden und Leistung reduzieren, und zwar vor allem die des verbalen Kurzzeitgedächtnisses. In Schulen sind viele Klassenräume in einem akustisch suboptimalen Zustand. Sie weisen häufig zu wenig schallabsorbierende Flächen auf, sodass die Nachhallzeiten oft deutlich länger als der in der DIN 18041 (2016) empfohlene Richtwert von 0,6 s sind, wodurch der Schall – das Sprechen und alle Nebengeräusche, die in einem

Klassenzimmer mit 20 und mehr Kindern entstehen – zu lange im Raum steht. Dieser Lärm bewirkt eine Beeinträchtigung der Lautunterscheidung und damit der Klarheit der Sprache. Für Grundschulkinder, die das Lesen erlernen, erweist sich das von großem Nachteil. Des Weiteren ergibt sich eine Art Selbstverstärkungseffekt für den Lärmpegel. Dadurch, dass es im Klassenzimmer lauter ist, ist auch die Lehrkraft gezwungen lauter zu sprechen (Lombardeffekt: reflektorische Anpassung der Stimmlautstärke an den Umgebungsschall), die Klasse wird insgesamt unruhiger und das sozial-emotionale Klassenklima verschlechtert sich (Klatte et al., 2010).

Fluglärm und anderer Verkehrslärm, der von außen in Klassenzimmer eindringt, beeinträchtigt zusätzlich bei Grundschulkindern im Einzugsbereich von Flughäfen das Lesenlernen. Dies konnte in der NORAH-Studie („Noise-Related Annoyance, Cognition, and Health") gezeigt werden, eine der weltweit umfangreichsten Studien zu Wirkungen von Verkehrslärm (mit Schwerpunkt Fluglärm), die zwischen 2011 und 2015 im Rhein-Main-Gebiet durchgeführt wurde. Die Effekte waren mit ein bis zwei Monaten Leselernverzögerung bei lärmbelasteten Kindern im Vergleich zu unbelasteten Kindern moderat, aber statistisch gesichert (Klatte et al., 2016).

Chronische Lärmwirkungen: Bei Anwohner:innen lauter Straßen, viel befahrener Schienentrassen (z. B. Nord-Süd-Transversale Rotterdam – Genua) oder Personen, die in unmittelbarer Nähe von Flugplätzen wohnen, und die dem jeweiligen Lärm täglich über Jahre hinweg ausgesetzt sind, können sich chronische Lärmwirkungen ergeben. Einige epidemiologische Studien sprechen dafür, dass bei chronischer Lärmexposition mit einem Dauerschalldruckpegel von 65 dB(A) und mehr – dies ist bei etwa 16 % der deutschen Bevölkerung der Fall – ein höherer Medikamentenverbrauch zu verzeichnen ist und auch das Risiko für Bluthochdruck und Herz-Kreislauf-Erkrankungen ansteigt (Babisch, 2006). Auf Dauer kann auch mangelnde Schlafqualität ein Gesundheitsrisiko darstellen, da Schlafmangel das Immunsystem schwächen kann.

In der NORAH-Studie konnte ein ursächlicher Zusammenhang von Verkehrslärm mit Herz-Kreislauf-Erkrankungen nicht eindeutig nachgewiesen werden. Deutliche Zusammenhänge zeigten sich aber zwischen Verkehrslärmbelastung und der Zunahme von Depressionen. Einen Überblick über die NORAH-Studie mit einer fachlichen Einschätzung findet man als Broschüre beim Umweltbundesamt (Bunz & Wothge, 2016).

Nach Studien der World Health Organization (WHO) gehen 25 % der Krankheitslast in Europa auf Umwelteinflüsse zurück. Nach Luftverschmutzung stellt Lärm das zweitgrößte umweltbedingte Gesundheitsrisiko dar (World Health Organization, 2011).

3.2 Schall und Lärm

Belästigung durch Lärm: Der am häufigsten genannte Grund für Lärmbeschwerden ist das Gefühl der Lästigkeit („annoyance") und damit einhergehend die Beeinträchtigung der Lebensqualität. Die Belästigung durch Lärm kann als Hauptwirkung des Umweltlärms aufgefasst werden und begleitet nahezu alle anderen Lärmwirkungen. Sie ist aber nicht nur ein Epiphänomen, denn häufiger Ärger und Verdruss können soziale Beziehungen und auch das politische Klima vergiften und ebenso, wie oben schon angemerkt, Stress verursachen und damit letztlich der Gesundheit schaden. Die Lärmbelästigung wird heute weltweit regelmäßig in Bevölkerungsumfragen in standardisierter Weise erfasst, da sie auch eine Leitfunktion für die Zufriedenheit der Menschen mit ihrem Wohnumfeld hat. Hauptemittenten des Lärms und wichtigste Auslöser von Lärmbelästigung sind Straßen-, Schienen- und Luftverkehr. Die Reihenfolge entspricht der Flächenausdehnung. Straßenverkehrslärm tangiert die meisten Menschen, daher fühlen sich die meisten Menschen durch den Straßenverkehr belästigt. Den höchsten relativen Anteil *stark belästigter* Personen findet man jedoch beim Flugverkehr. Für die Lärmbelästigung spielt aber nicht nur der Verkehrslärm eine Rolle, sondern mit zunehmender Wohndichte auch der Nachbarschaftslärm.

Sozioökonomische Lärmwirkungen: Zu den sozioökonomischen Kosten des Verkehrslärms gehören neben den Gesundheitskosten und den durch Arbeitsunterbrechungen bedingten Kosten auch der Wertverlust von Immobilien und der Verfall der Mieten, mit der möglichen Folge einer Ghettobildung von einkommensschwachen Schichten in lärmbelasteten Gebieten (soziale Entmischung). Die finanziellen Kosten sind jedoch nur schwer zu erfassen, ihre Schätzungen gehen daher weit auseinander.

Lärmbekämpfung: Lärm sollte möglichst an der Quelle bekämpft werden (*primäre Lärmschutzmaßnahmen*). Beim Straßenverkehr tragen die Antriebsgeräusche zum Lärm bei, aber nur im niedrigen Geschwindigkeitsbereich, vor allem beim Anfahren der Fahrzeuge und beim Beschleunigen; beim fließenden Verkehr (ab 30 km/h) jedoch dominiert das Abrollgeräusch. Dort kommt der Optimierung des Reifen-Fahrbahn-Kontakts eine wichtige Rolle zu, vor allem durch die Gestaltung der Reifenprofile und die Art der Fahrbahndecke. Offenporiger Asphalt („Flüsterasphalt") kann den Schalldruckpegel des Abrollgeräuschs gegenüber normalem Asphalt um 5 bis 7 dB(A) senken. Dies bewirkt eine deutlich wahrnehmbare Minderung der subjektiven Lautstärke.

Die Bedeutung des Abrollgeräuschs für den Verkehrslärm impliziert, dass Elektroantriebe nur im Stadtverkehr in 30 km/h-Zonen und im Stop-and-go-Betrieb etwa im Bereich von Verkehrsampeln eine Entlastung von Lärm sein können. Bei extrem leisen Fahrzeugen steigt jedoch die Unfallgefahr für Radfahrer:innen und Passant:innen, insbesondere für Kinder und sehbeeinträchtigte Personen. Daher müssen nach einer EU-Verordnung neu zugelassene Elektrofahrzeuge seit Juli 2021 ein elektronisch erzeugtes Geräusch aufweisen (AVAS, Acoustic Vehicle Alert System). Das konterkariert wiederum die Bemühungen um Verkehrslärmminderung in Städten.

Beim Schienenverkehr sind es vor allem Unebenheiten der Schienen (Riffelung) und raue Radreifen, die den Lärm ausmachen. Durch regelmäßiges Schleifen der Schienen kann der Lärm gemindert werden. Die Hauptlärmquellen von Verkehrsflugzeugen sind zum einen die Triebwerke, zum anderen die das Flugzeug umgebenden Strömungsgeräusche. Hier werden sukzessive technische Verbesserungen erzielt.

Technische Verbesserungen, die der Lärmminderung dienen, finden in allen Verkehrsbereichen statt. Sie werden aber größtenteils wieder durch die Steigerung des Verkehrsaufkommens aufgehoben. Bei der Entwicklung von Motoren, sei es im Verkehrs- oder Handwerksbereich, sollte darauf geachtet werden, die Intensität unangenehmer Schallkomponenten zu reduzieren. Dazu zählen hohe, scharf klingende Frequenzen (Beispiel Kreissäge) und rau klingende Modulationen des Schalldruckpegels (Beispiel: Dieselmotoren von Lkws oder Hubschraubergeräusche).

Zu den *sekundären Lärmschutzmaßnahmen* zählen Lärmschutzwände und Lärmschutzfenster. Lärmschutzfenster schützen jedoch nur dann vor Lärm, wenn sie geschlossen sind. Dies ist aus lufthygienischen Gründen nicht immer erwünscht. Lärmschutzwände und Einhausungen von Verkehrswegen können Anwohner:innen viel befahrener Straßen und Schienentrassen vor Lärm schützen, werden aber oft aus ästhetischen Gründen oder Kostengründen abgelehnt.

Akustische Umweltgestaltung: Kann man mit Schall die Umwelt auch gezielt positiv beeinflussen? Die Antworten darauf sind widersprüchlich. Bereits seit den 1930er-Jahren bietet die amerikanische Firma Muzak anxiolytische Musik an, die erstmals in Fahrstühlen und Zahnarztpraxen eingesetzt wurde, um dort ängstliche Menschen zu beruhigen. Heute dient sogenannte funktionale Musik dazu, vor allem in Kaufhäusern Kund:innen zu längerem Verweilen zu animieren; denn wer länger bleibt, kauft mehr (so ist zumindest die Erwartung). Ständige Musikberieselung kann aber auch eine Belästigung darstellen. In U-Bahn-Stationen wird versucht, durch Beschallung mit klassischer Musik eine beruhigende Atmosphäre zu schaffen. Dies soll durch die Musikwahl auch dazu dienen, unerwünschte Personen, etwa aus der Drogenszene, von längeren Aufenthalten abzuhalten. Der Erfolg dieser Maßnahme ist allerdings umstritten. Plätschernde Wasserläufe und Springbrunnen, sogar künstliches Vogelgezwitscher können in Städten Inseln mit einer Atmosphäre von Natur und Ruhe entstehen lassen.

Stille, Ruhe, Lärm: Absolute Stille gibt es auf der Erde nicht. Nur im künstlichen Vakuum und im Weltall gibt es keinen Schall. Stille empfinden wir, wenn wir keine oder nur sehr wenige Geräusche und Laute wahrnehmen. Stille kann eine meditative Wirkung entfalten. Stille kann aber auch ängstigen und bedrohlich wirken (Totenstille). Ruhe bedeutet im Gegensatz zu Stille nicht Lautlosigkeit, sondern angenehme, stressfreie akustische Umgebungen. Das Rauschen eines Bachs kann hohe Schalldruckpegel aufweisen und dennoch kein Lärm im Sinne eines unangenehmen Geräuschs sein, sondern Ruhe und Erholung bewirken. Wasserrauschen kann aber auch eine Gefahr signalisieren. Lärm, den Fans in einem Fußballstadion veranstalten, kann die Fangemeinde begeistern und mitreißen und eine identitätsstiftende Funktion entfalten. Diese Beispiele verweisen darauf, dass bei der Bedeutung und der Wirkung von Geräuschen der Kontext, in dem sie auftreten, eine wichtige Rolle spielt. Geräusche sind Träger von kontextbezogenen Informationen mit sozial-emotionalen Auswirkungen und können gleichermaßen beunruhigen und beruhigen, lästig und angenehm werden.

Einen fundierten Überblick über die Geschichte und Bedeutung des Lärms, seine Wirkungen und seine Bekämpfung findet man bei Hellbrück und Guski (2018).

3.3 „Smellscape" – Düfte und Gestank

Definition: Der Begriff Smellscape wurde von dem Stadtplaner Porteous (1985) eingeführt. Der damit bezeichnete Sachverhalt kann als eine relativ stabile, d. h. einen typischen Charakter aufweisende, sensorisch vermittelte Umgebung aufgefasst werden, hier auf Gerüche bezogen. Smellscapes haben sowohl eine örtliche als auch eine zeitliche Dimension. Bestimmte Orte zeichnen sich durch ganz besondere Gerüche aus, beispielsweise der Nadelwald infolge der ätherischen Öle, die Nadelbäume absondern; aber auch landwirtschaftlich intensiv genutzte Regionen oder bestimmte industrielle Produktionsstätten sind durch charakteristische Gerüche gekennzeichnet. Beispiele für zeitabhängige Smellscapes sind der „Duft nach Weihnachten", oder – individuell – der Geruch nach Urlaub und Ferien, wenn man beispielsweise regelmäßig in die Berge fährt und damit den Duft von frisch gemähtem Gras und Heu assoziiert.

Gerüche spielen eine wichtige Rolle beim Umweltdesign. Künstliches Geruchsdesign ist allgegenwärtig. Sowohl bei der Produktion von Kosmetika, Reinigungs- und Waschmitteln werden Duft- und Aromastoffe zugesetzt als auch bei der Herstellung von Lebensmitteln. Geruch hat wie Schall eine Kommunikationsfunktion. Geruch nach Zitrusfrüchten beispielsweise kommuniziert Sauberkeit und Frische, süßer Moschusduft wirkt erotisch, abstoßend fauliger Gestank verweist auf Krankheit und Tod (vgl. z. B. Turin, 2007).

Adaptive Funktion des Geruchssinns: Welche bedeutende Kommunikationsfunktion der Geruch im Tierreich hat, ist evident. Über den Geruch werden Sexualpartner angelockt, Territorien zur Ressourcensicherung abgesteckt und Spuren verfolgt. Beim Menschen hat der Geruchssinn an Bedeutung verloren. Kennzeichnend für den Menschen ist, dass die Nasenöffnung nicht wie bei Tieren nach vorne gerichtet ist, sondern nach unten. Dies weist darauf hin, dass eine wichtige adaptive Funktion des Geruchssinns beim Menschen in der Überprüfung der Nahrungsqualität besteht. Der Geruch trägt erheblich zum Geschmack bei, aber noch entscheidender ist, dass über den Geruch schlechte oder verdorbene Lebensmittel erkannt werden können, bevor sie in den Mund gelangen. Der Geruch eines verdorbenen Lebensmittels kann dabei unmittelbar Übelkeit und Brechreiz auslösen; das bedeutet, der Magen geht bereits in Abwehrhaltung noch bevor das Nahrungsmittel hineingelangt. Umgekehrt regen frisch und appetitlich duftende Nahrungsmittel die Produktion von Verdauungssekreten an. Die appetitanregende Wirkung von frischem Brot- und Kaffeeduft ist ein Grund, warum sich Bäckerei und Stehcafé im Eingangsbereich eines Supermarkts befinden. Man geht davon aus, dass ein Mensch, dessen Appetit angeregt ist, auch bereitwilliger einkauft – mehr als er vielleicht vorhatte.

Auch Aufenthaltsplätze, Textilien von Möbeln etc. dürfen keine unangenehmen Geruchskomponenten aufweisen. Besonders wichtig ist dies bei kleinen Innenräumen, beispielsweise auch in einer Fahrzeugkabine. Die Kunststoffe im Fahrzeuginnenraum verströmen vor allem bei Erwärmung einen Geruch, der auf keinen Fall unangenehm sein darf (Knoblich et al., 2003). Sensorische Evaluationen von Produkten – nicht nur bei Gerüchen, sondern auch bei Geschmack, Akustik oder Haptik – werden von Spezialist:innen durchgeführt, die sich ausgefeilter Methoden der Psychophysik und der Statistik bedienen.

Geruchsemittenten und Geruchsimmission: Anders als bei Lärm und den Hörempfindungen adaptieren die Geruchssinneszellen relativ rasch. Dennoch können schlechte Gerüche eine Quelle erheblicher Belästigung darstellen. Zu den Hauptemittenten schlechter Gerüche zählen beispielsweise die Stahlproduktion, Seifensiedereien, Tierkörperverwertungsbetriebe, landwirtschaftliche Betriebe etc. Auch der süßliche Geruch bei der Schokoladenherstellung stellt auf Dauer eine hohe Belastung dar. Geruchsemittierende Betriebe unterliegen daher dem Umweltrecht und sind genehmigungspflichtig. Potenzielle Geruchsimmissionen, also Gerüche am Einwirkort, werden aufgrund sogenannter Dispersionsmodelle prognostiziert, in die neben den emittierten Gasen auch typische Windströmungen und -richtungen und andere Faktoren eingerechnet werden. Bei bestehenden Anlagen werden Geruchsbelastungen durch Begehungen durch sogenannte Schnüfflerteams ermittelt, die nach standardisierten Vorgaben (VDI-Richtlinie 3940 Blatt 3 und 4) Intensität und hedonische Qualitäten von Gerüchen beurteilen (vgl. z. B. Winneke, 2002).

3.4 Umweltgifte

In der Umwelt – auch in der natürlichen Umwelt – gibt es viele für den Menschen schädliche Stoffe (vgl. Seeber, 2010). Unter Umweltgiften bzw. Umweltnoxen seien im Folgenden aber nur solche verstanden, die vom Menschen eingebracht werden. Unter diesen werden hier in erster Linie nur die behandelt, die sich psychologisch, also auf Erleben und Verhalten auswirken können, weil sie auf das zentrale Nervensystem oder auf das Hormonsystem wirken.

Wirkungen auf den Hormonhaushalt: Auf das Hormonsystem wirken sich vor allem Stoffe aus, die in Weichmachern enthalten sind, welche Kunststoffe geschmeidiger machen. Dazu zählen Phthalate und polychlorierte Biphenyle (PCB). Sie stehen im Verdacht, bei Männern Unfruchtbarkeit zu bewirken und bei männlichen Föten und Kindern den Hormonhaushalt in Richtung einer Feminisierung zu verändern. Besondere Aufmerksamkeit gilt in diesem Zusammenhang z. B. Plastikspielzeug, PVC-Fußbodenbelägen, Vinyltapeten.

Wirkungen auf das zentrale Nervensystem: Unter die Stoffe, die auf das zentrale Nervensystem wirken, fallen insbesondere chemische Lösungsmittel. Diese dienen dazu, andere Stoffe zu lösen oder zu verdünnen, ohne mit ihnen chemisch zu reagieren. Lösungsmittel zählen zu den Schadstoffen und können in Farben, Lacken, Lasuren, Klebstoffen oder Filzstiften, wie auch in Holzschutzmitteln und Reinigungsmitteln enthalten sein. Es gibt verschiedene Arten, die alle zu den aromatischen Kohlenwasserstoffen zählen, z. B. das im Benzin enthaltene (krebserregende) Benzol, das in Farben und Lacken enthaltene Toluol sowie das Styrol, das ein Ausgangsprodukt von Styropor ist, das als Dämmstoff Verwendung findet.

Man kann Lösungsmittel an deren charakteristischem Geruch erkennen. Typisch ist der Geruch von flüssigen Klebstoffen oder von Filzstiften. Lösungsmittel verdampfen aufgrund ihres niedrigen Siedepunkts bei Zimmertemperatur und werden daher leicht inhaliert. Da sie schwerer als Luft sind, sammeln sie sich vorwiegend in Bodennähe an und können vor allem Kleinkinder belasten. Sie wirken auf das zentrale Nervensystem, da sie die Blut-Hirn-Schranke überwinden. Im Gehirn wirken sie narkotisierend und bei hoher Dosierung berauschend. Im Extremfall können sie zu Hirnatrophien, einem Verlust von Gehirnsubstanz, führen. Davon können sogenannte Klebstoffschnüffler:innen betroffen sein, die solche Stoffe gezielt und konzentriert einatmen, um sich zu berauschen. In subtoxischer Dosierung, etwa durch Ausdünstungen in Innenräumen, stehen sie im Verdacht, Müdigkeit, Konzentrationsschwächen und Kopfschmerzen auszulösen und dadurch kognitive Leistungen zu beeinträchtigen. Mit der psychologischen Wirkung von Lösungsmitteln und anderen Umweltgiften befasst sich die Verhaltenstoxikologie (auch Psychoneurotoxikologie). Nachgewiesen werden die Wirkungen vor allem mit neuropsychologischen Testverfahren, die in erster Linie Aufmerksamkeits- und Arbeitsgedächtnisfunktionen prüfen (vgl. z. B. Seeber et al., 2004).

Multiple Chemikaliensensitivität: Von klinisch-psychologischer Bedeutung ist die sogenannte Multiple Chemikaliensensitivität (MCS). Darunter versteht man eine erworbene Überempfindlichkeit gegenüber chemischen Stoffen. Die berichteten gesundheitlichen Beeinträchtigungen betreffen in der Regel Befindlichkeitsstörungen wie Kopfschmerzen, Müdigkeit und Konzentrationsstörungen. Für die Diagnose der MCS müssen tatsächliche Vergiftungen oder Allergien ausgeschlossen werden. Es wird vermutet, dass Umweltchemikalien in subtoxischer Dosierung sich über die Jahre im Körper akkumulieren könnten und mit der Zeit eine Überempfindlichkeit des Immunsystems bewirken. Kritisch kann man jedoch das Beispiel der Zigarettenraucher:innen ins Feld führen, die mit jedem Zigarettenzug eine Vielzahl von typischen Umweltgiften in subtoxischer Dosierung inhalieren und dennoch keine Überempfindlichkeit gegenüber Umweltgiften entwickeln. Eine andere Überlegung geht dahin, dass bei den betroffenen Personen eine Überempfindlichkeit des Geruchssinns vorliegen könnte. Der Geruch selbst könnte die Reaktionen des Organismus hervorrufen. In der Tat berichten viele, die von MCS betroffen sind, häufig schlechte Gerüche wahrzunehmen (Kakosmie). Eine psychologische Erklärung wird unter Zuhilfenahme der Attributionstheorie angeführt. Die betreffenden Personen würden Befindlichkeitsstörungen bzw. Erkrankungen, für die ihnen die Medizin keine Ursache benennen kann, auf ihre chemisch oder auch durch „Elektrosmog" (siehe unten) verseuchte Umwelt (fehl-)attribuieren (Matyssek & Neuser, 2002; zu Attributionstheorien vgl. allgemein ein Lehrbuch der Sozialpsychologie, z. B. Aronson et al., 2014, Abschn. 4.3; zum Stand der MCS-Forschung vgl. Eis et al., 2003, 2005).

Sick-Building-Syndrom: Weniger umstritten als MCS ist das Sick-Building-Syndrom (SBS). Bei SBS handelt es sich um einen Symptomkomplex, der mit dem Aufenthalt in klimatisierten Büroräumen in Zusammenhang gebracht wird. Bei den Symptomen kann es sich um trockene Augen, Reizungen der oberen Luftwege, Hautrötungen, Lethargie und Kopfschmerzen, Konzentrationsstörungen sowie um veränderte Geruchs- und Geschmacksempfindungen handeln. Die Symptome verschwinden in der Regel, wenn die Büroräume, etwa über das Wochenende, für längere Zeit nicht benutzt werden. Als Auslöser für SBS stehen Ausdünstungen von Lösungsstoffen sowie Verunreinigungen der Klimaanlage in Verdacht, aber auch Schall mit sehr tiefen Frequenzanteilen, der von haustechnischen Anlagen (z. B. Heizungsanlagen) erzeugt werden kann. Möglicherweise werden die Symptome auch noch durch Stress am Arbeitsplatz (z. B. Mobbing) verstärkt.

3.5 „Elektrosmog"

Der Begriff Elektrosmog ist durch die Wortwahl bereits negativ konnotiert. Er suggeriert eine sich flächenmäßig ausbreitende, schädliche Beeinflussung durch elektromagnetische Schwingungen. In der Tat sind Elektrogeräte, Elektromotoren, elektrische Leitungen, Mobilfunkanlagen etc. allgegenwärtig, sodass man sich elektromagnetischen Feldern und Strahlen überhaupt nicht entziehen kann.

Das elektromagnetische Spektrum: Man unterscheidet im elektromagnetischen Spektrum den niederfrequenten Bereich und den Hochfrequenzbereich. Den Übergang von niedrig zu hoch bilden die Radiowellen mit Schwingungen im Bereich von 30 kHz. Im sehr niedrigen Frequenzbereich („very low frequency"; VLF) sind beispielsweise die elektromagnetischen Felder um Hochspannungsleitungen angesiedelt, am obersten Ende des elektromagnetischen Spektrums befindet sich die radioaktive Strahlung (Röntgen- und Gammastrahlung). Auf elektromagnetische Schwingungen mit einer Wellenlänge zwischen 700 und 400 nm (Lichtspektrum) reagieren die Rezeptoren des menschlichen Auges und vermitteln die Farbempfindungen von Rot (langwelliger Bereich) bis Violett (kurzwelliger Bereich). Angrenzend am violetten Bereich beginnt der (nicht sichtbare) Ultraviolett-Bereich (UV-Licht), unterhalb des Rot-Bereichs grenzt der Infrarot-Bereich an (vgl. Leitgeb, 1991).

Ionisierende Strahlung: Ab dem UV-Bereich beginnt die ionisierende Strahlung. Ionisierende Strahlung enthält so viel Energie, dass sie aus einem Atom oder Molekül ein Elektron loslösen und damit elektrisch geladene Teilchen, also Ionen, erzeugen kann. Ionisierende Strahlung ist in der Lage, im Körper chemische Reaktionen auszulösen. Eine davon ist beispielsweise die Bräunung der Haut, wenn man sie entsprechend lange dem UV-Licht der Sonne bzw. dem UV-Licht in einem Solarstudio aussetzt. Ionisierende Strahlung ist biologisch immer wirksam, denn sie ist so definiert, dass ein Strahlungsquant, d. h. die kleinstmögliche Strahlungsmenge, eine chemische Reaktion auslösen kann. Die gesundheitlich interessante Frage ist, ob der Körper diese Reaktion bzw. den dadurch bewirkten Schaden rückgängig machen kann oder ob es zu einem dauerhaften Schaden kommt, im Fall der UV-Strahlung beispielsweise zu Hautkrebs.

Hochgefährlich ist natürlich radioaktive Strahlung, die bei einem Unfall in einem Atomkraftwerk oder bei Atombombenexplosionen freigesetzt werden kann. Gelangt beispielsweise das Element Strontium, das ein hochaktives, instabiles (radioaktives) Isotop enthält, auf dem Weg der Nahrungsaufnahme in einer unnatürlich hohen Konzentration in den Körper, lagert es sich aufgrund seiner chemischen Verwandtschaft mit Kalzium in den Knochen ab und könnte Knochenkrebs und Leukämie (Blutkrebs) auslösen. Wissenschaftliche Befunde über ein erhöhtes Leukämierisiko bei Kindern, die in der Nähe von Atomkraftwerken leben, werden immer wieder diskutiert, sind aus statistischen Gründen jedoch umstritten. Instabile Iod-Isotope (z. B. Iod-131) entstehen ebenfalls bei der Kernspaltung und können beispielsweise bei einer Kernschmelze eines Reaktors freigesetzt werden. Wenn sie eingeatmet werden, lagern sie sich in der Schilddrüse ab und erhöhen das Risiko für Schilddrüsenkrebs.

Radioaktive Strahlung geht aber auch von dem Edelgas Radon aus, das auf natürliche Weise beim Zerfall von Uran entsteht. Wenn Arbeiter:innen in Uranbergwerken einer hohen Dosis von Radon ausgesetzt sind, besteht ein Risiko, an Lungenkrebs und Krebs der oberen Atemwege zu erkranken. Es wird vermutet, dass Menschen, die in Gebieten mit Uranabbau leben, ebenfalls diesem Risiko ausgesetzt sind, da Radon auch durch die Keller der Häuser in den Wohnbereich dringen kann (zu ionisierender Strahlung vgl. Steiof et al., 2002).

Nichtionisierende Strahlung: Während die gefährliche Wirkung ionisierender Strahlung außer Frage steht, gibt es heiße Diskussionen um die gesundheitsschädigende Wirkung von nichtionisierenden Strahlen und Feldern. Dahinter steht die Befürchtung, dass der Mensch durch die zunehmende Elektrifizierung, vor allem auch durch die Funktelefonie, elektromagnetischen Feldern und Strahlen praktisch nicht entgehen kann, und dass diese Einflüsse auf Dauer die Gesundheit des Menschen mehr oder weniger schwerwiegend beeinträchtigen.

Man unterscheidet *Elektrosensitivität* und *Elektrosensibilität*. Als elektrosensitiv werden diejenigen Menschen bezeichnet, die von Befindlichkeitsstörungen (Kopfschmerzen, Konzentrationsstörungen etc.) als Folge elektromagnetischer Schwingungen berichten, als elektrosensibel dagegen diejenigen, die angeben, elektromagnetische Felder wahrnehmen zu können (Leitgeb & Schröttner, 2003). Die Untersuchungen zu Elektrosensitivität und Elektrosensibilität sind insgesamt sehr zahlreich. Darunter gibt es allerdings nur wenige Studien, welche die methodischen Voraussetzungen für eine Kausalanalyse erfüllen, wie z. B. ein experimentelles Design mit Doppelblindung. Bei diesem wissen weder Untersuchungsteilnehmer:innen noch Untersuchungsleiter:innen, ob die Untersuchungsteilnehmer:innen im jeweiligen experimentellen Setting elektromagnetischen Feldern ausgesetzt sind oder nicht. Empirisch gibt es daher weder für Elektrosensitivität noch für Elektrosensibilität bis dato überzeugende Beweise (Heinrich et al., 2007; Silny, 2002).

Zur Problematik, die Unschädlichkeit zu beweisen: Mit Umweltsyndromen wie MCS und Elektrosmog betritt man ein Feld, in dem Tausende von Untersuchungen publiziert wurden und dennoch nur sehr wenig gesichertes Wissen erkennbar ist. Vielen Menschen machen jedoch diese sinnlich nicht wahrnehmbaren, aber für gefährlich gehaltenen Stoffe und Energien Angst. Regelmäßig wird in den Medien von Bürgerinitiativen berichtet, die sich gegen „Gefahren" wie beispielsweise Mobilfunk zur Wehr setzen. Oft ist die Forderung zu hören, die Wissenschaft möge die Unschädlichkeit beweisen. Damit ist jedoch ein prinzipielles wissenschaftslogisches Problem verbunden: Man kann nicht beweisen, dass etwas nicht ist (Problem der Nullhypothesentestung). Um es an einem Beispiel zu erläutern: Wer in den Wald geht, um Pilze zu suchen und keine findet, kann nicht behaupten, dass in diesem Wald keine Pilze sind. Man kann nur die Anstrengung und Genauigkeit der Suche erhöhen und ein Abbruchkriterium für die Suche festlegen. In diesem Sinn müsste man mit Blick auf den „Elektrosmog" und andere in vergleichbarer Weise fragliche Umweltfaktoren Forschungsstrategien vereinbaren.

Wo Sie Ihr Wissen erweitern und vertiefen können

Hellbrück, J., & Guski, R. (2018). *Lauter Schall. Wie Lärm in unser Leben eingreift*. WBG Academic.

Hellbrück, J., Guski, R., & Schick, A. (2010). Schall und Lärm. In V. Linneweber, E.-D. Lantermann, & E. Kals (Hrsg.) *Spezifische Umwelten und umweltbezogenes Handeln* (S. 3–44). Hogrefe.

Homburg, A. (2008). Umwelt und Stress. In E.-D. Lantermann & V. Linneweber (Hrsg.), *Grundlagen, Paradigmen und Methoden der Umweltpsychologie* (S. 567–593). Hogrefe.

Seeber, A. (2010). Gefahrstoffe und Altlasten. In V. Linneweber, E.-D. Lantermann, & E. Kals (Hrsg.), *Spezifische Umwelten und umweltbezogenes Handeln* (S. 45–78). Hogrefe.

Steneberg, A. (1996). *Umweltmedizin*. Wissenschaftliche Buchgesellschaft.

Siehe auch: kostenfreie Materialien auf der Seite www.lehrbuch-psychologie.springer.com.

Landschaft, Wetter und Klima

4

Landschaft, Wetter und Klima sind Faktoren, die in hohem Maß Verhalten, Wohlbefinden und Leistung des Menschen beeinflussen. In diesem Kapitel wird zunächst der Begriff Landschaft definiert, anschließend die Biophilia-Hypothese diskutiert, es werden Landschaftspräferenzmodelle beschrieben und Untersuchungsbefunde dargestellt, welche die Wirkung von Landschaft und Natur auf den Menschen belegen. Im zweiten Abschnitt des Kapitels werden Wetter und Klima, aber auch die bioklimatologischen Wirkungskomplexe und wetterbedingte Befindlichkeitsstörungen (Wetterfühligkeit) behandelt; darüber hinaus wird die Wirkung von Licht auf den Menschen diskutiert sowie saisonal bedingte Einflüsse, wie die Seasonal Affective Disorder (SAD), eine bipolare affektive Störung, die von den Lichtbedingungen ausgelöst wird. Die möglichen Auswirkungen von Hitze auf Stimmung und Verhalten, die sogenannte Hitze-Aggressions-Hypothese, werden abschließend erörtert.

4.1 Landschaft und die Liebe zur Natur

Definition: Der Begriff Landschaft ist zwar jedem geläufig, dennoch wird er in der Fachliteratur nicht einheitlich verwendet. Vom psychologischen Aspekt (Wahrnehmung, Erleben und Verhaltensangebote) aus betrachtet, wird unter Landschaft ein Ausschnitt der Erdoberfläche verstanden, der von einem Punkt aus überblickt werden kann. Landschaftstypen werden vor allem nach dem geomorphologischen Relief der Erdoberfläche gebildet. Für die Bildung der sogenannten Reliefsphäre spielen auch die vergangenen und gegenwärtigen Klimabedingungen eine Rolle sowie das Zusammenwirken der verschiedenen Geosphären. Die Geosphäre besteht aus verschiedenen „Hüllen"; zu diesen zählen auch Atmosphäre (Luft), Pedosphäre (Boden), Lithosphäre (Gestein), Hydrosphäre (Wasser) und Kryosphäre (Eis) sowie die Biosphäre (Flora und Fauna).

Natur- und Kulturlandschaft: Man unterscheidet Naturlandschaft und Kulturlandschaft (zum Überblick Hofinger & Becker, 2010). Naturlandschaft im strengen Sinn, als eine vom Menschen völlig unbeeinflusste Landschaft, gibt es eigentlich nicht mehr. Stäube und Gase anthropogenen Ursprungs sind mehr oder weniger an allen Punkten der Erde nachweisbar. Der Unterschied zwischen Naturlandschaft und Kulturlandschaft ist ein gradueller. In unseren Breiten müssen auch Wälder und Wiesen, die von uns als natürliche Landschaft wahrgenommen und geschätzt werden, gepflegt und bewirtschaftet werden. Kulturlandschaft ist zum einen durch die landwirtschaftliche Nutzung geprägt, zum anderen durch die Siedlungsformen, durch Industrie und Gewerbe sowie durch die Verkehrswege.

Natürliche Landschaften empfinden Menschen als ein hohes Gut. Dem trägt auch der Gesetzgeber im Gesetz über Naturschutz und Landschaftspflege (Bundesnaturschutzgesetz – BnatSchG) Rechnung. Menschen suchen Erholung und Entspannung in natürlichen Landschaften. Urlaubsregionen werben mit ihren Landschaften. Worin besteht der Erholungswert natürlicher Landschaften? Warum sehnen sich Menschen nach natürlichen Landschaften (vgl. Flade, 2010a)?

Liebe zur Natur: Stellen wir zunächst eine ungewöhnlich anmutende Frage: Ist die Liebe des Menschen zur Natur angeboren? Menschen haben schon frühzeitig den engen Kontakt mit der Natur gesucht und kultiviert. Man denke etwa an Gartenanlagen im alten Mesopotamien, Ägypten oder im alten China. Der „Garten Eden" ist ein Sinnbild für hohes Glück. Offensichtlich haben Menschen damals wie heute Erholung, Entspannung und Gesundheit in Gärten gefunden. Auch die offensichtliche Affiliation, die Menschen – vor allem auch Kinder – zu Natur, Blumen und Tieren aufweisen, wirft die Frage nach einer evolutionären Prädisposition auf (vgl. Kahn & Kellert, 2002). Zugleich motiviert diese Liebe zur Natur dazu, sich für den Schutz von Natur und Umwelt einzusetzen (vgl. Abschn. 8.2 sowie Kals & Nisbet, 2019).

Auswirkungen des Naturerlebens auf das biopsychosoziale Wohlbefinden

Die vorhandene Forschung spricht dafür, dass das Erleben von Natur einen positiven Einfluss hat – sowohl auf das eigene biopsychosoziale Wohlbefinden (zum Überblick Howell & Passmore, 2013; Sandifer et al., 2015) als auch auf positive und negative Affekte (zum Überblick McMahan & Estes, 2015). Diese Aussage basiert auf vielen Einzelstudien. Beispielsweise konnten Cox et al. (2017) zeigen, dass das Erleben von Natur in der Wohnumgebung und im Alltag förderlich für die seelische Gesundheit ist. Auch Bewohner:innen in vollstationären Pflegeeinrichtungen profitieren in ihrem biopsychosozialen Wohlbefinden davon, wenn es ihnen ermöglicht wird, Vögel in der Natur beobachten zu können (Zieris et al., 2023).

Entsprechend wird das Erleben von Natur oder auch Wildnis zunehmend in Interventionsansätzen genutzt, um die mentale Gesundheit zu fördern. Dies wird auch unter dem Begriff der Natur- bzw. Wildnistherapien diskutiert (zum Überblick Petzold et al., 2019; Polz-Watzenig, 2020). Durch eine achtsamkeits- und entspannungsbasierte Naturintervention ließ sich die Stimmung depressiver Patient:innen in der psychosomatischen Rehabilitation verbessern (Müller et al., submitted). Auch in der Ratgeberliteratur nehmen Achtsamkeitstrainings in der Natur einen zunehmenden Raum ein (z. B. Zemann, 2021). ◄

Biophilia und Biophobia: Der bekannte Soziobiologe Edward Wilson verfasste 1984 ein Buch mit dem Titel „Biophilia", in dem er die These vertritt, dass die Liebe des Menschen zu Natur, Tieren und Pflanzen – zumindest partiell – genetischen Ursprungs sei; selbstverständlich überformt durch einen hunderttausende von Jahren währenden Anpassungsprozess, in dem der Mensch lernte, die Signale aus der belebten und unbelebten Natur zu deuten und sein Verhalten entsprechend anzupassen. Als Biophilia-Hypothese hat Wilsons These viel Aufsehen erregt (Kellert & Wilson, 1993).

Der Begriff Biophilia kann durch den Begriff Biophobia ergänzt werden, der auf eine angeborene aversive Reaktion gegenüber natürlichen Gefahrenquellen verweist. Die Forschungsgruppe um den schwedischen Psychologen Arne Öhman wies in einfallsreichen Experimenten nach, dass Menschen (und auch Primaten) auf Spinnen und Schlangen in besonderer Weise aversiv reagieren. Damit ist – anders als bei der Biophilia-Hypothese – die Annahme eines adaptiven Verhaltens auf einer genetischen Basis empirisch belegt (Öhman, 1986).

4.2 Landschaftspräferenzen und Wirkungen von natürlicher Landschaft

Savannen-Hypothese: Der Evolutionspsychologe Gordon Orians verwies im Rahmen seiner *Habitat-Selection-Hypothese* darauf, dass Menschen Landschaften präferieren, die Ähnlichkeiten mit der afrikanischen Savanne aufweisen, in der bekanntermaßen die Hominisation stattfand. Bei der ästhetischen Beurteilung von Landschaftsbildern und von Bäumen fand Orians durchgängig Präferenzen für Park- und Gartenanlagen sowie für Baumformen, wie sie auch in der afrikanischen

Savanne vorgefunden werden können: Ebenen und leichte Hügel, die für ein zweibeiniges Wesen gut begehbar sind; gewundene Wege, Bäume und Hecken, die Schutz bieten; Blüten als Vorboten von Früchten; Bachläufe und Teiche, die Wasser und Nahrung versprechen. Der Mensch, so der Evolutionspsychologe, bewertet Landschaften mit allen Sinnen und bevorzugt jene Landschaften, die ihm in prähistorischer Zeit den besten Platz für ein Überleben gesichert hätten. Diese These hat als Savannen-Hypothese auf dem Umweg über die Evolutionspsychologie auch Eingang in die Umweltpsychologie gefunden (Heerwagen & Orians, 1993; Orians, 2007).

Prospect-Refuge-Hypothese: Während sich die Savannen-Hypothese auf Landschaftspräferenzen bezieht, nimmt Jay Appletons Prospect-Refuge-Hypothese Bezug auf Präferenzen von Sitz- oder Standpositionen, von denen aus man Einblick in die Landschaft nimmt (Appleton, 1996). Menschen, so schreibt Appleton unter anderem aufgrund seiner Analysen von Landschaftsgemälden, bevorzugen Positionen, die ihnen nach hinten Schutz und Rückzugsmöglichkeiten („refuge") und nach vorn Ausblick („prospect") bieten. Diese ebenfalls evolutionär begründete Hypothese steht im Einklang mit Beobachtungen, dass Menschen bei freier Wahlmöglichkeit im Gastraum eines Restaurants oder ähnlicher Räume selten ohne Not die Sitzmöglichkeit in der Mitte des Raums einnehmen, sondern diejenigen am Rand, möglichst mit dem Rücken zur Wand und Ausblick auf den Eingangsbereich. Dieses Bedürfnis nach Sicherheit einerseits und Exploration andererseits sollte daher auch bei der Gestaltung von Räumen berücksichtigt werden (vgl. auch Kap. 6). Wenn man möchte, dass Menschen sich in Räumen wohlfühlen und länger verweilen, wird man Nischen vorsehen und die Tische eher entlang von Wänden gruppieren, um den Bedürfnissen von Besucher:innen nach Rückzug und Exploration Rechnung zu tragen. Möchte man, dass sich die Gäste lediglich für kurze Zeit im Raum aufhalten, z. B. in einem Schnellrestaurant nur für die Zeit der Nahrungsaufnahme, wird man gerade diese Möglichkeiten nicht schaffen.

Landschaftspräferenzmodell nach Kaplan und Kaplan: Der theoretische Ansatz von Stephen und Rachel Kaplan ist eklektisch. Neben der Evolutionspsychologie nehmen sie auch Bezug auf Gibsons Wahrnehmungstheorie sowie auf die Kognitionspsychologie und machen Anleihen bei Berlynes Theorie der Neugierde und Ästhetik (Berlyne, 1974). Darüber hinaus verweisen sie auch auf Kevin Lynchs Untersuchungen zu „The Image of the City" (z. B. Kaplan & Kaplan, 1989; Kaplan, 1995a; vgl. hierzu auch Kap. 2).

Beruhend auf einer Vielzahl von Landschaftspräferenzurteilen extrahierten Kaplan und Kaplan in faktorenanalytisch angelegten Untersuchungen die folgenden vier Faktoren, welche die Landschaftspräferenzen beeinflussen:

- Komplexität („complexity"),
- Kohärenz („coherence"),
- Lesbarkeit („legibility") und
- Rätselhaftigkeit bzw. Geheimnis („mystery").

Der Faktor *Komplexität* bezieht sich auf die Anzahl verschiedener Reize, die in einer Landschaft vorkommen. Eine karge Steppenlandschaft oder eine flurbereinigte Kulturlandschaft beinhalten wenige Reize und können daher eintönig und langweilig wirken. Im Gegensatz dazu sind Landschaftsszenen, die sich durch unterschiedliches Bodenrelief, verschiedene Pflanzenformationen etc. auszeichnen, anregend und interessant, indem sie dem Auge vielfältige Strukturen und Buntheit anbieten.

Der Faktor *Kohärenz* meint die Zusammengehörigkeit, mit der Landschaftsteile sich zu einem Ganzen zusammenfügen. Hier stellt sich die Frage, ob eine Landschaft in sich stimmig ist oder ob sie „Fremdkörper" beinhaltet, die nicht in die Gesamtkonfiguration hineinpassen, seien sie anthropogenen oder natürlichen Ursprungs. Solche Fremdkörper können als sehr störend und unangenehm erlebt werden, wie beispielsweise ein kurz vor der Fertigstellung gestopptes Bauobjekt in einer ansonsten natürlichen Landschaft. Sie können aber auch als ungewöhnliche Mirakel bestaunt werden, wie etwa der Ayers Rock in Australien.

Der Faktor *Lesbarkeit* nimmt Bezug auf die Frage, wie gut eine Landschaft entziffert werden kann. Kann man ihre Struktur leicht verstehen, sich gut in ihr zurechtfinden und orientieren, ist die hinter diesem Faktor stehende Frage.

Der Faktor *Rätselhaftigkeit* bzw. Geheimnis ist im Zusammenhang mit Neugier und dem Explorationsbedürfnis des Menschen zu sehen. Weckt die Landschaft den Wunsch sie zu erkunden, fühlt man sich in die Landschaft hineingezogen, enthält die Landschaft Hinweise auf verborgene Informationen? Ein gewundener Weg, der hinter einer Hecke verschwindet, kann neugierig machen, wie es weitergeht und welche Aussichten sich bieten. Dadurch werden Erwartungen und Spannungen erzeugt, die sich auflösen und wiederum neu aufbauen können. Auf diese Weise wird Landschaft zu einem emotionalen Erlebnis. Wie jeder andere Faktor kann auch der Faktor Rätselhaftigkeit ein Zuviel oder ein Zuwenig beinhalten. Ein Zuwenig bedeutet Langeweile, ein Zuviel kann unangenehme Unruhe oder gar Angst auslösen. Landschaften sollen anregend sein, ohne zu verstören und zu beunruhigen, also ein mittleres Aktivationsniveau auslösen. Hier trifft sich die Kaplansche Theorie mit Daniel Berlynes Theorie der kognitiven Motivation (Berlyne, 1974).

Die vier Faktoren, die Stephen und Rachel Kaplan gefunden haben, unterscheiden sich auch in der zeitlichen und psychologisch-funktionalen Domäne. Die Faktoren Komplexität und Kohärenz liegen gewissermaßen *unmittelbar* in der *Wahrnehmung* vor, wenn die Augen auf die Landschaftsszene gerichtet werden. Lesbarkeit und Rätselhaftigkeit dagegen auf die – *Zeit erfordernde* – kognitive Erschließung der Landschaftsszene, also dem *Erkunden* und *Verstehen*. Auch Stephen und Rachel Kaplan gehen wie Appleton von dem Grundbedürfnis des Menschen nach *Schutz und Geborgenheit* einerseits und der angeborenen *Neugierde* andererseits aus und stützen sich dabei ebenfalls auf evolutionspsychologische Theorien (vgl. Kaplan, 1995a). Die Annahme von Grundbedürfnissen kontrastiert jedoch mit der breiten Varianz von Präferenzurteilen, die man üblicherweise in den Untersuchungen über Landschaftsbeurteilung erhält. Eine Reihe von Arbeiten versucht daher – mit bislang noch unklaren Ergebnissen –, diese wahrscheinlich kognitiv überformten interindividuellen Unterschiede aufzuklären (z. B. Hagerhall, 2001).

Salutogenetische Wirkung von Landschaft: Auch auf den salutogenetischen (gesundheitsförderlichen) Wert der natürlichen Landschaft gehen Kaplan und Kaplan ein. Sie konnten neben anderen Forscher:innen zeigen, dass das Gehen in der Landschaft erholsam wirkt, weil dem natürlichen Bedürfnis, die Aufmerksamkeit frei schweifen zu lassen und sie nicht willentlich konzentrieren zu müssen, Rechnung getragen wird. Das (Spazieren-)Gehen in der Natur ist somit Erholung für den Geist. Dies wird als *Attention-Restoration-Theorie (ART)* bezeichnet (vgl. Kaplan, 1995b).

Neben diesem kognitiven Ansatz ist das psychoevolutionäre Modell der Erholung von Stress zu erwähnen (Ulrich et al., 1991; vgl. allgemein Gehring & Maes, 2010). Ulrich konnte zeigen, dass der Ausblick durch die Bürofenster in die Natur das Wohlbefinden und die Arbeitszufriedenheit von Angestellten steigert und dass der Blick in die Natur bzw. in eine Gartenlandschaft durch Krankenzimmerfenster postoperative Ängste und Stress reduziert und damit die Rekonvaleszenz fördert.

4.3 Klima, Wetter und Mensch

Definitionen: Unter Klima versteht man das an einem bestimmten Ort auf der Erde mögliche durchschnittliche Wettergeschehen, das über einen längeren Zeitraum, etwa 30 Jahre, zu beobachten ist. Mit Wetter bezeichnet man dagegen kurzfristige Änderungen im unteren Bereich der Atmosphäre, der sogenannten Troposphäre, wahrnehmbar als Sonnenschein, Bewölkung, Wind, Regen, Schnee, Hitze und Kälte usw. In den gemäßigten Zonen Mitteleuropas ändert sich das Wetter im Durchschnitt alle fünf Tage. Klima und Wetter zählen zu den größten Einflussfaktoren, denen der Mensch unterliegt, denn das Klima wirkt sich auf die Vegetation

4.3 Klima, Wetter und Mensch

und die Landwirtschaft sowie die Süßwasserversorgung aus, und das Wetter erfordert unmittelbare Anpassungen durch entsprechende Wahl der Kleidung sowie Beheizung oder Kühlung von Räumen.

Auswirkungen von Klima und Wetter auf den Menschen: Klimaveränderungen haben Geschichte gemacht: Während der mittelalterlichen Warmzeit (Mitte des 9. bis Mitte des 13. Jahrhunderts) war Grönland (= Grünland) besiedelt und landwirtschaftlich genutzt, während in der kleinen Eiszeit vom 15. bis 19. Jahrhundert die Lagune von Venedig im Winter gefroren war. Extreme Wetterbedingungen im vorrevolutionären Frankreich verursachten Hungersnöte, die zusammen mit anderen Faktoren den Ausbruch der französischen Revolution beschleunigten. Ein weiteres Beispiel: Ein mächtiger Ausbruch des in Indonesien gelegenen Vulkans Tambora im Jahr 1815 verursachte 1816 (und auch noch 1817) in Europa und im Nordosten Amerikas einen außerordentlich kalten Sommer, mit Schneefall im August. Es war im Volksmund „das Jahr ohne Sommer", mit Missernten, Hungersnöten und großen Wirtschaftskrisen sowie einem Anstieg der Emigration von Europäer:innen nach Amerika. Indirekt geht auch die Erfindung des Fahrrads („Draisine") auf diesen Vulkanausbruch zurück, denn da die Haferpreise extrem stiegen, suchte Karl Drais nach einer Möglichkeit, das Pferd als Transportmittel zu ersetzen (zur Klimageschichte vgl. Behringer, 2010).

Das Wettergeschehen gehört, wie schon gesagt, zu den stärksten Einflussfaktoren für das menschliche Erleben und Verhalten. Dies leuchtet aus dem Alltagsleben unmittelbar ein: Um sich wohlzufühlen, benötigt der Mensch auf der Hautoberfläche eine Temperatur von etwa 28°C, die er abhängig von der Außentemperatur durch geeignete Wahl der Kleidung und durch Klimatisierung von Räumen erzielt. Dabei ist es einfacher, sich vor Kälte zu schützen als vor großer Hitze, denn der Möglichkeit, sich der Kleidungsschichten zu entledigen, sind Grenzen gesetzt.

Um das Wohlbefinden der Menschen in Abhängigkeit von klima- und wetterbedingten Bedingungen zu gewährleisten, ist ein großer Energieaufwand für Beheizung und Kühlung von Innenräumen nötig. Neben der Energie, die nötig ist, um das Mobilitätsbedürfnis der Menschen zu befriedigen, ist dieser Energieaufwand in hohem Maß für die Ausbeutung der nichtregenerativen Energiequellen verantwortlich und durch den damit verbundenen Schadstoffausstoß auch für die Klimaveränderungen.

Jeder Mensch macht zudem Erfahrungen, wie sich das Wetter auf Stimmung und Wohlbefinden auswirken kann. Herrscht sonniges Hochdruckwetter hebt sich die Stimmung und wir fühlen uns tatkräftig und leistungsfähig. Bei Tiefdruck, Regentagen oder nebligem Wetter sind wir häufig eher niedergeschlagen und übellaunig. Bei heißem und schwülem Wetter mit hoher Luftfeuchtigkeit sinkt die Leistungsfähigkeit.

Schonklima, Reizklima und Belastungsklima: Die geographischen Bedingungen haben Einfluss auf das regionale Klima. An den Küsten wechseln die Wind- und Temperaturbedingungen weitaus rascher als im Binnenland. Auch im Hochgebirgsbereich fallen die Wetterveränderungen relativ drastisch aus. Im Mittelgebirge sind die Temperaturveränderungen und die Windströmungen ausgeglichener. Dafür sorgen das sanftere Bodenrelief und die ausgleichende Wirkung der Wälder.

Bezogen auf die Wirkungen von Klima und Wetter auf den Menschen unterscheidet man drei regionale Klimate, nämlich

- Reizklima,
- Schonklima und
- Belastungsklima.

Küsten- und Hochgebirgsregionen weisen Reizklima auf, Mittelgebirge zeichnen sich dagegen durch Schonklima aus. Üblicherweise sind daher Rehabilitationszentren für Rekonvaleszenten, die der Schonung bedürfen, in den Mittelgebirgsregionen zu finden. Hierzu ein Beispiel: Patient:innen, die gerade einen Herzinfarkt überstanden haben, wird man nicht in ein Reha-Zentrum an der Küste schicken. Die starken wetterbedingten Reize könnten das Herz-Kreislauf-System zu sehr belasten. Gesteuert über das autonome (vegetative) Nervensystem ist das Herz-Kreislauf-System bei der Anpassung des Organismus an stark wechselnde Temperatur- und Luftfeuchtebedingungen etc. besonders gefordert. Reizklimata empfiehlt man dagegen Menschen beispielsweise zur Stärkung des Immunsystems. Man denke etwa an Kneipp-Kurorte in den Alpenregionen. Neben Schon- und Reizklima unterscheidet man noch das Belastungsklima, das sich vor allem in Tallagen findet, wo sich Schadstoffe aus Industrie und Straßenverkehr ansammeln. Dies ist vor allem dann der Fall, wenn durch besondere Wetterbedingungen der vertikale Luftaustausch durch eine Luftsperrschicht behindert ist (Inversionswetterlage). In diesen Fällen sind vor allem Menschen mit Erkrankungen der Atemwege und des Herz-Kreislauf-Systems gefährdet.

4.4 Bioklima und Bioklimatologie

Unter dem Begriff Bioklima versteht man den Einfluss von Klima- und Wetterfaktoren auf lebende Organismen, speziell auf den Menschen. Die Wissenschaften, die sich mit diesen Fragen befassen, sind die Bioklimatologie und Biometeorologie (auch Medizinmeteorologie genannt). Die empirischen Daten, auf die sich die Erkenntnisse der Bioklimatologie stützen, entstammen im Wesentlichen Studien zur

4.4 Bioklima und Bioklimatologie

Korrelation zwischen Wetterdaten und humanmedizinischen Daten. Ferner werden experimentelle Untersuchungen mit simulierten Klimabedingungen durchgeführt. Dazu benötigt man eine Klimakammer, d. h. einen Raum, in dem Klimafaktoren, wie Temperatur und Luftfeuchtigkeit experimentell manipuliert und genau kontrolliert werden können.

Die Einflüsse des Wetters auf den Menschen lassen sich in folgende Kategorien aufteilen (vgl. hierzu z. B. Sönning, 2007):

1. *Wetterreaktion:* Darunter versteht man die unbewusst verlaufenden physiologischen Reaktionen auf Wetterlagen und Wetterveränderungen. Es handelt sich im Wesentlichen um Regulationsprozesse, mit denen das vegetative Nervensystem auf äußere Veränderungen reagiert, z. B. Thermoregulationsprozesse, die dazu dienen, die Kerntemperatur des Körpers auf etwa 37°C zu halten. Aber auch Reaktionen des Blutdrucks sowie endokrine Reaktionen (Hormonhaushalt) auf das Wettergeschehen sind nachweisbar.
2. *Wetterfühligkeit:* Unter Wetterfühligkeit werden Befindlichkeitsstörungen verstanden, wie Kopfschmerzen, Migräneanfälle, rheumatische Schmerzen und Narbenschmerzen, depressive Verstimmungen, Müdigkeit, Verstärkung von Tinnitus und Konzentrationsschwächen. Diese Befindlichkeitsstörungen entstehen bei bestimmten Wetterlagen und verschwinden wieder mit diesen (zur genaueren Beschreibung siehe unten „Der neurotrope Wirkungskomplex").
3. *Wetterempfindlichkeit:* Hierunter versteht man mit bestimmten Wetterlagen und Wetterveränderungen einhergehende gesundheitliche Beeinträchtigungen mit Krankheitswert. Gezählt werden Beschwerden, die in etwa 5–15 % der Fälle eines untersuchten Kollektivs eintreten, wie erhöhte Auslöseraten für Herzinfarkte und Schlaganfälle, postoperative Blutungen, epileptische Anfälle oder auch erhöhte Fehlzeiten am Arbeitsplatz.

Bioklimatische Wirkungskomplexe: Man unterscheidet vier bioklimatische Wirkungskomplexe (auch atmosphärischer Wirkungsakkord genannt), nämlich den thermischen, den aktinischen, den chemischen und den neurotropen Wirkungskomplex.

1. Der *thermische Wirkungskomplex* bezieht sich auf die Temperatur und ihren Einfluss auf Wohlbefinden und Gesundheit des Menschen. Indikatoren dieses Wirkungskomplexes sind die Strahlungswärme der Sonne, die Lufttemperatur sowie Windstärke und Luftfeuchtigkeit. Hitze ist eine große Belastung für den Menschen, insbesondere für solche mit Herz-Kreislauf-Problemen. Der heiße Sommer 2003 in Europa hat auch für das Problem der mit extremer Hitze

zusammenhängenden Mortalität sensibilisiert und einige Länder veranlasst, Hitzewarnsysteme zu installieren (Keatinge, 2003).
2. Der *aktinische Wirkungskomplex* umfasst die für den Menschen relevante natürliche Strahlung der Sonne, nämlich die wärmende Infrarot-Strahlung, das sichtbare Licht und die UV-Strahlung, die den Grenzbereich zur ionisierenden Strahlung bildet. UV-Strahlung regt zur Bräunung der Haut an und hat bakterizide Wirkung (insbesondere der kurzwellige UV-C-Bereich um 250 nm). Im schlimmsten Fall kann sie auch Hautkrebs verursachen bzw. Kleinkinder, deren Haut oft starker Sonneneinstrahlung ausgesetzt wird, zu Hautkrebs prädisponieren. Harte Strahlung aus dem Weltall (kosmische Strahlung) kommt wegen des Magnetschilds der Erde nur zu geringen Anteilen auf der Erdoberfläche an. Sie trifft jedoch in stärkerem Maß Flugpersonal und Flugpassagiere und vor allem Astronaut:innen, die vor der Solarstrahlung (Sonnenwind) und dem aufgrund von Sonneneruptionen entstehenden Sonnensturm geschützt werden müssen.
3. Der *chemische Wirkungskomplex* beinhaltet die gasförmigen, flüssigen und festen Bestandteile der Atemluft, seien sie natürlichen oder anthropogenen Ursprungs. Die Luft ist ein Gasgemisch, das sich zu 78 % aus Stickstoff, zu 21 % aus Sauerstoff, zu 0,04 % aus Kohlenstoffdioxid (CO_2) und aus geringen Volumenanteilen von Edelgasen zusammensetzt und das wechselnde Anteile von Wasserdampf enthält. Alle anderen noch in der Luft enthaltenen Bestandteile werden als Luftfremdstoffe bezeichnet, z. B. Stäube, Rauch, Gase, Pollen, Pilzsporen und Bakterien etc. (Gemische von Schwebeteilchen mit Gasen bezeichnet man auch als Aerosole). Luftfremdstoffe können bei erhöhter Konzentration zu Luftschadstoffen werden und sich schädlich für die Umwelt und für den Menschen erweisen. Insbesondere Menschen mit einer Disposition für Atemwegs- und Kreislauferkrankungen sind von Luftschadstoffen (z. B. Feinstaub) betroffen. Zu unterscheiden ist zwischen Raumluft und Außenluft. Die Reinhaltung der Außenluft obliegt dem Bundesimmissionsschutzgesetz (BimSchG), für die Qualität der Innenluft am Arbeitsplatz gelten die Richtlinien der Arbeitsstättenverordnung (ArbStättV). In der Raumluft, sei es am Arbeitsplatz oder im Wohnbereich, können sich wegen des geringeren Luftaustauschs höhere Konzentrationen von Schadstoffen finden, z. B. Ausdünstungen von Lösemitteln oder Zigarettenrauch.
4. Der *neurotrope Wirkungskomplex* bezieht sich auf den alltagssprachlichen Begriff der Wetterfühligkeit (siehe oben) und besitzt im Gegensatz zu den oben behandelten Wirkungskomplexen keine sinnlich wahrnehmbaren Indikatoren. Aufgrund dessen und wegen der Annahme, dass das Nervensystem gewissermaßen wie eine Antenne auf die möglichen Einflussfaktoren reagiert, wird dieser Wirkungskomplex als neurotrop bezeichnet. Aufgrund von Beobachtungen

und statistischen Analysen über die Korrelation zwischen Wetterdaten und Beschwerden kommen im Wesentlichen die folgenden Kandidat:innen als Auslösefaktoren infrage: Starke Luftdruckveränderungen, darunter auch schnelle Luftdruckoszillationen (Infraschall); ferner atmosphärische Impulsstrahlung (AIS), auch Atmospherics bzw. Sferics genannt, die bei Gewittern entsteht. Sferics wurden entdeckt, als man zu Beginn des Radiozeitalters das gelegentliche Auftreten von Krachen und Knistern beim Empfang eines Radiosenders untersuchte und solche Impulsstrahlungen als Ursachen identifizierte. Es mehren sich die Hinweise aus experimentalpsychologischen Studien, dass Sferics auch eine ursächliche Rolle bei Wetterfühligkeit spielen könnten. In entsprechend ausgerüsteten Labors wurde experimentell nachgewiesen, dass Sferics die elektrokortikale Aktivität verändern, und zwar insbesondere bei Personen, die sich als wetterfühlig bezeichnen (vgl. z. B. Schienle et al., 2001; vgl. allgemein zu klimatisch und wetterbedingten Einflüssen auf Gesundheit, Befinden und Verhalten des Menschen: Schuh, 2007; Trenkle, 1992).

4.5 Saisonale Einflüsse – Licht und Hitze

Licht und SAD: Unter Licht versteht man den Ausschnitt aus dem elektromagnetischen Spektrum, auf den die Rezeptoren des menschlichen Auges ansprechen. Es handelt sich um den Bereich zwischen einer Wellenlänge von 700 bis 400 nm, denen die Farbempfindungen von Rot bis Violett entsprechen. Licht ist jedoch nicht nur die Grundlage für die Helligkeits- und Farbempfindungen, sondern steuert auch den Schlaf-Wach-Rhythmus, also die Aktivitäts- und Ruhephasen im Tagesverlauf (zirkadiane Rhythmik). Licht hemmt die Produktion von Melatonin. Dies ist ein im Gehirn produziertes Hormon, das die Schilddrüsenfunktion reduziert und damit den Stoffwechsel verlangsamt. Melatonin wird daher auch als Schlafhormon bezeichnet. Es ist außerdem für den Winterschlaf bestimmter Tiere verantwortlich. Wenn sich im Herbst und Winter das Licht verringert, wird mehr Melatonin produziert und folglich die Aktivität reduziert. Dies ist kompatibel mit der Alltagserfahrung, dass im Herbst und Winter die Stimmung gedrückter und die Leistung geringer ist als im Frühling oder Sommer. Man findet dieses landläufig als Herbst- oder Winterdepression bezeichnete Phänomen auch häufiger in der Nähe der Pole, wo die Lichteinstrahlung gering ist.

Die meisten Menschen haben im Herbst und Winter keine gravierenden Beeinträchtigungen, sondern passen sich dem erhöhten Melatoninspiegel an. Einige Menschen erleben jedoch größere Probleme, indem sie mehr Ruhepausen benötigen und den üblichen Leistungsanforderungen nicht mehr nachkommen können.

Man bezeichnet diesen Symptomkomplex als *Seasonal Affective Disorder* (SAD). Es handelt sich um eine bipolare Synchronisationsstörung, für die das Sonnenlicht der ausschlaggebende Faktor sein dürfte. Die gleichen Menschen, die im Herbst und Winter zu depressiven Verstimmungen neigen, weisen im Sommer tendenziell eher manische Verhaltenszüge auf. Als hilfreich hat sich für Menschen mit SAD die sogenannte Lichttherapie erwiesen, bei der Betroffene mehrere Stunden am Tag mit sehr hellem Licht von etwa 2500 Lux bestrahlt werden (zusammenfassend zu SAD vgl. Magnusson, 2000).

Wir können festhalten, dass Licht ein sehr einflussreicher Umweltfaktor ist, der das Wohlbefinden des Menschen, seine Aktivität und damit auch sein Leistungsvermögen beeinflusst. Dies ist natürlich auch von Relevanz für die Lichtgestaltung in Räumen, in denen sich Menschen aufhalten, sei es, um dort eine Arbeitsleistung zu erbringen, sei es, um dort zu ruhen.

Hitze und Aggression: Starken Nachhall haben Hypothesen und Untersuchungen zum Zusammenhang zwischen hohen Temperaturen und aggressivem Verhalten ausgelöst (vgl. Anderson et al., 2000). Es konnte statistisch nachgewiesen werden, dass bezogen auf eine bestimmte Region Gewaltverbrechen im Sommer häufiger vorkommen als im Winter und Herbst – und außerdem häufiger in heißen Sommermonaten als in kühleren Sommern. Auch wurde in wärmeren Regionen mehr Gewaltkriminalität aufgezeigt als in kühleren Regionen, etwa durch Vergleich nördlicher US-Staaten mit denen im Süden. Diese Ergebnisse konnten auch bestätigt werden, wenn konfundierende soziodemographische Faktoren, wie unterschiedliche Bildungsniveaus und Wertvorstellungen oder unterschiedliche Wirtschafts- und Arbeitsmarktbedingungen, in Rechnung gestellt wurden. Die Untersuchungsergebnisse werden im Wesentlichen durch Archivdaten gestützt, welche die Zusammenhänge zwischen Temperatur und Aggression deutlich belegen. Experimentelle Untersuchungen, in denen die Raumtemperatur bei Kontrolle anderer Bedingungsfaktoren systematisch variiert wurde, erbrachten dagegen keine einheitlichen Ergebnisse (Anderson & Bushman, 1997).

Erklärt werden die kausalen Zusammenhänge zwischen Hitze und Aggression im Rahmen des *Allgemeinen Aggressionsmodells* nach Lindsay und Anderson (2000). Hitze ist demnach ein Stimulus, der eine unangenehme affektive Erregung auslöst, die wiederum die kognitive Verarbeitung sozialer Stimuli so beeinflusst, dass mit einer höheren Wahrscheinlichkeit aggressiver Akte zu rechnen ist. Ein weiteres Modell, das sogenannte *Negative affect-escape model* (Baron & Bell, 1976) sagt eine Zunahme der Aggression bis zu einer Temperatur voraus, die als unangenehm empfunden wird. Überschreitet die Temperatur diesen Punkt und erreicht extrem unangenehme Werte, fällt die Aggressionsneigung wieder ab, da die Menschen dann eher dazu tendieren, dieser unangenehmen Situation zu entfliehen.

4.5 Saisonale Einflüsse – Licht und Hitze

Anderson et al. (2000) diskutieren die Hitzehypothese der Aggression auch im Zusammenhang mit der Klimaveränderung und der globalen Erwärmung. Ihrer Analyse zufolge wären bei einer durchschnittlichen Temperaturerhöhung um 1°C in den USA, die etwa 250 Mio. Einwohner:innen zählen, mit 24.000 Gewaltverbrechen mehr pro Jahr zu rechnen. Auch wenn es fraglos viele Faktoren gibt, die aggressivem Verhalten zugrunde liegen können, ist dies eine interessante und politisch nicht irrelevante Begleiterscheinung der Klimaveränderung, die exemplarisch deutlich macht, welche Implikationen die globale Erwärmung und die Zunahme von Hitzewellen auch für das soziale Zusammenleben der Menschen haben könnten. Interessant ist auch die Frage, ob und inwieweit Hitze in Verbindung mit anderen Stressoren, wie beispielsweise Lärm (vgl. Kap. 3) und Crowding (vgl. Kap. 6), die Wahrscheinlichkeit für aggressives Verhalten steigert bzw. für prosoziales Verhalten senkt. Hierzu finden sich bislang kaum empirische Studien.

Hitze und Leistung: Die meisten Untersuchungen zur Wirkung von Hitze auf die menschliche Leistung basieren auf der Arousal-Theorie. Es wird davon ausgegangen, dass eine mittlere Aktivierung (neuronales Erregungsniveau bzw. Arousal) optimal für menschliche Leistung ist (Umgekehrte-U-Funktion bzw. Yerkes-Dodson-Gesetz). Zu geringe Aktivierung, also Schläfrigkeit, führt zu nachlassender Aufmerksamkeit und zu geringer Anspannung, zu hohe Aktivierung zu einer Aufmerksamkeitsverengung. Im Allgemeinen profitieren einfache, wenig strukturierte Aufgaben von einer höheren Aktivierung, während bei schwierigen, komplexen Aufgaben hohe Aktivierung eher zu einer Leistungsverschlechterung führt.

Zusammenfassend ergibt sich, dass Hitze bei tendenziell einfachen Aufgaben kaum zu nachweisbaren Leistungseinbußen führt. Bei komplexen kognitiven Aufgaben jedoch verbessert sich die Leistung mit zunehmender Wärme und fällt ab einer Wärme jenseits der komfortablen Temperatur wieder ab. Dies gilt auch für die Leistung in psychomotorischen Aufgaben mit Auge-Hand-Koordination wie beispielsweise in Tracking-Aufgaben. Ab 30°C ist ein Bereich erreicht, ab dem mit einem deutlichen Leistungsabfall zu rechnen ist (zum Überblick Hancock et al., 2007; Hygge, 1992). Nach Richtlinien der Arbeitsstättenverordnung (ArbStättV) in Deutschland sollte in Büroräumen eine Temperatur von 20 bis 22°C herrschen, 26°C sollten nicht überschritten werden. Gegebenenfalls müssten Arbeitgeber:innen durch Klimatisierung der Räume die Einhaltung angenehmer Raumtemperaturen garantieren.

Wenig konsistente Forschungsergebnisse liegen zum Zusammenhang zwischen Wind und Luftdruck auf der einen Seite und dem menschlichen Verhalten auf der anderen Seite vor. Zu beachten ist jedoch, dass Wetterfaktoren je nach Wetterlage miteinander korrelieren und die Untersuchung isolierter Faktoren auf menschliches Verhalten nur von begrenzter Aussagekraft sein kann.

Wo Sie Ihr Wissen erweitern und vertiefen können

Flade, A. (2010a). *Natur psychologisch betrachtet.* Huber.

Hofinger, G., & Becker, R. (2010). Großräumige natürliche Umwelten: Schutzgebiete, Wildnis und Landschaft. In V. Linneweber, E.-D. Lantermann, & E. Kals (Hrsg.), *Spezifische Umwelten und umweltbezogenes Handeln* (S. 389–431). Hogrefe.

Schuh, A. (2007). *Biowetter. Wie das Wetter unsere Gesundheit beeinflusst.* C.H. Beck.

Interessant ist auch die Frage, wie Klimaveränderungen den Verlauf der Geschichte beeinflussten. Dazu ein Literaturhinweis:

Behringer, W. (2010). *Kulturgeschichte des Klimas: Von der Eiszeit zur globalen Erwärmung* (5. Aufl.). C.H. Beck.

Siehe auch: kostenfreie Materialien auf der Seite www.lehrbuch-psychologie.springer.com.

Umweltrisiken und Umweltkatastrophen

5

In diesem Kapitel wollen wir uns mit Umweltrisiken, Umweltgefahren und Umweltkatastrophen befassen. Risiken und Gefahren lauern in der gesamten Umwelt, der natürlichen, der technischen und auch der sozialen Umwelt. Auf letztere gehen wir jedoch an dieser Stelle nicht ein. Wir befassen uns in diesem Kapitel vorrangig mit natürlichen und technischen Umweltrisiken, Umweltgefahren und Umweltkatastrophen. Dabei arbeiten wir die psychologischen Unterschiede heraus, die zwischen beiden Arten von Risiken bestehen. Risiken sind per se eine Frage von Ungewissheit und Wahrscheinlichkeit. Daher gehen wir zunächst auf die Implikationen von Ungewissheit auf Erleben, Urteilen und Handeln ein und diskutieren abschließend das Erleben und Verhalten von Menschen während einer Katastrophe und danach. Zuerst stellt sich aber die Frage, was unter den Begriffen Risiko, Gefahr und Katastrophe zu verstehen ist.

5.1 Definitionen – Risiko, Gefahr, Katastrophe

Risiko: Wenn man von Risiko spricht, wird immer von schädlichen Auswirkungen eines möglicherweise eintretenden Ereignisses ausgegangen. Sind mit dem Ereignis positive Wirkungen verbunden, spricht man von Chancen. Ereignisse, die eine geringe Eintrittswahrscheinlichkeit, jedoch ein hohes Schadensausmaß haben, gelten unter ökonomischen Gesichtspunkten denjenigen Ereignissen als äquivalent, die eine hohe Eintrittswahrscheinlichkeit, aber ein geringes Schadensausmaß aufweisen. Beispiel: Die Wahrscheinlichkeit für einen Super-GAU eines Kernkraftwerks ist mathematisch gesehen sehr niedrig, hätte aber einen extremen Schaden zur Folge. Dagegen kommen Autounfälle sehr häufig vor, der einzelne Schaden ist im Durchschnitt jedoch gering. Unter dem Begriff Risiko versteht man somit das Produkt aus der Eintrittswahrscheinlichkeit eines Ereignisses und der Tragweite des Ereignisses bzw. den Kosten, die mit dem Ereignis verbunden sind. Dies ist, wohlgemerkt, eine ökonomische Sichtweise, die jedoch unter psychologischen oder sozialen Perspektiven an vielen Stellen fragwürdig ist: 5000 potenzielle Tote durch einen Super-GAU lassen sich nicht einfach gegen 5000 Verkehrstote pro Jahr aufrechnen.

Gefahr: Der Begriff Gefahr beschreibt eine Situation oder einen Sachverhalt, der mit hoher Wahrscheinlichkeit zu einem Schaden führt, wenn keine Gegenmaßnahme ergriffen wird oder ergriffen werden kann. Manchmal wird Gefahr mit einem hohen Risiko gleichgesetzt (ein geringes Risiko wird oft als Restrisiko bezeichnet).

Der Soziologe Niklas Luhmann (2003) nahm eine andere Differenzierung vor: Für Luhmann beschreibt der Begriff Gefahr eine Situation oder einen Sachverhalt, der in Zukunft möglicherweise eintritt, und zwar unabhängig vom Verhalten des Menschen, während das Risiko von Entscheidungen des Menschen abhängig ist. Eine Gefahr wird somit als unabhängig vom Verhalten des Individuums gesehen, ein Risiko wird dagegen mit Entscheidungen des Individuums verbunden. Beispiel: Für Autofahrer:innen lauern (unabhängig vom eigenen Handeln) Gefahren auf der Straße – Gegenstände, mit denen sie kollidieren könnten, Glatteis etc. Wie schnell bzw. vorsichtig sie fahren, ist jedoch ihre Entscheidung, die wesentlich das Risiko, einen Schaden zu verursachen, beeinflusst. Ein anderes Beispiel: Wenn an einem Fluss bei Schneeschmelze eine hohe Wahrscheinlichkeit für Hochwasser gegeben ist, besteht dort Hochwassergefahr. Wenn Menschen entscheiden, an diesen Flussufern zu siedeln, gehen sie ein mehr oder weniger hohes Risiko ein.

Die Begriffe Gefahr und Risiko beschreiben keine *empirisch direkt erkennbaren* Sachverhalte, sondern stellen *Konstrukte* dar, die zwar auch *real existierende* Sachverhalte sind, aber aus anderen empirisch beobachtbaren Sachverhalten erschlossen werden (zum Überblick Böhm et al., 2001; Grunwald, 2016). Glatteis an sich ist ja keine Gefahr, eine Gefahr stellt es nur in Bezug auf den autofahrenden Menschen oder auf darauf möglicherweise ausrutschende Fußgänger:innen dar. Dass Glatteis eine Gefahr darstellt, wird aus den durch Glatteis verursachten Unfällen erschlossen.

Umweltkatastrophe: Allgemein bezeichnet der Begriff Katastrophe ein Schadensereignis, das die alltäglichen Schadensfälle deutlich übersteigt. Um von einer Umweltkatastrophe sprechen zu können, muss das Schadensereignis eine größere Fläche betreffen, sodass es von regionalen Rettungskräften allein nicht mehr bewältigt werden kann. Darüber hinaus spricht man erst dann von Katastrophen, wenn die Behebung des Schadens bzw. die Versorgung von Opfern längere Zeit andauert und das öffentliche Leben beeinträchtigt. Formal betrachtet handelt es sich um eine Katastrophe, wenn zuständige Politiker:innen ein Ereignis zum Katastrophenfall erklären. Damit ist in der Regel auch die Genehmigung von Katastrophenhilfe verknüpft. Zugegebenermaßen klingt diese Festlegung etwas formalistisch, denn wer wollte bezweifeln, dass tödliche Verkehrsunfälle auch im individuellen Fall für Familien Katastrophen darstellen können. Bei Umweltkatastrophen müssen jedoch politische Entscheidungen über die Bereitstellung von Katastrophenhilfe aus staatlichen Mitteln gefällt werden. Dann stellen sich die hier angeschnittenen Fragen nach den Kriterien für eine Katastrophe, die die Öffentlichkeit berührt.

5.2 Naturgefahren und technische Umweltgefahren

Ursache und Schuld: Naturgefahren sind solche, die von Prozessen in der Atmosphäre oder Prozessen in der Erdkruste ausgehen, auf die der Mensch keinen Einfluss hat. Technische Gefahren beruhen dagegen auf dem möglichen Versagen von technischen Einrichtungen, technischen Systemen und Industrieanlagen. Nicht immer ist die Einstufung in die Kategorien natürlich oder technisch eindeutig. Eine durch Starkregen ausgelöste und durch Dammbruch entstandene Flutkatastrophe hat zwei Ursachen, nämlich den naturbedingten Starkregen und den gegebenenfalls durch Baumängel bedingten Dammbruch. Als primäre Ursache würde üblicherweise der Starkregen betrachtet. Damit handelt es sich eher um eine Naturkatastrophe.

Der Dammbruch hätte eigentlich nicht geschehen dürfen, er beruht prinzipiell auf menschlichem Versagen wie etwa unzureichender Konstruktion oder schlechter Wartung. Dies macht einen wichtigen Unterschied zwischen natürlichen und technischen Katastrophen deutlich: Technische Katastrophen dürfte es im landläufigen Verständnis eigentlich gar nicht geben; wenn sie dagegen eintreten, stellt sich immer die Frage der Schuld. Bei rein natürlichen Katastrophen stellt sich die Frage nach menschlicher Schuld nicht. Niemand kann für das Eintreten des auslösenden Ereignisses angeklagt und zur Verantwortung gezogen werden, allenfalls für mangelhafte Vorsorge- und Schutzmaßnahmen.

Naturkatastrophen: Man unterscheidet atmosphärisch und geologisch verursachte Naturkatastrophen. Atmosphärisch bedingte Katastrophen können beispielsweise durch starke Niederschläge mit Überflutungen von Küsten und Flussufern ausgelöst werden sowie durch Schnee im Winter. Zu den atmosphärischen Gefahren zählen auch starke Winde, Stürme und Wirbelstürme, Hitze und lang anhaltende Trockenheit mit der Möglichkeit großflächiger Waldbrände. Erdbeben,

Erdrutsche, Vulkanausbrüche und Tsunamis beruhen dagegen auf Prozessen in der Erdkruste.

In ihrer Wirkung auf den Menschen unterscheiden sich Naturkatastrophen in verschiedener Hinsicht, z. B.

- ihrem Zerstörungspotenzial,
- ihrer Vorhersagbarkeit und
- der Dauer ihrer Einwirkung.

Das größte Zerstörungspotenzial können Vulkanausbrüche und Erdbeben entfalten, einschließlich Tsunamis, die durch Prozesse der Erdkruste am Meeresboden hervorgerufen werden. Aber auch tropische Wirbelstürme entwickeln enorme Kräfte, die ganze Siedlungen ausradieren können. Beispiele für die Gewalt von atmosphärisch oder geologisch bedingten Naturkräften gibt es jedes Jahr. Die volkswirtschaftlichen Schäden von Naturkatastrophen können immense Ausmaße annehmen. Dies hängt von den am Ort angesammelten Werten ab. Das Erbeben von Kobe im Jahr 1995 verursachte weltweit die bislang höchsten wirtschaftlichen Kosten, nämlich etwa 100 Mrd. Dollar. Diese Summe wurde aber durch die Dreifachkatastrophe im Nordosten Japans im März 2011, bei der Erdbeben, Tsunami und Havarie des Kernkraftwerks von Fukushima zusammenkamen, noch übertroffen. Auf die wirtschaftlichen und politischen Folgen des Ausbruchs des Vulkans Tambora 1815 haben wir bereits im Kapitel „Landschaft, Wetter und Klima" hingewiesen. Das Erbeben von Lissabon im Jahr 1755, eine der schlimmsten Naturkatastrophen in der europäischen Geschichte, hatte ebenfalls gewaltige wirtschaftliche und politische Folgen für Portugal. Darüber hinaus zeigt das Beispiel des Erdbebens von Lissabon, dass Katastrophen solchen Ausmaßes auch große geistesgeschichtliche Auswirkungen nach sich ziehen können, denn es löste eine der einflussreichsten Diskussionen in der Philosophie der Aufklärung über die Güte und Allmacht Gottes aus (zur Kulturgeschichte der Katastrophen vgl. F. Walter, 2010).

Die Vorhersagbarkeit von Naturkatastrophen ist wichtig für die Vorsorgemaßnahmen. Die geringste Vorhersagbarkeit besteht für Erdbeben. Man kennt nur die durch Erdbeben gefährdeten Regionen auf der Erde. Ein akutes Erdbeben ist jedoch trotz vieler seismologischer Messstationen bislang noch nie zuverlässig vorhergesagt worden. Die effektivste Möglichkeit, Erdbebenkatastrophen zu begegnen, besteht darin, den Schaden zu begrenzen, indem man versucht, die ersten – noch ungefährlichen – Erdbebenwellen (sogenannte Primärwellen) zu registrieren und innerhalb kürzester Zeit Kernkraftwerke abzuschalten, Züge anzuhalten sowie den elektrischen Strom und die Gasversorgung zu unterbrechen, um Flächenbränden vorzubeugen bzw. sie zu begrenzen. Mehr Möglichkeiten der Vorsorge bestehen

5.2 Naturgefahren und technische Umweltgefahren

bei Wirbelstürmen, deren Entwicklung und Verlauf man in der Regel tagelang beobachten kann. Ähnliches gilt auch für Hochwasser oder Waldbrände. Auch die Aktivität eines Vulkans kann man häufig Tage vor dem Ausbruch registrieren.

Bei der Vorhersage einer Katastrophe bzw. der Warnung vor drohenden Katastrophen spielt es eine Rolle, inwieweit Menschen bereit sind, Empfehlungen oder Anweisungen des Katastrophenschutzes Folge zu leisten. Im patriarchalisch geprägten Japan oder in der konfuzianisch bzw. kommunistisch sozialisierten chinesischen Gesellschaft gesteht man dem Staat mehr Verantwortung für den einzelnen Menschen zu als in der liberalen, auf Eigenverantwortung pochenden Gesellschaft der USA.

Auch zeitliche Kontextfaktoren beeinflussen die Beachtung und Akzeptanz von Katastrophenwarnungen. Weihnachtsvorbereitungen ließen beispielsweise die Warnungen vor dem Wirbelsturm Tracy in den Hintergrund treten, der am Heiligabend 1974 die Stadt Darwin in Nordaustralien nahezu vollständig zerstörte. Die Erfahrung von mehreren Falschalarmen zuvor minderte ebenfalls die Ernsthaftigkeit, mit der Warnungen aufgenommen wurden. Dies sind Beispiele für die Problematik der Risikokommunikation (Geipel, 1992; Wiedemann & Schütz, 2010).

Die Dauer einer Naturkatastrophe ist ein weiterer wichtiger Faktor für das Erleben und Verhalten der Menschen: Erdbeben entfalten ihr gewaltiges Zerstörungspotenzial innerhalb von einigen Sekunden oder wenigen Minuten, Stürme je nach Verlauf in Minuten oder Stunden. Hochwasser und Waldbrände dauern tage- oder gar wochenlang, Trockenheit und Dürre Monate oder gar Jahre. Entsprechend reagieren die Menschen mit extremem Stress und hoher Anspannung (z. B. bei Erdbeben) oder tiefer Depression und dem Gefühl der Hilflosigkeit (z. B. bei Dürreperioden). Eindrucksvoll beschreibt John Steinbeck in seinem Roman „Früchte des Zorns" die Depression der Menschen in den 1930er-Jahren im Mittleren Westen der USA, als sich jahrelang – bedingt durch Trockenheit, Bodenerosion und Winde – riesige Staubwolken über den Staat Oklahoma und andere Präriestaaten legten und die Landwirtschaft zum Erliegen brachten. Diese große Umweltkatastrophe brachte den Präriestaaten die Bezeichnung „*dust bowl*" (Staubschüssel) ein. Ursachen der Katastrophe waren die rücksichtslose Rodung der Prärie zum Zweck des Weizenanbaus und eine ungewöhnlich lang andauernde Trockenperiode. Es handelte sich bei der Dust-bowl-Katastrophe also nicht um eine reine Naturkatastrophe, sondern um eine Katastrophe, die auch durch unangepasste menschliche Eingriffe in die Natur mit bedingt war. Die Dust-bowl-Katastrophe kann heute als Menetekel für künftig möglicherweise eintretende klimabedingte Umweltkatastrophen dienen.

Technische Umweltkatastrophen: Bei technisch bedingten Umweltkatastrophen stellen sich für den Menschen, wie oben schon angedeutet, andere Fragen und Probleme als bei Naturkatastrophen. Während Naturkatastrophen als „gottgegeben" hinzunehmen sind, stellt sich bei technischen Risiken und Gefahren die Frage der Akzeptanz des Risikos und im Fall der eingetretenen Katastrophe die Frage nach Verantwortung und Schuld. Dabei werden Massentechnologien, wie z. B. Haushalts- und Handwerksgeräte, die mit relativ hoher Wahrscheinlichkeit Unfälle und Schäden hervorrufen, welche aber in der Regel von relativ geringem Ausmaß sind, ohne Frage akzeptiert. Selbst die in Massentransportsystemen (Auto, Eisenbahn und Flugzeug) vorhandenen Risiken werden eher akzeptiert als Risiken großtechnologischer Anlagen wie z. B. Atomkraftwerke oder Chemieanlagen.

Nicht nur großtechnologische Anlagen stellen ein Risiko für Umweltkatastrophen dar, sondern auch die zunehmende Anzahl von Gefahrguttransporten und nicht zuletzt auch die Möglichkeit terroristischer Anschläge mit einer „schmutzigen Bombe". Die Freisetzung chemischer Schadstoffe, biologischer Substanzen, radioaktiver und nuklearer Stoffe bezeichnet man als CBRN-Lagen. Die Gefahrenabwehr und der CBRN-Schutz ist in Deutschland eine Aufgabe des Bundesamts für Bevölkerungsschutz.

An technologischen Risiken und ihrer Akzeptanz scheiden sich die Geister, nämlich die positivistisch geprägten und die postmodernen Geister. Erstere betonen die Kalkulierbarkeit des Risikos, manchmal mit absurden Wahrscheinlichkeitsberechnungen bis in die vierte Nachkommastelle und damit eine Genauigkeit vortäuschend, die es in diesem Maß gar nicht geben kann. Letztere behaupten die prinzipielle Unberechenbarkeit des Risikos großtechnologischer Anlagen. Die Wahrheit liegt wohl dazwischen.

Sicherheitsexpert:innen weisen darauf hin, dass mit dem Komplexitätsgrad eines Systems die Anzahl der Risikofaktoren steigt, die unerkannt in dem System stecken. Man bemüht in diesem Zusammenhang gern die Metapher der residenten Viren, die in einem technischen System schlummern und durch bestimmte Umstände geweckt werden und zum Ausbruch kommen, so wie in jedem menschlichen Körper Viren vorhanden sind, die normalerweise vom Immunsystem in Schach gehalten werden, aber unter bestimmten Umständen aktiv werden. Ein typischer Hinweis auf residente Viren sind die nach einer Katastrophe häufig geäußerten Kommentare, dass mit einem solch unglücklichen Zusammentreffen von Ereignissen wirklich keiner rechnen konnte. Beispielsweise kam es im März 1979 durch Verkettung unglücklicher Umstände in Kombination mit Fehlbedienungen und Fehlinterpretationen von Anzeigeinstrumenten zu einer partiellen Kernschmelze im Kernkraftwerk „Three Mile Island" (TMI) in Harrisburg (Pennsylvania). Dabei war das Personal unter dem hohen Stress so fixiert auf seine eigene (fehlerhafte) Wahrnehmung und Interpretation des Geschehens, dass erst bei Schichtwechsel das neue Personal die Fehler bemerkte und einen Super-GAU im letzten Moment abwenden konnte (Reason, 1994). Auch die Katastrophe von

Tschernobyl im Jahr 1986 beruhte letztlich auf Ausführungsfehlern des Bedienpersonals, während die Atomkraftwerke von Fukushima, die durch das große Erdbeben mit Magnitude 9 im Jahr 2011 zusammenbrachen, wohl Planungsfehler beinhalteten. Sie waren nur für Erdbeben bis zur Magnitude 8 ausgelegt, da man stärkere Erdbeben für unwahrscheinlich hielt.

Auch wenn es im Fall von TMI nicht zum Super-GAU kam, war die Bevölkerung rund um das Atomkraftwerk radioaktiv belastet und einem höheren Krebsrisiko ausgesetzt. Wie hoch die radioaktive Belastung und das Risiko, an Krebs zu erkranken, tatsächlich waren, ist umstritten. Ungeachtet dessen war die psychische Belastung für die Bevölkerung enorm angestiegen (Houts et al., 1988). Dies wirft auch ein Licht auf eine psychologische Besonderheit von technischen Unfällen gegenüber Naturkatastrophen: Bei Atom- oder manchen Chemieunfällen ist die eventuell vorhandene, unter Umständen tödliche Gefahr mit den Sinnen nicht wahrnehmbar. Dies belässt die Menschen in einer extrem Ungewissheit und Hilflosigkeit. Im Gegensatz dazu kann man bei Naturkatastrophen wie Überschwemmungen oder Waldbränden gegen einen wahrnehmbaren „Feind" ankämpfen, dessen Wirkungsweise man versteht.

Im Folgenden betrachten wir die mit Umweltgefahren und Umweltrisiken zusammenhängenden psychologischen Bedingungen, die vor, während und nach einer Katastrophe bestehen. Diese zeitliche Abfolge ist eine der Möglichkeiten, die psychologischen Implikationen von Umweltkatastrophen zu ordnen (weitere siehe Linneweber & Lantermann, 2010).

Extremwetterlagen und wetterbedingte Katastrophen

Im Zusammenhang mit der Klimaveränderung häufen sich Extremwetterlagen und auch wetterbedingte Katastrophen. Hierzu ein Beispiel: Das Robert Koch Institut stellt in seinem Bericht von 2022 fest, dass der Sommer 2022 der viertwärmste seit Beginn der Wetteraufzeichnungen im Jahr 1881 war und es über die Kalenderwochen 15–36 eine hitzebedingte Übersterblichkeit (Hitzetote) von rund 4500 Sterbefällen gab (Robert Koch Institut, 2022). Die Flutwasserkatastrophe mit den extremen Hochwassern im Jahr 2021 ging auf Starkniederschläge zurück, die ebenfalls in Zusammenhang mit dem Klimawandel stehen.

Wie bereitet man die Menschen auf zukünftige Extremereignisse vor?

Das Bundesamt für Bevölkerungsschutz und Katastrophenhilfe hat sich hiermit bereits umfänglich befasst und stellt unter anderem Online-Schriften zur Verfügung (zum Überblick Bundesamt für Bevölkerungsschutz und Katastrophenhilfe, 2022a). In diesen werden Empfehlungen gegeben, wie sich Menschen auf Extremwetterlagen und wetterbedingte Katastrophen präventiv vorbereiten sowie im Katastrophenfall verhalten sollten. Bei extremer Hitze umfasst dieses Verhalten z. B. den persönlichen Schutz (z. B. das eigene Zuhause hitzefest zu machen und sich entsprechend zu kleiden und viel zu trinken) aber auch das Kontakthalten zu besonders vulnerablen Gruppen, wie alleinlebenden älteren Personen (Bundesamt für Bevölkerungsschutz und Katastrophenhilfe, 2022b). Zudem werden Wetterwarn-Apps bereitgestellt.

Diese Empfehlungen sind darauf ausgerichtet, möglichst gut mit den extremen Wetterlagen und wetterbedingten Katastrophen umzugehen. Doch die Umweltpsychologie befasst sich darüber hinaus auch mit den anthropogen bedingten Ursachen dieser Katastrophen und damit, sie durch verändertes Verhalten zu verringern (vgl. Kap. 8, 9 und 10). ◄

5.3 Vor der Katastrophe

Urteilen und Entscheiden in Unsicherheit: Vor einer möglichen Umweltkatastrophe ist das risikorelevante Verhalten, Erleben und Entscheiden von mehr oder weniger großer Ungewissheit bestimmt. In dieser Ungewissheit sucht der Mensch nach Ankern, an denen er seine Urteile und Entscheidungen – etwa für bestimmte Sicherheitsvorkehrungen – festmachen kann. Das Thema „Urteilen und Entscheiden in Ungewissheit" hat in der psychologischen Forschung einen hohen Stellenwert, da diese Thematik praktisch das gesamte Leben durchzieht, von Kaufentscheidungen bis hin zur Familienplanung. Nie kann man sich ganz sicher über die Folgen einer Entscheidung sein. Daniel Kahneman, dessen Name zusammen mit dem von Amos Tversky eng mit dieser Forschungsrichtung verknüpft ist, hat für seine Forschungen auf dem Gebiet „Urteilen in Ungewissheit" im Jahr 2002 den Wirtschafts-Nobelpreis erhalten (vgl. z. B. Kahneman et al., 1982; im Zusammenhang mit Umweltrisiken: Slovic et al., 1982).

Urteile über mehr oder weniger ungewisse Sachlagen und Entscheidungen für die Zukunft werden in der Regel auf Erfahrungen begründet, die bisher gemacht wurden. Dabei ergeben sich zwei Probleme: Die Erfahrungen können zum einen in die Irre führen, zum anderen können für bestimmte Ereignisse noch keine oder nur wenige Erfahrungen vorliegen.

Urteilsheuristiken: Bei komplexen Urteilen und Entscheidungen über ungewisse Sachverhalte bedient sich der Mensch Heuristiken. Darunter versteht man Daumenregeln oder intuitive Bauchentscheidungen, die auf Erfahrungen basieren und in vielen Fällen auch zu guten Lösungen führen. Intuitives Urteilen und Entscheiden sind Vorgehensweisen, die lange komplizierte Überlegungen ersparen

5.3 Vor der Katastrophe

und besonders nützlich sind, wenn wenig Entscheidungszeit zur Verfügung steht. Der Preis dafür ist, gelegentlich auch falsche Lösungen in Kauf zu nehmen. Wenn die falschen Lösungen keine allzu gravierenden Folgen haben, ist dies verschmerzbar, in manchen Fällen können jedoch die falschen Beurteilungen, Entscheidungen und Lösungen fatale Wirkungen nach sich ziehen.

Eine für Risikobeurteilungen wichtige Heuristik ist die *Verfügbarkeitsheuristik*. Menschen nehmen als Grundlage ihrer intuitiven Risikoeinschätzungen das, was ihnen schnell und prägnant im Gedächtnis verfügbar ist. Viele Menschen haben mehr Angst vor dem Fliegen als vor dem Autofahren, weil ihnen – siehe oben – vom Autofahren in der Regel keine einprägsamen Katastrophen in Erinnerung sind, denn sie sehen tagtäglich Hunderte und Tausende von Fahrzeugen problemlos auf Autobahnen und Landstraßen verkehren. Dass Flugzeuge ebenfalls zu Tausenden jeden Tag problemlos starten, fliegen und landen, erleben sie nicht in vergleichbarer Häufigkeit. Wenn sich jedoch ein Flugzeugunglück ereignet, wird dies in den Medien oft mit spektakulären, eindringlichen Bildern berichtet. Diese Bilder haften im Gedächtnis und sind leicht verfügbar, wenn sich die Frage nach dem Risiko des Fliegens stellt. Statistisch gesehen ist jedoch die Fahrt mit dem Auto zum Flughafen weit riskanter als der Flug. Solche systematischen Abweichungen subjektiver Beurteilungen von Expert:innenurteilen bezeichnet man auch als kognitive Verzerrungen („cognitive bias") oder als kognitive Täuschungen. In diesem Zusammenhang spielen auch die Medien eine wichtige Rolle, denn sie impfen gewissermaßen unser Gedächtnis mit spektakulären Berichten und Bildern.

Als eine weitere Urteilsheuristik, die im Zusammenhang mit Risikobeurteilungen relevant ist, kommt beispielsweise auch *„overconfidence"* in Betracht. Darunter versteht man ein unverhältnismäßig hohes Vertrauen in die eigene Urteilskraft bei Urteilen und Entscheidungen, die in Ungewissheit gefällt werden. Erwähnenswert ist auch die *Konformitätsheuristik*, nämlich die Suche nach Informationen, welche die eigene schon vorgefasste Meinung stützen. Auch sei in diesem Zusammenhang an Festingers Dissonanztheorie erinnert (Festinger, 1957). Wenn das Verhalten nicht im Einklang mit Meinungen und Einstellungen steht, sucht und akzeptiert man häufig die Informationen, die einem helfen, das eigene Verhalten rational zu begründen. Menschen, die in der Nähe eines Atomkraftwerks wohnen, schätzen dessen Risiken häufig als geringer ein als diejenigen, die nicht unmittelbar betroffen sind. Würden sie nämlich die kritische Einstellung zu einem Atomkraftwerk teilen, könnten sie ihr Verhalten, in dessen Nähe zu wohnen, nicht rechtfertigen (vgl. zusammenfassend: Böhm, 2008; Slovic et al., 1982).

Bayes-Theorem und Base-rate-fallacy: Im Folgenden geht es um die Frage, wie sicher man sich bei der persönlichen Einschätzung einer Warnung sein kann. Beispiel: Wenn in einer großtechnologischen Anlage eine Alarmglocke klingelt, wie wahrscheinlich ist es dann, dass tatsächlich ein Störfall vorliegt? Für die Antwort sind zwei Faktoren zu berücksichtigen, zum einen die Zuverlässigkeit des Alarmsystems, zum anderen aber auch die Frage, wie hoch die Wahrscheinlichkeit für entsprechende Störfälle überhaupt ist, unabhängig davon, ob das Alarmsystem anschlägt oder nicht, ob also häufig oder nur sehr selten mit derartigen Störfällen zu rechnen ist. Letzteres bezeichnet man als *base rate* oder *A-priori-Wahrscheinlichkeit*. Laien berücksichtigen diese A-priori-Wahrscheinlichkeit oft nicht, weil sie in der Regel nicht über das nötige Vorwissen verfügen. Falsche Annahmen, Hoffnungen oder Befürchtungen können somit die subjektive Einschätzung der Situation verfälschen. Man bezeichnet dies als *Base-rate-fallacy*.

Ob letztlich Entscheidungsträger:innen bei einer Störungsmeldung den Betrieb einer Anlage stoppen oder gar eine Warnung an die Bevölkerung ausgeben oder nicht, hängt auch von den erwarteten Konsequenzen im einen oder anderen Fall ab, z. B. hohe Betriebsausfälle bei einem falschen Alarm, Panikmache, große Schäden bei nicht veranlasstem Stopp oder nicht erfolgter Warnung.

5.4 Während der Katastrophe

Unterschätzung statt Angst: Während eines Katastrophenereignisses werden aus Menschen Katastrophenopfer. Sie verlieren Angehörige, Hab und Gut und erleiden Verletzungen. Vor einem solchen Ereignis sind Menschen sich kaum bewusst, mit welchen Schrecken sie konfrontiert werden. Oft werden Katastrophenwarnungen bis zum Eintreten des Ereignisses ignoriert und nicht selten werden sich anbahnende Katastrophen zu Spektakeln umgedeutet. Man feiert „Hurricane Partys" und reist zum „Vulcano Watching". Viele mussten ihr Leben lassen, weil sie die Wucht eines Tornados oder die giftigen Gase eines Vulkanausbruchs unterschätzten. Ist das Bagatellisieren einer möglichen Katastrophe ein Schutzmechanismus, welcher der Angstreduktion dient? Auch die Weigerung, an Katastrophenübungen teilzunehmen, mag zum Teil in der Absicht begründet sein, die damit verbundenen unangenehmen Vorstellungen nicht aufkommen zu lassen.

Dabei wären gut gelernte Verhaltensmuster, die während eines Katastrophenereignisses automatisch ablaufen, sehr wichtig. Denn bei extremem Stress ist die Aufmerksamkeit in hohem Maß verengt und die Zeit für komplexe Entscheidungsfindungen begrenzt. Umso wichtiger ist das Verhalten der Katastrophenhelfer:innen und der Rettungskräfte. Die Katastropheneinsatzkräfte müssen darauf trainiert werden, in einer äußerst dynamischen Umwelt, in der sich von Augenblick zu Augenblick die Situation komplett ändern kann, schnelle Entscheidungen zu treffen, die unter Umständen Leben oder Tod bedeuten können (Klein et al., 1993).

Kriseneffekt: Der Kriseneffekt bedeutet, dass die Aufmerksamkeit während und noch kurze Zeit nach einer Katastrophe in hohem Maß auf das Geschehen fokussiert ist, dann aber rasch abfällt. Bei den Ölkrisen in den 1970er-Jahren wurde den Industrieländern ihre Abhängigkeit vom Erdöl erstmals deutlich bewusst, und dies führte zu enormen Anstrengungen beim Energiesparen. Autos mit niedrigen Verbrauchswerten waren stark gefragt. Aber schon nach wenigen Jahren war dies aus dem Bewusstsein verschwunden und die Nachfrage nach PS-starken Fahrzeugen war höher als zuvor.

5.5 Nach der Katastrophe

Psychosoziale Notfallhilfe: Kurz nach Naturkatastrophen oder technischen Umweltkatastrophen, insbesondere nach CBRN-Lagen (siehe oben), stehen unmittelbar Betroffene, aber auch die mittelbar betroffene Allgemeinbevölkerung unter hohem Stress, empfinden oft extreme Angst, Hilflosigkeit und Kontrollverlust. Verstärkt werden diese Gefühle oft noch dadurch, dass sich die Menschen Einsatzkräften in Schutzanzügen gegenüber sehen, die sie nicht direkt berühren und deren Stimmen sie nur verzerrt wahrnehmen können.

Auch wenn Katastropheneinsatzkräfte hinter Schutzanzügen und Atemschutzmasken verborgen sind, sollen sie sich nach Empfehlungen des Bundesamts für Bevölkerungsschutz zur psychosozialen Notfallversorgung unter die Menschen mischen, die Betroffenen möglichst direkt ansprechen und auch – in dezenter Weise – Körperkontakt aufnehmen, um zu beruhigen und Ängste zu lindern. Ihre psychosozialen Aufgaben bestehen zudem darin, Panikverhalten zu verhindern, indem großräumige Absperrungen vorgenommen und die Betroffenen in kleine Gruppen aufgeteilt werden, ferner indem zeitnah und glaubwürdig informiert wird. Auch das für die Dekontamination gegebenenfalls notwendige Entkleiden stellt ein psychisches Problem dar. Rettungskräfte müssen darauf trainiert werden, in angemessener Weise auf Schamgefühle und ethisch-moralische Befürchtungen zu reagieren.

Nicht vergessen darf man jedoch, dass das psychologische Training auch dazu dient, die Rettungskräfte selbst vor extremen Belastungen und Fehlbelastungen zu schützen (vgl. zu Notfallpsychologie z. B. Bengel, 2004).

Dammeffekt: Ein wichtiger Effekt nach einer Katastrophe ist der Dammeffekt. Bildlich gesprochen werden nach einer Katastrophe die „Dämme" etwas höher gebaut, also allgemein gesagt die Sicherheitsmaßnahmen verstärkt. Dadurch fühlen sich die Menschen eingelullt und sicherer als es den Tatsachen entspricht, denn niemand weiß, wie stark das nächste Erdbeben oder die nächste Flut ausfällt. Die sicherste Maßnahme wäre daher, den gefährdeten Ort zu verlassen. Dies ist natürlich einfacher gesagt als getan. Menschen siedeln wieder und immer wieder in gefährdeten Gebieten. Zum Teil ist dies auch auf die Siedlungspolitik der Gemeinden zurückzuführen. Betrachtet man beispielsweise Bilder von überfluteten Gebieten, sieht man häufig neue Häuser aus den Wassermassen herausragen, obwohl diese Bereiche schon lange als hochwassergefährdet bekannt sind.

Posttraumatische Belastungsstörungen: Ein weiterer wichtiger Aspekt nach einer Katastrophe sind die körperlichen und psychischen Folgeschäden. Traumatische Erlebnisse während einer Katastrophe, das Erleben von Todesangst und extremer Hilflosigkeit hinterlassen häufig langandauernde Störungen, wie Schlaflosigkeit, Albträume, Nachhallerinnerungen („flashbacks"), extreme Reaktionen auf eher geringfügige Belastungen, wie Zittern als Reaktion auf laute Geräusche, anhaltende Gefühle der Hilflosigkeit und Sinnlosigkeit. Man fasst diese einzelnen Symptome als ein Syndrom zusammen, das als posttraumatische Belastungsstörung (PTBS) bezeichnet wird. Hinzu kommt, dass es nach einer Katastrophe viele Menschen gibt, denen ein Neuanfang nicht gelingt. Es stellen sich Gefühle des Versagens ein, Depressionen und auch Alkoholprobleme häufen sich und nicht selten steht am Ende der Suizid (zu Psychotraumatologie vgl. z. B. Butollo & Hagl, 2003). Daher ist eine angemessene Behandlung posttraumatischer Belastungsstörungen durch Fachkräfte von großer Bedeutung.

Wo Sie Ihr Wissen erweitern und vertiefen können

Böhm, G. (2008). Wahrnehmung und Bewertung von Umweltrisiken. In E.-D. Lantermann & V. Linneweber (Hrsg.), *Grundlagen, Paradigmen und Methoden der Umweltpsychologie* (S. 501–532). Hogrefe.
Böhm, G., Nerb, J., McDaniels, T., & Spada, H. (Hrsg.). (2001). *Environmental risks: Perception, evaluation and management.* Elsevier.
Grunwald, A. (2016). Umweltrisiken. In K. Ott, J. Dierks, & L. Voget-Kleschin (Hrsg.), *Handbuch Umweltethik* (S. 49–55). JB Metzler.
Wiedemann, P. M., & Schütz, H. (2010). Risikokommunikation als Aufklärung: Informieren über und Erklären von Risiken. In V. Linneweber, E.-D. Lantermann, & E. Kals (Hrsg.), *Spezifische Umwelten und umweltbezogenes Handeln* (S. 787–816). Hogrefe.
Siehe auch: kostenfreie Materialien auf der Seite www.lehrbuch-psychologie.springer.com

Raum und gebaute Umwelt 6

Von der Wiege bis zur Bahre lebt der Mensch in einer von ihm gebauten und gestalteten Umwelt. Krankenhäuser, Wohnhäuser, Schulen, Universitäten, Seniorenheime, Kirchen, öffentliche Plätze, Straßen – all dies sind Beispiele für eine gebaute Umwelt. Auch die Natur wird in den allermeisten Fällen gestaltet, z. B. durch Parks oder Naherholungsgebiete, durch die Wege verlaufen, in denen Bänke und Schutzhäuser stehen, in denen Hochsitze ebenso aufgestellt sind wie Futterkrippen für Wildtiere. Vom Menschen unbeeinflusste Wildnis wird immer seltener. In diesem Kapitel geht es daher um die Frage, wie die gebaute und gestaltete Umwelt auf ihn wirkt und wie man sie so gestalten kann, dass sie im Sinn der Salutogenese körperlich-seelisches Wachstum des Menschen ermöglicht. Dazu werden zunächst die umweltpsychologischen Grundlagen vermittelt. Diese werden sodann auf die drei zentralen Felder gebauter Umwelt angewandt: Wohnen, Arbeiten/Lernen und Mobilität. Spezifische Umwelten werden abschließend genannt. Bei all diesen Feldern kommen aus der Umweltpsychologie wichtige Erkenntnisse darüber, welche Auswirkungen gestalterische Entscheidungen haben und welche Empfehlungen für die Praxis abgeleitet werden können.

6.1 Bedeutung der gebauten Umwelt

Da der Mensch sich fast immer in einer von ihm gestalteten Umwelt aufhält, sind Fragen der Wirksamkeit dieser Umweltbedingungen und die daraus abgeleiteten Gestaltungsempfehlungen zentrale planerische Aufgaben der Umweltpsychologie. Diese können unterschiedlich eingeteilt und nach verschiedenen Kriterien bewertet werden:

Einteilung von Umweltplanungen: Umweltplanungen können nach Nutzungsbereich geordnet werden, wie Wohnumwelten, Lehr- und Lernumwelten, Arbeits- und Büroumwelten, Freizeitumwelten, Umwelten des Gesundheitssektors, wie Krankenhäuser und Arztpraxen, oder Stadt- und Verkehrsplanung. Eine alternative Einteilung ist diejenige nach Zielgruppen, wie die Gestaltung von Umwelten für Kinder, alte Menschen oder Menschen mit Behinderungen (Flade, 2010b).

Bewertungskriterien: Die Bewertung der Gestaltung dieser Umwelten kann ebenfalls nach unterschiedlichen Kriterien erfolgen. Dabei dominiert das Kriterium der Funktionalität. Gebäude oder Plätze in Städten werden als funktional bezeichnet, wenn sie ihren eigentlichen Zweck erfüllen. Darüber hinaus gibt es aber auch psychologische Aspekte (sogenannte Sekundärfunktionen), die bei der Bewertung der Gebäude ebenfalls zu berücksichtigen sind. Dazu zwei Beispiele:

Die Primärfunktion einer Mensa ist die effiziente und kostengünstige Versorgung der Studierenden. Wenn daher in einer Mensa viele Studierende ohne lange Wartezeiten und zu geringen Kosten Essen bekommen, ist dies Voraussetzung für eine gute Bewertung der Mensa. Es kommen aber noch weitere, sekundäre Funktionen dazu, die bei der Gestaltung ebenfalls zu berücksichtigen sind. Hierzu zählen: Anordnung der Tische, die sowohl Kommunikation als auch Rückzug ermöglicht; helle, freundliche Gestaltung (möglicherweise unter Einbezug von Pflanzen oder anderen natürlichen Elementen, wie Zimmerwasserbrunnen); falls notwendig, Unterteilung in Nischen, die Größe und Unpersönlichkeit des Raums psychologisch verringern; geringer Lärmpegel durch Dämmmaßnahmen etc.

Ein Patientenzimmer im Krankenhaus, das so zugeschnitten und eingerichtet ist, dass ärztliche und pflegerische Aufgaben leicht erfüllt werden können (Primärfunktion), ist erst dann ein Raum, der körperlich-seelische Genesung fördert, wenn seine Sekundärfunktionen berücksichtigt werden. Darunter fällt das Bedürfnis nach Privatheit der Patient:innen, nach weitgehend ungestörter Kommunikation mit Ärzt:innen, Pflegekräften oder Besucher:innen, nach Ablenkung und Beschäftigung.

Diese Beispielreihe für vielfältige Primär- und Sekundärfunktionen, die gestaltete Umwelt erfüllen muss, ließe sich beliebig fortsetzen. Die grundlegenden Bedürfnisse bzw. Motive des Menschen, die bei allen gestalterischen Entscheidungen in unterschiedlicher Gewichtung eine Rolle spielen, lassen sich anhand der fünfstufigen Bedürfnispyramide von Maslow (1943) ordnen (vgl. Abb. 6.1). Die Beschreibung der fünf Stufen ist hier exemplarisch auf die Wohnumwelt bezogen.

Bevor nun auf einige Beispiele für gestaltete Umwelt genauer eingegangen wird, seien zunächst die psychologischen Grundlagen dafür gelegt. Diese sind die Konzepte Crowding, soziale Dichte, persönlicher Raum („personal space") und Territorialität, die sich spezifisch auf das Verhältnis des Menschen zum Raum beziehen.

6.2 Crowding und Dichte

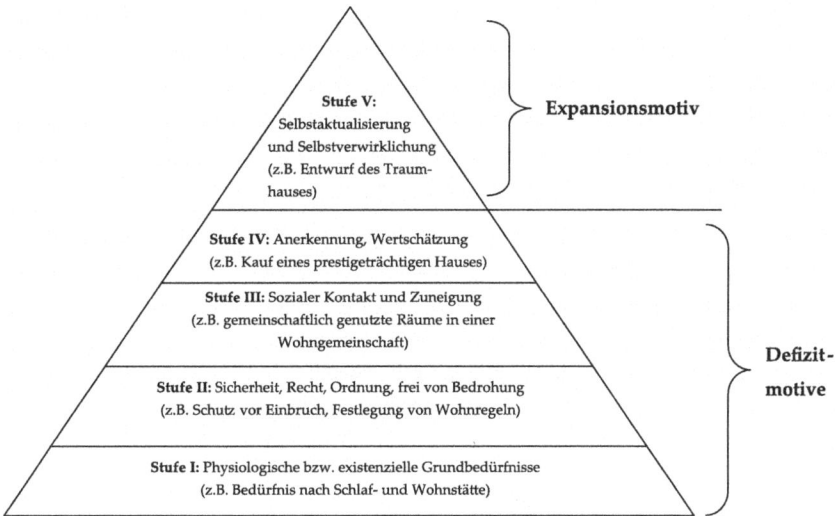

Abb. 6.1 Die Bedürfnispyramide von Maslow (1943), angewandt auf die Wohnumwelt

6.2 Crowding und Dichte

Definition: Mit Crowding – ein Begriff, der sich auch in der deutschsprachigen Umweltpsychologie durchgesetzt hat – ist das Erleben von Beengung bzw. Überfüllung gemeint, verbunden mit dem Gefühl von Belastung und Stress.

Räumliche und soziale Dichte: Unter Dichte versteht man in diesem Zusammenhang die Anzahl von Menschen pro Flächeneinheit. Man unterscheidet räumliche und soziale Dichte. Dazu stelle man sich Folgendes vor: Ein vorhandener Raum, der mit einer bestimmten Anzahl von Menschen besetzt ist, würde – beispielsweise durch eine Trennwand – um die Hälfte verkleinert werden. In diesem Fall spricht man von räumlicher Dichte. Was ist nun soziale Dichte? Hier würde man die Größe des Raums belassen, aber die doppelte Anzahl von Menschen einlassen. Die objektive bzw. räumliche Dichte – Anzahl der Menschen pro Flächeneinheit – ist in beiden Fällen gleich, aber die psychologische Situation ist unterschiedlich, was allein dadurch bedingt ist, dass unterschiedlich viele Individuen als Interaktionspartner:innen vorhanden sind.

Das „Ratten-Universum": Die Crowding-Forschung erhielt einen entscheidenden Anstoß durch tierexperimentelle Studien zur Populationsdichte und ihren Folgen. Dabei erlangte die unter dem Stichwort „Ratten-Universum" bekannt gewordene Studie Calhouns aus dem Jahr 1962 (Calhoun, 1962) die größte Popularität. In einer trickreichen Versuchsanordnung konnte Calhoun zeigen, dass extreme Populationsdichte zu einem völligen Zusammenbruch der bestehenden sozialen Ordnung führt. Es entstanden neue Verhaltensweisen und Ordnungsstrukturen mit zum Teil sehr bizarren Ausformungen hinsichtlich des Dominanzverhaltens und vor allem des Sexualverhaltens, wie Hyperaktivität und Hypersexualität bis hin zu Kannibalismus. Die Ergebnisse Calhouns und anderer Verhaltensforscher:innen zur Populationsdichte wurden auch im Hinblick auf die Zukunft der Menschheit diskutiert – im Speziellen im Zusammenhang mit Überbevölkerung und dem Entstehen von Megastädten. Es muss beachtet werden, dass die Ergebnisse aus Tierstudien natürlich nicht direkt auf den Menschen übertragen werden können. In Untersuchungen bei Menschen, die unter sehr beengten Verhältnissen leben, konnten gering ausgeprägte soziale Kompetenzen nachgewiesen werden. Unter beengten Wohnbedingungen tendieren die Menschen dazu sich zurückzuziehen, soziale Kontakte zu vermeiden, weniger Hilfe bei Mitmenschen zu suchen, wenn sie Hilfe benötigen, und weniger Hilfe zu gewähren, wenn diese erforderlich wäre. Auch ein erhöhtes Krankheitsrisiko konnte nachgewiesen werden. Hohe Personendichte am Arbeitsplatz beeinträchtigt die Arbeitsleistung – vor allem beim Lösen von komplexen Aufgaben. Auch im Zusammenhang mit Schulen und Klassenzimmern spielt der Faktor Crowding eine Rolle, etwa wenn es an Platz auf dem Pausenhof mangelt oder wenn die Schüler:innenzahl in der Klasse so groß ist, dass die Schüler:innen dicht gedrängt sitzen müssen (vgl. Walden, 2010).

Crowding-Situationen werden auch beim vorweihnachtlichen Einkauf erlebt, beim Reisen in überfüllten Zügen oder auf überfüllten Autobahnen. Beispielsweise kann eine Reise über eine kurze Distanz, die jedoch häufig durch Verspätungen bei Zügen oder Staus auf den Straßen unterbrochen und behindert ist, mit mehr Stress verbunden sein als eine weite, aber ungehinderte Reise. Da immer mehr Menschen, nicht zuletzt auch aus beruflichen Gründen, in öffentlichen Verkehrsmitteln oder auf den Straßen unterwegs sind, ist verkehrsbedingtes Crowding ein zunehmend an Bedeutung gewinnender Stressfaktor, der die Verkehrsplanung vor große Herausforderungen stellt.

Verändertes Erleben von Crowding und Personal Space durch die Covid-19-Pandemie

Das Erleben von Crowding und Personal Space hat sich durch die Covid-19-Pandemie und die damit einhergehende Notwendigkeit, soziale Distanz zu halten, verändert. Es seien vier Studienergebnisse berichtet, die alle in eine ähnliche Richtung weisen:

6.2 Crowding und Dichte

- Sahin (2022) konnte zeigen, dass sich durch die Pandemie sowohl Crowding als auch das Erleben des Personal Space verändert hat. Entsprechend wurde im Kontext von Supermarkteinkäufen festgestellt, dass schon bei weitaus weniger anwesenden Menschen als vor der Pandemie das Crowding-Phänomen erlebt wird. Zudem berichten die Studienteilnehmenden von Strategien, um Crowding zu verhindern oder zu verringern – auch, indem sie ihren Personal Space schützen.
- In ähnliche Richtung weisen die Befunde von Aghabayk et al. (2021), die nachweisen, dass Crowding in öffentlichen Verkehrsmitteln als „lästiger" und „beschwerlicher" wahrgenommen wird als vor der Pandemie.
- Auch die Befunde von Zapetis et al. (2021) bestätigen, dass die Größe des Personal Space während der Pandemie signifikant zunahm und schlussfolgern zudem, dass Individuen größeren Abstand zu anderen Personen als vor der Pandemie halten.
- Dies zeigen auch die Daten von Welsch und Kolleg:innen (2021), die zudem dafürsprechen, dass sich Menschen relativ schnell an neue soziale Normen der interpersonalen Distanz anpassen. Doch auch sie gehen davon aus, dass die Präferenz, größere Abstände einzuhalten, noch einige Zeit nach der Pandemie anhalten wird. ◄

Offenkundig bewirkt Crowding Stress. Als Erklärungen der Entstehung und Bewältigung dieses Stresses dienen unterschiedliche Modelle.

Das *Reizüberlastungsmodell* nimmt an, dass die Kapazität der menschlichen Informationsverarbeitung durch die Vielfältigkeit sozialer Reize überschritten wird. Dagegen kann sich der Mensch durch Reizausblendung, also selektive Informationsauswahl, psychischen Rückzug oder aber auch aktiv durch Einbringen von visuellen Barrieren vor Überlastung schützen.

Das *Behavior-Constraint-Modell* (Verhaltenseinschränkungsmodell) betont die durch die Beengung bedingte Einschränkung der Wahlfreiheiten und die damit ausgelöste Reaktanz. Darunter ist eine aversiv erlebte Motivation zu verstehen, die danach drängt, den Störungszustand zu beseitigen. Beengung wird umso aversiver erlebt, je wichtiger das intendierte Verhalten ist und je länger die Einschränkung des Verhaltens aufgrund der Beengung andauert.

Das dritte Modell wird auch als ökologisches Modell bezeichnet und kann in die *Behavior-Setting-Theorie* von Roger Barker eingebettet werden (vgl. Kap. 1). Crowding wird in diesem Modell als Überbesetzung („overstaffing") verstanden. Wenn ein bestimmtes Setting, z. B. eine Arbeitssituation, überbesetzt ist, kommt es zu einem Wettbewerb um Ressourcen, d. h. um Aufgaben und Rollenübernahmen, um Platz bzw. Territorien etc. Einzelne Mitglieder des Settings könnten sich dabei unter Umständen überflüssig vorkommen und zu Außenseitern werden.

Die drei vorgestellten Modelle des Crowding betonen unterschiedliche Aspekte des Crowding-Erlebens und können einander ergänzen. Eine integrative Theorie des Crowding scheint jedoch nicht in Sicht.

Crowding versus Crowd-Behavior: Objektive Dichte muss nicht immer subjektive Crowding-Gefühle hervorrufen. Entsprechend wird das enge Beieinandersein von Personen nicht unbedingt als aversiv erlebt, sondern kann durchaus auch angenehm und lustvoll sein, wie Massenveranstaltungen in Sportarenen, bei Konzerten, in Diskotheken oder bei Besuchen von populären Persönlichkeiten eindrucksvoll zeigen. Hier sind Interessen und Bedürfnisse von Menschen in einem bestimmten Ziel vereint. In diesem Fall wird das nahe Beisammensein nicht als Beengung und Stress erlebt und ist daher vom Phänomen Crowding abzugrenzen. Es handelt sich um das Verhalten einer Masse (Crowd-Behavior) bzw. das Verhalten und Erleben Einzelner in der Masse. In der Masse kann es passieren, dass das einzelne Individuum seine Individualität und auch die Verantwortung für sein Tun aufgibt. Dieser Vorgang wurde von Festinger (1957) als Deindividuation bezeichnet. Gleichzeitig teilen die einzelnen Individuen gleiche Gefühle und gleiches Verhalten und erleben eine starke soziale Verbundenheit. Dabei können Verhaltensgrenzen überschritten werden, die ein Individuum außerhalb des Einflusses der Masse nicht infrage stellen würde. Gewaltausbrüche bei Massendemonstrationen zeugen davon, aber auch ekstatische Ausdrucksformen von Freude oder Verzückung. Crowd-Behavior zeigt sich aber auch in Panikverhalten, wie etwa bei der Loveparade in Duisburg 2010, bei der in einer Massenpanik aufgrund erlebter Enge junge Menschen zu Tode gedrückt wurden.

6.3 Persönlicher Raum (Personal Space) und Territorialität

Definition: Der persönliche Raum (synonym personaler Raum oder Personal Space) ist ein Bereich oder ein Territorium, das direkt den eigenen Körper betrifft und bei der Interaktion mit anderen eine wichtige regulierende Rolle spielt. Er wirkt wie eine unsichtbare Schutzzone und wurde, gemeinsam mit dem Begriff des Distanzverhaltens, von Katz in den 1930er-Jahren eingeführt (Katz, 1937).

Hüllen-Metapher: Es findet sich die Metapher einer unsichtbaren Hülle oder Blase, die den eigenen Körper umgibt und ihn so schützt. Sie trifft das Konzept jedoch nicht ganz genau, denn sie betont lediglich die Schutzfunktion und impliziert, dass der persönliche Raum statisch ist. Die Kommunikationsfunktion und die

6.3 Persönlicher Raum (Personal Space) und Territorialität

Veränderung dessen, was der persönliche Raum je nach Kommunikationspartner:innen und Kontext ist, bleiben außen vor.

Anders ist dies, wenn man das Konzept des persönlichen Raums in die weitere Diskussion um das Bedürfnis nach Privatheit stellt, wie es Antje Flade (2008, 2010a, b) tut. Privatheit dient vor allem dazu, durch Rückzug Grenzen zu schaffen und die eigene Identität zu stärken. Das grundlegende Bedürfnis nach Privatheit wird dabei in ein Spannungsverhältnis zu anderen Bedürfnissen gestellt, wie dem Bedürfnis nach Öffentlichkeit und gesellschaftlicher Anerkennung, nach sozialem Austausch und Kontakt, nach Kommunikation etc. (vgl. Flade, 2008).

Distanzzonen: Im Konzept der Distanzzonen wird ebenfalls deutlich, dass das Bedürfnis nach persönlichem Raum bzw. sozialer Distanz nicht statisch, sondern je nach sozialer Situation sehr unterschiedlich ist. Hall (1966) unterscheidet vier Distanzzonen (intime, persönliche, soziale und öffentliche Distanz), die in den Materialien auf der Lehrbuch-Webseite www.lehrbuch-psychologie.springer.com erklärt werden.

Empirische Arbeiten: Die ersten Studien wurden von Hall in den 1960er-Jahren durchgeführt (Hall, 1966). Es folgten viele weitere empirische Arbeiten, die einheitlich zeigen, dass das Bedürfnis nach persönlichem Raum hinsichtlich Alter, Geschlecht, Kultur und Persönlichkeit variiert. Erwartungsgemäß haben z. B. Südeuropäer:innen und Lateinamerikaner:innen ein geringeres Bedürfnis nach persönlichem Raum als Nordeuropäer:innen oder Nordamerikaner:innen, und kleine Kinder ein geringeres Distanzbedürfnis als Erwachsene (zum Überblick Eisenhardt, 2008). Darüber hinaus wirken situative Bedingungen. Beispielsweise gibt es systematische Zusammenhänge zwischen dem Bedürfnis nach personalem Raum und der Deckenhöhe (je höher die Decke, desto mehr Nähe wird zugelassen) oder auch zwischen Raumbedürfnis und der Position im Raum (in der Mitte des Raums wird mehr Nähe zugelassen, als wenn der Steh- oder Sitzplatz in der Ecke eines Raums liegt). Diese Befunde werden mit dem Konzept des Bedürfnisses nach Kontrolle erklärt und evolutionsbiologisch mit der Möglichkeit zu Fluchtverhalten in Zusammenhang gebracht (vgl. Eisenhardt, 2008).

Gestalterische Konsequenzen: Bei gestalterischen Entscheidungen ist es wichtig, personalen Raum zu ermöglichen. Fehlt dieser, so wirkt sich dies negativ auf die körperliche Gesundheit und das psychische Wohlergehen aus, weil sich unter anderem stressbedingte Symptome zeigen (vgl. Eisenhardt, 2008). Daher sollte die Möglichkeit zu Rückzug und Privatheit bei der Planung und Gestaltung von Umwelten berücksichtigt werden, z. B. bei Bürogebäuden, Krankenhäusern oder Schulen.

Beispielsweise lassen sich Sitzplätze, Bänke oder Möbel so anordnen, dass der persönliche Raum respektiert (z. B. in Wartezimmern), zugleich aber Kommunikation ermöglicht wird (z. B. Sitzanordnungen an öffentlichen Plätzen). Dabei wird die soziopetale Anordnung von Stühlen (sich zugewandt, etwa um einen runden Tisch) von ihrer soziofugalen Anordnung unterschieden (die Stühle und damit auch die Personen, die auf ihnen sitzen, kehren einander den Rücken zu, etwa indem sie rückwärts um ein Zentrum, wie einen Brunnen oder einen Baum angeordnet sind). Die soziopetale Anordnung fördert Kommunikation, die soziofugale hingegen Rückzug und Privatheit (vgl. Flade, 2008).

Wechselspiel von Nähe und Distanz: Es ist immer ein Wechselspiel von Nähe (Bedürfnis nach Kommunikation und Austausch) und Distanz (Bedürfnis nach Privatheit) zu berücksichtigen. Dieses Wechselspiel greift das Konzept der Äquilibrationshypothese auf (Argyle & Dean, 1965): Sie postuliert, dass Menschen über verbale, nonverbale (Mimik, Gestik etc.) und paraverbale Kommunikation (wie Prosodie und Intonation) versuchen, ein Gleichgewicht zwischen ihrem Annäherungs- und Vermeidungsverhalten herzustellen. Zu viel Nähe im Gesprächsinhalt wird z. B. durch ein Wegrücken von Gesprächspartner:innen oder durch Verschränken der Arme ausgeglichen (vgl. Flade, 2008). Dieses Wechselspiel wurde in der Studie von DeLong (1970) zur Interaktion von Altenpflegekräften und Senior:innen in einem Seniorenheim nachgewiesen: Interagierten Pflegekräfte und Heimbewohner:innen in der intimen Distanzzone miteinander, so versuchten die Pflegekräfte diese hohe Intimität durch körperliche Abwehrhaltung zu kompensieren, z. B. durch Abwenden des Kopfs oder des Blicks. Agierten Pflegekräfte und Bewohner:innen hingegen in der weiten Zone der persönlichen Distanz miteinander, so wechselte die professionalisierte Haltung des Pflegepersonals zu einer freundschaftlich-persönlichen. Aufklärung der Pflegekräfte über diese Wechselwirkungen in den Interaktionen ist eine wichtige Schlussfolgerung aus den Befunden (vgl. DeLong, 1970). Nähe und Distanz drücken sich auch im Konzept der *Territorialität* aus, das daher nachfolgend behandelt wird.

Definition: Bei der Territorialität geht es ebenfalls darum, sich abzugrenzen. Während der persönliche Raum jedoch an den Körper der Person gebunden ist, ist die Territorialität an Räume bzw. Plätze gebunden. Auch hierzu gibt es eine lange psychologische Forschungstradition, jedoch wie beim persönlichen Raum keine einheitliche Begriffsdefinition (Richter & Christl, 2008). Als kleinster gemeinsamer Nenner der Definition ist mit Territorialität gemeint, dass eine Person oder eine Personengruppe gegenüber anderen Menschen den Anspruch erhebt, über einen bestimmten Raum zu verfügen und somit festzulegen, was dort stattfindet (Flade, 2008). Ein klassisches Beispiel ist das Abstecken von Territorien an Badestränden, indem die Badegäste dort ihre Handtücher auslegen (Eisenhardt, 2008).

Primäre, sekundäre und tertiäre Territorien: In der Literatur hat sich die Unterscheidung von primären, sekundären und tertiären (öffentlichen) Territorien durchgesetzt (Bell et al., 2005). Sie unterscheiden sich nach Dauer der Besetzung, objektiver Eigentümerschaft aber auch nach psychologischem Besitz, der z. B. durch emotionale Bindung entsteht:

Beispiele für primäre Territorien sind die eigene Wohnung, aber auch der eigene Schreibtisch im Büro wird dazu gezählt. Zwar ist der Schreibtischplatz im Gegensatz zur eigenen Wohnung nur ein vorübergehendes Eigentum, doch sind auch hier Dauer der Besetzung und Ausmaß der Personalisierung hoch (z. B. durch individuelle Gestaltung der Schreibtischfläche).

Ein sekundäres Territorium ist z. B. der Platz im Kino oder am Strand. Hier besteht keine Eigentümerschaft und das Territorium wird nur für eine bestimmte Zeit besetzt. Nur für diese Zeit kann der Raum personalisiert und gestaltet werden.

Beim tertiären bzw. öffentlichen Territorium (z. B. eine Haltestelle) sind hingegen sowohl die Besetzungsdauer als auch das Ausmaß der Personalisierung gering: Es besteht kein Eigentum und alle Personen können grundsätzlich diesen Raum besetzen.

Vor allem bei primären Territorien entstehen häufig emotionale Bindungen, eine Ortsbindung bzw. synonym Ortsverbundenheit (Fuhrer, 2008), die Sicherheit vermitteln und Übernahme von Verantwortlichkeit für den Schutz und die Verteidigung des Territoriums fördern, wie z. B. der eigenen Wohnung. Die Wirkung primärer Territorien zeigt sich aber auch im Heimvorteil. Vor allem für Ballsportarten (Baseball, Fußball und Hockey) ist mit umfangreichem Zahlenmaterial belegt, dass die Wahrscheinlichkeit, bei einem Heimspiel im Vergleich zu einem Auswärtsspiel ein Spiel zu gewinnen, deutlich höher liegt (vgl. z. B. Pollard & Pollard, 2005). Erklärt wird dies durch die Wirkung der Territorialität, der Unterstützung durch das Publikum und damit zusammenhängender höherer Motivation und Selbstwirksamkeitserwartung. Auch in anderen Kontexten, wie z. B. dem Arbeitskontext, bestätigt sich, dass in beruflichen Situationen das Erleben von Kontrolle und Macht innerhalb der eigenen Territorien gefördert wird. Beispielsweise ist eine Verhandlung erfolgreicher, wenn das Verkaufsgespräch im eigenen Büro statt im Büro von Verhandlungspartner:innen geführt wird (für diese und weitere Beispiele vgl. Richter & Christl, 2008).

Die Forschung zur menschlichen Territorialität spielt für die umweltpsychologische Gestaltung eine wichtige Rolle. Durch die Gestaltung eines Territoriums wird unter anderem der Raum organisiert und soziale Distanz geschaffen, Kommunikationsregeln werden vermittelt, die Sozialstrukturen von Gruppen werden transportiert und Gruppenbildung wird ebenso erleichtert wie soziale Identität gefördert.

6.4 Stadt- und Wohnumwelt, Arbeitswelt und Mobilität

Bedürfnisse und Funktionen des Wohnens: Ein wichtiges Feld gestalteter Umwelt, zu dem es detailreiche Forschung gibt, betrifft Wohnraum und Nachbarschaft (vgl. Flade, 2010b, 2020; Harloff et al., 2010). Wohnen ist eine Existenzgrundlage des Menschen und erfüllt neben seiner Primärfunktion (Bereitstellung einer Schlafstätte und Befriedigung biologisch physiologischer Grundbedürfnisse) zahlreiche Sekundärfunktionen, wie Bedürfnisse nach Sicherheit, Beständigkeit und Vertrautheit, nach Privatheit ebenso wie nach sozialem Austausch und sozialer Nähe. Wohnen kann das Motiv der sozialen Anerkennung befriedigen, aber auch ästhetische, gestalterische Bedürfnisse oder generell Bedürfnisse der Selbstverwirklichung decken. Durch Wohnen entsteht, wie beim Konstrukt des primären Territoriums erklärt, Ortsbindung (Fuhrer, 2008).

Wohnraumgestaltung: Diese zahlreichen Bedürfnisse stehen oftmals im Widerspruch zu vorgegebenen Wohnumwelten mit ihren weitgehend standardisierten Grundrissen unter Berücksichtigung enger Wohnungsbaurichtlinien. Mit einer hohen Wohndichte (Anzahl der Personen pro Raumeinheit) steigen das Enge- und Stresserleben und damit der negative Einfluss auf körperliche und seelische Gesundheit. Daher besteht oftmals eine Kluft zwischen realen und idealen Wohnbedingungen. Dies zeigt sich z. B., wenn man über einen familiengerecht gestalteten Wohnungsgrundriss unabhängig von realen Randbedingungen nachdenkt, wie es etwa Zinn (1979) getan hat. Der ideale Grundriss sieht je nach Familienkonstellation anders aus, was illustriert, welchen Beschränkungen die Wohnraumgestaltung unterworfen ist. Das Nachdenken über den idealen Wohnplan macht aber auch deutlich, wo aus umweltpsychologischer Sicht Verbesserungen möglich sind, z. B. durch veränderte Nutzung von Räumen, verbesserte Innenraumgestaltung, durch Natur in der Wohnumwelt, wie Gärten, Grünflächen etc. Zumindest Mikroumwelten (z. B. die Nutzung und Gestaltung einzelner Räume) lassen sich so gestalten, dass sie Handlungsspielräume eröffnen (Eisenhardt, 2008). Auch das Thema „suffizientes Wohnen" spielt dabei eine zunehmende Rolle (z. B. Over et al., 2020). Hierbei geht es unter anderem darum, weniger Fläche zu belegen und den Energieverbrauch zu senken.

Nachbarschaften und Wohnumfeld: Laut Warren (1978) unterscheiden sich Nachbarschaften hinsichtlich Interaktion (Ausmaß und Tiefe des Interaktionsgeschehens), Identität (mit der lokalen Wohnumwelt) und Partizipation (an lokalen Gruppen oder der übergeordneten Gemeinde). Zur Nachbarschaft als Kommunikationsraum gibt es zahlreiche Studien. Es bestätigt sich, dass die natürliche Umwelt (Existenz von Bäumen und Grünflächen) eine wichtige gesundheits- und kommunikationsförderliche Wirkung hat (Sullivan et al., 2004).

6.4 Stadt- und Wohnumwelt, Arbeitswelt und Mobilität

Städte der Zukunft

Diese Überlegungen fließen auch in eine nachhaltige Stadtentwicklung ein (zum Überblick Berding et al., 2018), welche das heute vorherrschende Leitbild bei der Entwicklung von Städten ist (Köckler & Sieber, 2020). Manchmal geschieht dies unter dem Begriff Smart Cities. Dabei werden zahlreiche Fragen angesprochen, wie etwa jene nach der sozialräumlichen Dichte und der damit verbundenen Frage nach einem verträglichen Ausmaß dieser Dichte – auch im Hinblick auf die menschliche Gesundheit. Es geht um die Bereitstellung von ausreichend Wohnraum bei geringer werdender Flächenverfügbarkeit, um die Einplanung von Grün- und Freiflächen und um Fragen der urbanen Logistik und Mobilität. Damit sind verschiedene Perspektiven auf die Stadtentwicklung miteinander zu integrieren, wobei die Gesundheit eine dieser Perspektiven ist. Partizipation und Empowerment Betroffener werden daher als essenziell für eine nachhaltige Stadtentwicklung angesehen (Köckler & Sieber, 2020).

Ein Beispiel für eine nachhaltige Stadtentwicklung ist die Initiative „Morgenstadt Global Smart Cities Initiative" (Morgenstadt, 2022a). Dieses Projekt wird durch das Bundesministerium für Umwelt, Naturschutz und nukleare Sicherheit (BMU) gefördert und hat zum Ziel, durch emissionsarme, umweltbewusste und innovative Stadtentwicklung zum Erreichen der internationalen Nachhaltigkeitsziele beizutragen. Projektstädte sind unter anderem Kochi (Indien), Saltillo (Mexiko) und Piura (Peru), die alle stark von den Auswirkungen des Klimawandels beeinträchtigt sind und bei denen zugleich ein hoher Grad an Urbanisierung besteht. Auch in Deutschland finden im Rahmen dieser Initiative entsprechende klimaresiliente Stadtentwicklungen statt (Morgenstadt, 2022b).

Einfluss des Klimawandels auf die gebaute Umwelt

Der Klimawandel hat ebenfalls Einfluss auf die gebaute Umwelt. Der sechste IPCC-Bericht von 2022, der mehr als 3000 Seiten umfasst, nennt insbesondere folgende durch den Klimawandel verursachte Risiken (Intergovernmental Panel on Climate Change, 2022): Zunehmende Hitze, Überschwemmungen, Dürre, Luft- und Wasserverschmutzung. Als Anpassungsstrategien werden Lösungen vorgeschlagen, die an der Natur ansetzen (z. B. Verbesserung der Luftqualität), als auch jene, die die physikalische Infrastruktur verändern (z. B. angepasste Gebäudeplanungen). Das Bundesinstitut für Bau-, Stadt- und Raumforschung hat bereits 2016 einen konkreten Maßnahmenkatalog entwickelt, wie Anpassungen an den Klimawandel in Stadt und Region stattfinden können (Bundesinstitut für Bau-, Stadt- und Raumforschung, 2016). Hierzu gehören die Sicherung von Flächen für die Klimaanpassung ebenso wie konkrete Handlungsempfehlungen zum Umgang mit Hitzebelastung in Städten, mit Starkregenereignissen sowie Sturzfluten.

Die Anpassungsstrategien können soziale Ungleichheiten verstärken, weshalb sich Fragen der Verteilungs- als auch der Verfahrensgerechtigkeit und damit der ökologischen Gerechtigkeit stellen (vgl. Abschn. 7.4). Bezogen auf die Verteilungsgerechtigkeit bestehen ungleiche Zugänge zu Land, Geld oder auch Technologien. Gleichzeitig sind vulnerable Gruppen durch die Folgen des Klimawandels höheren Belastungen ausgesetzt und haben oftmals geringeren Zugang zu einer ausgleichenden Infrastruktur, wie grünen Flächen. Auf Ebene der Verfahrensgerechtigkeit bestehen ungleiche Möglichkeiten, um Einfluss auf politische Entscheidungen zu nehmen. Daher, so wird im IPCC-Bericht gefordert, sollten die Anpassungsstrategien vulnerablen Gruppen in besonderem Maß dienen. ◄

Ein weiteres wichtiges Feld ist die Untersuchung der Zusammenhänge von Kriminalität und Wohnumfeld (vgl. Flade, 2010b). Dabei spielt die wahrgenommene soziale und informelle Kontrolle der Wohnung und ihres Umfelds eine wichtige Rolle zur Erklärung der Häufigkeit von Kriminalität. Beispielsweise wird weniger in Häuser eingebrochen, die durch Zäune ein primäres Territorium und damit private Kontrolle symbolisieren oder die über ein Nachbarschaftsgefüge mit wechselseitigen Verantwortlichkeiten verfügen (Eisenhardt, 2008; Richter & Christl, 2008). Eine solche nachbarschaftliche Verantwortlichkeit bezeichnet Oscar Newman als *Defensible Space* (Newman, 1972). Sie wird befördert, wenn im Außenbereich der Wohnung ein Gruppenterritorium existiert, wie z. B. gemeinsam genutzte Grasflächen.

Häufig findet sich jedoch bei der Gestaltung des Wohnumfelds genau wie bei der Wohnraumgestaltung eine Kluft zwischen Wunsch und Wirklichkeit. Dennoch gibt es auch hier innovative Ansätze, wie das Trierer Schammatdorf. In diesem Stadtteil Triers sind verschiedene Wohnhöfe um ein Gemeinschaftshaus angeordnet. Jeder Wohnhof besteht aus sechs Häusern mit je zwei Wohnungen, die in ihren Grundrissen den Bedürfnissen der jeweiligen Bewohner:innen angepasst sind. Es gibt zudem bestimmte halbprivate Räume, die Partizipation und Kommunikation zwischen Nachbar:innen fördern, ohne Privatheit einzuschränken. Auch die positive Wirkung von Natur wird bei dieser Wohnanlage gezielt genutzt.

Neben der Wohnumwelt spielen Arbeits-, Lehr- und Lernumwelt eine zentrale Rolle im Leben des Menschen. Diese Umwelten werden daher nachfolgend ebenfalls genauer betrachtet.

Arbeitsumwelt: Arbeit dient längst nicht mehr nur dem Broterwerb, sondern kann grundsätzlich alle Bedürfnisse der Maslowschen Bedürfnispyramide erfüllen, bis hinauf zum Expansionsmotiv der Selbsterfüllung und -verwirklichung. Unter

6.4 Stadt- und Wohnumwelt, Arbeitswelt und Mobilität

welchen Bedingungen einer Arbeitstätigkeit dies gelingen kann, untersucht die Arbeits- und Organisationspsychologie. Dazu werden Arbeitstätigkeiten, Arbeitsplätze und die Rahmenbedingungen der Arbeit als Prädiktorvariablen unterschiedlicher Output-Variablen analysiert. Die Output-Variablen umfassen neben ökonomischen Kriterien auch Humankriterien, wie Arbeitsmotivation und Arbeitszufriedenheit, Erhöhung des Gestaltungsspielraums, Gewährleistung von Beschwerdefreiheit und Arbeitssicherheit, Verringerung von Stress und Belastungserleben: Welche Vorhersagen lassen sich beispielsweise aus den Variablen des Arbeitsplatzes und der Tätigkeit für das tatsächliche Arbeitsverhalten, für Fluktuation, Krankenstand etc. treffen? Unter welchen Bedingungen wirkt sich die Arbeitstätigkeit belastend und stressreich aus, wann ist sie erfüllend und motivierend?

Zur Beantwortung dieser und weiterer Fragen bestehen innerhalb der Arbeitspsychologie lange Forschungstraditionen, die sich z. B. speziell mit Fabrikarbeit oder auch Büroumwelten, ihren Einflussfaktoren und Output-Variablen auseinandersetzen. Aus den Befunden werden praktische Empfehlungen abgeleitet, wie die Arbeitsumwelt zu gestalten ist, damit Motivation und Zufriedenheit gefördert und Stress und Belastungen abgebaut werden. Diese sind, genau wie die Analysen, auf sehr spezifischem Niveau, und umfassen am Beispiel der Büroumwelt z. B. die Analyse von Beleuchtung, Lärm, Ergonomie von Schreibtischstuhl und -tisch, Entfernung des Arbeitsplatzes vom Fenster, Existenz von Pflanzen, Sicht auf Natur sowie Elemente der Privatheit (vgl. Flade, 2008). Beispielsweise macht es in einem Großraumbüro einen signifikanten Unterschied, wie hoch die Trennwände sind. Entsprechend waren jene Mitarbeitende mit ihrem Arbeitsplatz am zufriedensten, deren Trennwände gerade so hoch waren, um visuelle und akustische Privatheit zu gewährleisten. Dies war zugleich mit geringeren Ablenkungen und Unterbrechungen verbunden (Yildirim et al., 2007).

Lehr- und Lernumwelt: Ebenso präzise sind die Fragestellungen und Analysen von Lehr- und Lernumwelten, wie etwa Kindergärten, Schulen, Universitäten und Erwachsenenbildungsstätten, Museen, Bibliotheken etc. (vgl. Walden, 2010). Wie unterschiedlich hier die Gestaltung aussehen kann, zeigt das Beispiel des Waldkindergartens. Dieser verzichtet auf alle üblichen Gestaltungs- und Bauelemente eines Kindergartens (wie Kindergartenbau mit Gemeinschaftsräumen, Küche und Gruppenräumen mit verschiedenen Funktionsbereichen) und beschränkt das bauliche Element auf einen Container oder Bauwagen. Alle anderen Funktionsbereiche (wie Spielfläche, Fläche für einen Begrüßungskreis, für kognitive Übungen etc.) werden in ein Waldgebiet als natürliche Umwelt verlegt, wodurch das primäre und sekundäre Territorium erweitert wird.

Schließlich seien nachfolgend als drittes großes Feld Mobilität, Verkehrspsychologie und die Stadt- und Landschaftsplanung betrachtet.

Mobilität und Verkehrspsychologie: Mit der Mobilität stellen sich umweltpsychologische Gestaltungsaufgaben von hoher wirtschaftlicher und politischer Bedeutung, die auch im Kontext nachhaltiger Stadtentwicklung eine wichtige Rolle spielen. Hierzu ist mit der Verkehrspsychologie ein gesondertes Feld entstanden. Wird die Verkehrspsychologie als Teilbereich der Umweltpsychologie verstanden, so sind die Ziele darauf ausgerichtet, Mobilität so zu steuern, dass dem Schutz der natürlichen Umwelt gedient ist und sie mit den drei Zielfeldern der Nachhaltigkeit in Einklang steht (vgl. Kap. 7). Die Ziele sind somit normativ. Es geht etwa darum, verkehrsplanerische Entscheidungen zu treffen, durch die der Individualverkehr verringert und Bus- und Bahnfahren befördert werden. Dazu sind bauliche Maßnahmen notwendig, wie Ausbau des Radwegnetzes oder Förderung verkehrsberuhigender Maßnahmen, technische Verbesserungen, die auch von Endnutzer:innen angenommen werden müssen, politische Entscheidungen, wie die vergünstigte Ausgabe von Busfahrkarten an Berufstätige (Jobtickets), aber auch ein gutes Marketing für öffentliche Verkehrsmittel.

Mobilitätsentscheidungen: Die Erfassung und Veränderung von Mobilitätsentscheidungen gehören ebenfalls zu den Aufgaben der Umweltpsychologie (vgl. Kap. 8). Das Autofahren erfüllt, ähnlich dem Wohnraum, neben seiner Primärfunktion weitaus mehr Funktionen, z. B. die Erfüllung des Bedürfnisses nach Privatheit oder Freude am Autofahren. Beim Ausbau öffentlicher Verkehrsmittel wird ebenfalls versucht, neben effizienter Mobilität als Primärfunktion weitere Bedürfnisse zu befriedigen, wie beispielsweise Berücksichtigung des Motivs nach Privatheit durch großzügige Sitzabstände.

Stadt- und Landschaftsplanung: Mobilität hängt eng mit dem Thema Stadt- und Landschaftsplanung zusammen, das ein eigenes Forschungs- und Praxisfeld ist (vgl. A. I. Walter et al., 2010; sowie Kap. 2 und 4). Auch hier ist umweltpsychologisches Wissen notwendig, etwa wenn es darum geht, Städte und Landschaften so zu planen, dass sich Menschen dort wohl fühlen, indem ihre Grundbedürfnisse nach Sicherheit, Kontrolle, persönlichem Raum und Territorialität erfüllt werden. Ein besonderes Gewicht erhält die Umweltpsychologie, wenn es um nachhaltige Stadt- und Landschaftsplanung geht (zum Überblick S. R. Kellert, 2005), wobei noch zu zeigen ist, dass der Begriff der Nachhaltigkeit dabei oftmals sehr weit gefasst wird und Beispiele für wirklich nachhaltig ausgerichtete Städte, Gemeinden oder Dörfer rar sind. Es lassen sich nur wenige Beispiele finden, bei denen die drei Zielfelder (vgl. Kap. 7) in Einklang miteinander gebracht wurden, wie z. B. ein mehrfach untersuchtes ökologisches Dorf, bei dem 30 Haushalte anstreben, einen nachhaltigen Lebensstil umzusetzen, der soziale, ökonomische und ökologische Interessen vereint (Kirby, 2003).

6.5 Spezifische Umwelten

Neben den genannten Feldern gibt es zahlreiche weitere spezifische Umwelten, die umweltpsychologisch analysiert werden. Hierzu zählen Umwelten im Kontext der Wiederherstellung oder des Erhalts der Gesundheit (z. B. Krankenhäuser, Kurkliniken, Seniorenheime), Freizeit- und Erholungsumwelten (z. B. Gestaltung von Parks), Sportumwelten (z. B. Sport- und Schwimmhallen) u. v. m. Hier zeigt die umweltpsychologische Forschung kreative Wege auf, um wie viel besser sich diese Umwelten gestalten ließen als dies üblicherweise der Fall ist. Dazu einige Beispiele (vgl. F. Diekmann et al., 1998; Flade, 2008; Walden, 2010): In den Außenanlagen von Wohnpflegeheimen demenzkranker Menschen stehen Bushaltestellen als Attrappen, weil die verwirrten Menschen oftmals verloren gingen, weil sie in öffentliche Busse einstiegen, um an ihren früheren Wohn- oder Arbeitsort zu kommen. Auf Spielplätzen werden Möglichkeiten zum freien und kreativen Spiel geschaffen, wie Abenteuerspielplätze, bei denen „Nägel als Währung" gelten, mit denen Material zum Bau von Hütten gekauft werden kann. Pausenhöfe werden so umgestaltet, dass aggressives Verhalten gemindert wird. In Bürogebäuden werden halboffene Büros mit Pflanzen und dem Element Wasser geplant, die die Produktivität steigern.

Wo Sie Ihr Wissen erweitern und vertiefen können

Diekmann, F., Flade, A., Schuemer, R., Ströhlein, G., & Walden, R. (1998). *Psychologie und gebaute Umwelt*. Institut Wohnen und Umwelt.

Flade, A. (2020). *Wohnen in der individualisierten Gesellschaft*. Springer Fachmedien.

Walden, R. (2010). Lernumwelten. In V. Linneweber, E.-D. Lantermann, & E. Kals (Hrsg.), *Spezifische Umwelten und umweltbezogenes Handeln* (S. 151–186). Hogrefe.

Siehe auch: kostenfreie Materialien auf der Seite www.lehrbuch-psychologie.springer.com.

Werte, Umweltbewusstsein und Nachhaltigkeit

7

In diesem Kapitel werden zunächst Werte und der Wertewandel von materialistischen zu postmaterialistischen Werten mit seinen möglichen Ursachen betrachtet. Im Zuge dieses Wertewandels hat der Umweltschutz deutlich an Anerkennung gewonnen, wie die Forschung zum Umweltbewusstsein mit seinen unterschiedlichen Bedeutungsumfängen zeigt. Doch sind die Anerkennung ökologischer Probleme und die Akzeptanz von Umweltschutz als Wert nicht mit entsprechenden ökologischen Handlungsentscheidungen im Alltag gleichzusetzen. Die Situation wird noch ein wenig komplexer, weil Umweltschutz als Wert zunehmend durch das Leitbild der Nachhaltigkeit ersetzt wird. Nachhaltigkeit zielt darauf ab, ökologische Interessen in Einklang mit ökonomischen und sozialen Zielen zu bringen. Und auch hier geht es letztlich darum, dass sich Nachhaltigkeit als Wert auch im individuellen, wirtschaftlichen und politischen Handeln niederschlägt. Bei der Anerkennung von Werten und ihrer Umsetzung in alltägliches Handeln gibt es zudem Unterschiede zwischen Bevölkerungsgruppen bzw. Milieus, wie die Lebensstilforschung zeigt. Daher kann weder von dem einen westlichen Lebensstil gesprochen werden noch von der durchgängigen Akzeptanz von Umweltschutz oder Nachhaltigkeit als Wert in der Gesellschaft. Dies gilt zumindest in dem Moment nicht, in dem Umweltschutz oder Nachhaltigkeit mit anderen, ebenfalls sozial anerkannten Werten in Konkurrenz stehen bzw. in dem es nicht nur um Einstellungen, sondern auch um Verhalten geht.

7.1 Werte und Wertewandel

Definition: Werte sind Vorstellungen von Wünschenswertem und kennzeichnen eine einzelne Person oder eine Gruppe. Sie stellen Orientierungsmuster zur Verfügung und beeinflussen die Auswahl zugänglicher Mittel und Ziele von Handlungen (Rhein, 2006). Werte können ein hohes Abstraktionsniveau haben, wie Freiheit, Gleichheit, Gerechtigkeit, die sich auf unterschiedliche Inhaltsfelder beziehen. In unserem Zusammenhang geht es vor allem um Umweltschutz und Nachhaltigkeit als konkretere Werte. Es gibt eine breite Diskussion darüber, dass Umweltschutz und Nachhaltigkeit als Werte in der Gesellschaft eine zunehmende Bedeutung erfahren.

Wertewandel: Dies steht im Zusammenhang mit dem diskutierten Wertewandel. Ausgelöst durch die Veröffentlichung Ingleharts („Die stille Revolution", 1977) wird seit den 1970er-Jahren von einem Wandel von materialistischen zu postmaterialistischen Werten gesprochen (vgl. Rhein, 2006; Inglehart, 1998).

Was ist mit Postmaterialismus gemeint? Postmaterialismus ist ein primär kulturtheoretischer Begriff und meint letztlich bestimmte Einstellungen sozialer Gruppen (bzw. Milieus). Er geht davon aus, dass durch die Erfüllung der materiellen Werte und der damit verbundenen psychischen und physischen Sicherheit eine fortlaufende Individualisierung der Menschen stattfindet. Im Zuge dieser materiellen Sicherheit und Individualisierungstendenzen entwickeln Menschen zunehmendes Interesse an nichtmateriellen und „höheren" Werten, die Lebensqualität ausmachen sollen. Zu diesen höheren Werten zählen z. B. Gesundheit, Freiheit, Glück, Kultur, Interesse an sozialen Belangen aber eben auch Umweltschutz und Nachhaltigkeit. Dies steht in Einklang mit der Motivations- bzw. Bedürfnispyramide von Maslow (vgl. Kap. 6), auf deren untersten Ebene die physiologischen bzw. existenziellen Grundbedürfnisse stehen und an deren Spitze Selbstaktualisierung und Selbstverwirklichung zu finden sind.

Empirisch bestätigt die Werteforschung, dass das Interesse an diesen immateriellen Werten in vielen Bevölkerungsgruppen bzw. in der Gesellschaft insgesamt gestiegen ist. Gleichwohl muss dies nicht notwendigerweise bedeuten, dass sich diese Werte direkt und unmittelbar in entsprechenden Handlungsentscheidungen ausdrücken. Zudem wurde im Zusammenhang mit der Wirtschaftskrise, der hohen Arbeitslosigkeit und der späteren Finanzkrise diskutiert, ob es einen erneuten Wertewandel gäbe. Das Modell des Postmaterialismus wurde vor diesem Hintergrund kritisch hinterfragt.

Wertesynthese: Inglehart bewertet die Werteveränderungen als Fortschritt im Sinne einer qualitativ höherwertigen gesellschaftlichen und politischen Entwicklung. Andere warnen hingegen vor den Gefahren des Wertewandels, indem sie von einem Werteverfall sprechen, der seit den 1960er-Jahren beobachtet werde. Klages stellt diesen beiden Positionen ein „Konzept der Wertesynthese" entgegen (Klages, 1984). In diesem Konzept unterscheidet er Pflicht- und Akzeptanzwerte von Selbstentfaltungswerten. Diese beiden Dimensionen sind jedoch nicht unabhängig voneinander, sondern verbinden sich zu Mischtypen, indem Menschen bzw. Bevölkerungsgruppen z. B. auf beiden Dimensionen hohe Ausprägungen haben. Diesen Wertepluralismus nennt Klages (1984) auch „Wertesynthese".

Die Gesamtdaten zu den Wertorientierungen in Deutschland der letzten Jahrzehnte zeigen, dass es durchaus Schwankungen zwischen den beiden Polen, materialistische und postmaterialistische, Werte gibt. Auch dies würde letztlich für eine Synthese oder zumindest für die Notwendigkeit sprechen, beide Pole integrativ zu betrachten. Der Wirtschaftskrise von 2008 wird nach wie vor zugeschrieben, dass sie dazu geführt habe, dass materielle Werte, wie Einkommen, Wohlstand, Sicherheit wieder an Stellenwert gewonnen haben; der „Siegeszug" postmaterialistischer Werte schien gestoppt (Scherer & Roßteutscher, 2020).

Allerdings waren die Entwicklungen nicht von Dauer. Während im Jahr 2008 ein starker Ausschlag zugunsten materialistischer Werte durch den Bedeutungsanstieg der Inflationsbekämpfung zu beobachten war, überwog später wieder die Bedeutung postmaterialistischer Werte (Scheuer, 2016). Schwankungen sind somit von großen gesellschaftspolitischen Ereignissen und Krisen abhängig: Auch durch die COVID-19-Krise lässt sich eine erneute Veränderung der Werteorientierung beobachten, bei der Freiheit und zwischenmenschliches Zusammenleben ins Zentrum rücken (Schwarz & Raffel, 2021).

Darüber hinaus gibt es deutliche altersabhängige Unterschiede in den Wertorientierungen. Die jüngere Generation (Generation Z) treibt dabei die Priorisierung von Gesundheit und Nachhaltigkeit voran (Bonsai GmbH, 2022). Dies zeigen auch die Ergebnisse der Shell (Jugend)Studien, die daher nachfolgend betrachtet werden (Albert et al., 2019).

Shell Studien: Seit den 1950er-Jahren wird vom Mineralölkonzern Shell in Abständen von drei bis vier Jahren eine Studie an eine Forschungsgruppe in Auftrag gegeben, die verschiedene Einstellungen und Verhaltensweisen von Jugendlichen und jungen Erwachsenen zu unterschiedlichen Themen erfasst. In diesen Shell Studien werden unter anderem auch die Werte der jungen Menschen erfasst. Dabei zeigt sich, dass Umweltschutz und Nachhaltigkeit gerade auch im Zusammenhang mit dem Klimawandel erheblich an Bedeutung gewonnen haben. Die Jugendlichen fordern bei diesen Themen mehr Mitsprache und fordern Gesellschaft und Politik zum Handeln auf. Dies zeigt sich auch in den Protesten der Bewegung „Fridays for Future". Drei Viertel der Jugendlichen benennen in der Shell Studie von 2019 Umweltverschmutzung als Hauptproblem, über das sie sich Sorgen machen (Albert et al., 2019).

Im Hinblick auf die Ursachen dieses Wertewandels werden vor allem die Wohlstandshypothese und die Bildungshypothese diskutiert.

Die *Wohlstandshypothese* besagt, dass die westlichen Gesellschaften zwischen 1950 und 1980 einen Wohlstandsschub erfahren haben, der sich teilweise an einer Verdreifachung des Einkommens innerhalb einer einzigen Generation zeigt. Während die Kriegs- und Nachkriegsgeneration noch große materielle Notlagen erfahren hat, kann sich die Wohlstandsgeneration auch mit anderen Lebensthemen befassen.

Die *Bildungshypothese* geht von den Auswirkungen des Bildungsschubs aus. Während Anfang der 1950er-Jahre nur etwa 5 % eines Jahrgangs die Schule mit der Allgemeinen Hochschulreife abschlossen, sind es heute bereits mehr als ein Drittel. Postmaterialistische Werthaltungen, die die eigene Autonomie betonen, finden sich besonders häufig bei höherer Bildung. Entsprechend sollten auch die postmaterialistischen Werthaltungen in einer besser gebildeten Bevölkerung ansteigen.

Der Wertewandel wird in der soziologischen Forschung vor allem als ein Phänomen der 1970er- und 1980er-Jahre beschrieben. Es wird von einer „akademische(n) Stille" gesprochen, die einen Forschungsabfall beschreibt (Scherer & Roßteutscher, 2020, S. 223). Im Zuge des Wertewandels haben bestimmte Werte augenscheinlich an Bedeutung verloren, während andere Werte an Bedeutung gewonnen haben. Der Umweltschutz gehört zweifelsfrei zu Letzteren. Er nimmt in der Wertediskussion zunehmend Raum ein und wird in besonderem Maß auch durch die Generation Z getragen. Daher sei dieser Wert nachfolgend genauer betrachtet.

7.2 Umweltschutz als Wert und Umweltbewusstsein

Definition: Obgleich der Begriff des Umweltbewusstseins in der einschlägigen Fachliteratur und den allgemeinen Medien gleichermaßen häufig benutzt wird, ist er ein Sammelbegriff mit schillernder Bedeutung, bei dem hinsichtlich Zahl und Inhalt der konstituierenden Komponenten Uneinigkeit herrscht. Die Begriffsdefinitionen reichen vom eindimensionalen Konstrukt, das zumeist eine kritische Bewertung des aktuellen Umweltzustands meint, bis hin zur fast vollständigen Abdeckung aller umweltbezogenen emotionalen, kognitiven und behavioralen Komponenten.

Verschiedene Bedeutungsumfänge von Umweltbewusstsein: Spada legte 1990 eine Klassifikation der verwendeten Bedeutungsumfänge von Umweltbewusstsein vor. Er unterscheidet drei Bedeutungsumfänge des Begriffs Umweltbewusstsein, die sich in der Literatur finden (vgl. Abb. 7.1).

7.2 Umweltschutz als Wert und Umweltbewusstsein

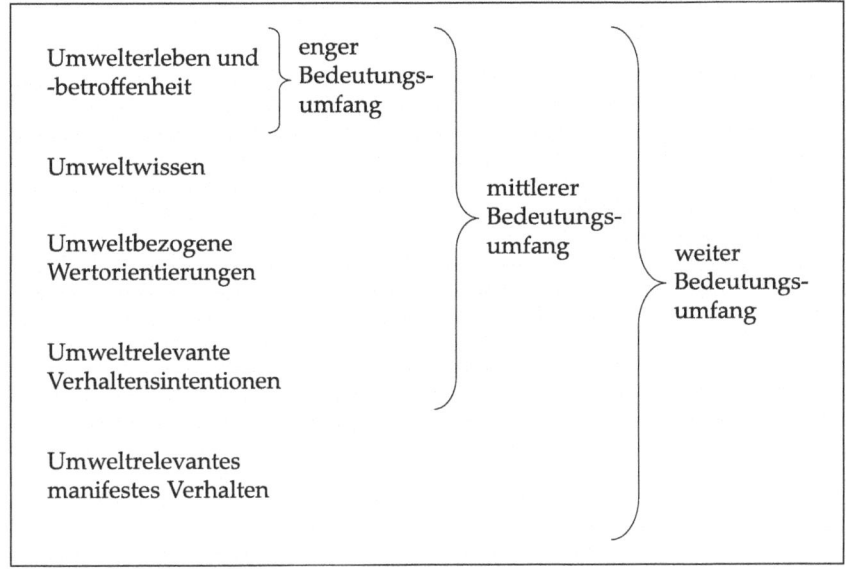

Abb. 7.1 Verschiedene Bedeutungsumfänge von Umweltbewusstsein nach Spada (1990)

Die engste Begriffsauslegung von Spada (1990) umfasst auch Emotionen, obgleich Kognitionen in der umweltpsychologischen Forschung nach wie vor eine weitaus größere Rolle spielen als die Emotionen.

Messinstrumente: Maloney und Ward (1973) gehörten zu den ersten Autor:innen, die sich mit Umweltbewusstsein auseinandersetzten und ein einschlägiges Messinstrument entwickelten. Die vier Subskalen ihrer „Ecology Scale" umfassen „*affect*" (gefühlsmäßige Betroffenheit), „*knowledge*" (Wissen über ökologische Zusammenhänge), „*verbal commitment*" (Handlungsbereitschaft im Sinn einer verbalen Handlungsverpflichtung) und „*actual commitment*" (selbstberichtetes Verhalten im Sinn der tatsächlichen Verpflichtung).

Auch deutschsprachige Messinstrumente, die in der Folge entstanden, gehen von einem breiten Konzept von Umweltbewusstsein aus (vgl. Kley & Fietkau, 1979). Heute wird der Begriff jedoch zumeist nicht mehr in einem weiten, sondern in einem engeren Bedeutungsumfang benutzt. Das heißt, Verhaltensintentionen und manifestes Verhalten werden weitgehend ausgeklammert.

Meinungsforschung: Die zentrale Frage der umweltbezogenen Meinungsforschung lautet: Wie sind die verschiedenen Komponenten des Umweltbewusstseins in der Bevölkerung ausgeprägt und wie verhalten sich diese über die Zeit? Ein kognitives Bewusstsein für Umweltprobleme und für Umweltschutz als Wert ist wie die Umweltängste seit den 1970er-Jahren in der allgemeinen Bevölkerung gestiegen (vgl. Mierheim & Wehrspaun, 2000). Der Stellenwert des Umweltschutzes befand sich in den 2000er- bis 2010er-Jahren auf mittelhohem Niveau, 2018/2019 stieg die wahrgenommene Bedeutung von Umwelt- und Klimaschutz signifikant an (Gellrich et al., 2021). Dieser starke Anstieg wird unter anderem auf die Zunahme der öffentlichen Aufmerksamkeit für diese Thematik zurückgeführt (Gellrich et al., 2021).

In Einklang mit dieser Erklärung und über diese Trends hinausgehend, finden sich häufig Spitzen in der Ausprägung der Wahrnehmung von Umweltproblemen, wenn Umweltkrisen die Schlagzeilen der Medien beherrschen, wie der Klimawandel, besonders zerstörerische Hurrikans oder großflächige Waldbrände. Entsprechend steht ein Bewusstsein für die Umweltprobleme im Zusammenhang mit einschlägiger medialer Berichterstattung aber auch dem wirklichen Erleben von Umweltbelastungen, wie körperlichem Stress durch heißes Wetter (Baiardi & Morana, 2021).

7.3 Sozioökologisches Dilemma

Was ist die Allmende-Klemme bzw. warum fallen Verzichte zum Schutz der Umwelt schwer? Der Begriff der Allmende wurde ursprünglich für das von Schäfer:innen gemeinsam genutzte Weideland verwendet und beschreibt in der aktuellen Umweltschutzforschung vor allem die Nutzung von Umweltgütern, wie z. B. Luft, Boden und Gewässer, die bei verantwortungsvollem Umgang erhalten und durch egoistische Nutzung gefährdet werden.

Die Allmende-Klemme wird auch *sozioökologisches Dilemma* genannt. Die Konzepte beschreiben im Wesentlichen einen intraindividuellen Interessenkonflikt, der erklärt, weshalb Verzichtsleistungen zum Schutz der globalen Umwelt so schwerfallen (vgl. Ernst, 2008): Bei diesen Verzichten wird der ökologische Nutzen der umweltschützenden Verhaltensweisen, wie z. B. der Verzicht auf das eigene Auto, sozialisiert, denn er zeigt sich nur summativ und langfristig. Eine spürbare Verbesserung der Luftqualität im eigenen Lebensraum ist durch den Autoverzicht ebenso wenig zu erwarten wie eine lokale Verringerung des Ausmaßes des Klimawandels. Hingegen ist der Nutzen, der mit der Entscheidung für das Auto verbunden ist, wie z. B. Zeit- und Bequemlichkeitsvorteile, individualisiert und kommt somit dem einzelnen Individuum direkt und unmittelbar zugute.

Die Sozialisierung des ökologischen Schadens, der durch umweltschädigendes Handeln, wie Autofahren, entsteht, ist weder räumlich noch zeitlich begrenzt (Pawlik, 1991). Deshalb sind von den Folgen dieser Schäden z. B. zukünftige Generationen betroffen oder aber Entwicklungsländer, die für den Raubbau an der Natur weder verantwortlich sind, noch von ihm profitiert haben.

Globale und lokale Allmenden: Im einfachsten Fall lassen sich globale und lokale Allmenden voneinander unterscheiden. Globale Allmenden umfassen die weltweiten Ökosysteme. Wir sprechen hingegen von lokalen Allmenden, wenn es um den Schutz kleinflächiger natürlicher Lebenswelten einzelner Bürger:innen bzw. Bürger:innengruppen geht. Die bisherigen Überlegungen gelten vor allem für globale Allmenden, die in der großen Mehrzahl umweltpsychologischer Studien untersucht werden.

Engagements zum Schutz lokaler Allmenden fallen jedoch häufig leichter als Verzichte zum Schutz globaler Allmenden, da sich die Interessenkonflikte bei Engagements für den lokalen oder globalen Umweltschutz unterschiedlich akzentuiert ausdrücken. Bei Engagements für den lokalen Umweltschutz geht es häufig um interindividuelle Interessenkonflikte: Der Erhalt lokaler Umweltqualitäten im eigenen Lebensraum, der beispielsweise durch den geplanten Bau von Industrieanlagen gefährdet wird, soll gegenüber den jeweils konkurrierenden Interessen anderer durchgesetzt werden (vgl. Rohrmann, 1990). Ein konkretes Beispiel für eine Kampagne zum lokalen Umweltschutz ist das erfolgreiche Volksbegehren „Artenvielfalt und Naturschönheit in Bayern" von 2019, das zu tiefgreifenden Änderungen des Bayerischen Naturschutzgesetzes führte.

Bei Verzichten zum globalen Umweltschutz gibt es zwar auch interindividuelle Interessenkonflikte, die sich beispielsweise auf der Ebene international agierender politischer Entscheidungsträger:innen abspielen; für die Mehrzahl der Bürgerschaft stehen hier jedoch die beschriebenen intrapsychischen Interessenkonflikte im Vordergrund. Zur Überwindung dieser Interessenkonflikte ist es notwendig, Verantwortung für den Schutz der Gemeinschaft zu übernehmen.

Eine experimentelle Studie zur Allmende-Klemme: Zu den Interessenkonflikten wurde eine ganze Reihe von Experimenten durchgeführt, in denen dieses Dilemma eindrucksvoll nachgestellt wurde: In einem der Ursprungsexperimente von Edney (1979) diente eine Bank mit Wertpunkten als gemeinsame Allmende. Ausgangsbedingung war Folgende: Drei Studierende saßen ohne Kommunikationsmöglichkeiten vor einer Tafel, auf der der jeweilige Punktestand der gemeinsamen Bank angegeben war. Pro Runde durften alle Untersuchungsteilnehmer:innen dieser Bank maximal drei Punkte entnehmen. Das Erreichen einer hohen Punktezahl bot einen validen Anreiz, da mit diesen Punkten Prüfungsergebnisse in einem Universitätskurs verbessert werden konnten. Nach jeder zweiten Runde wurden die jeweils in der Bank verbliebenen Punkte durch die Versuchsleitung verdoppelt. Entnähmen die Untersuchungsteilnehmer:innen der Bank nur wenige Punkte, hätten langfristig alle großen Nutzen. Was aber geschah? In mehr als 75 % der Spiele brach die Bank zusammen, da die Teilnehmenden ohne länger nachzudenken Punkte aus der Bank nahmen.

Experimentelle Variationen: Dieses Experiment wurde in vielen späteren experimentellen Reihen repliziert und variiert (vgl. z. B. Ernst, 2008). In den Experimenten von Spada und Ernst diente ein gemeinsamer Fischbestand als Allmende. Dabei wurden unterschiedliche experimentelle Bedingungen untersucht, unter anderem solche, in denen ein instruierter Mitspielender entweder eine Vergeltungsstrategie verfolgte (entnahm eine/r der anderen Spieler:innen viele Fische aus einem gemeinsamen Teich, erhöhte der/die instruierte Spieler:in seine Fangquote entsprechend) oder Vorbildverhalten zeigte (die individuelle Fangquote des instruierten Mitspielenden betrug ein Drittel der ökologisch optimalen Fangquote). Während sich bei der Vergeltungsbedingung keine oder sogar eine negative Auswirkung auf das ökologische Verhalten der anderen Mitspielenden zeigte, konnten beim Vorbildverhalten positive Wirkungen und Wissenstransfer bei den Mitspielenden beobachtet werden.

Darüber hinaus erwiesen sich folgende Faktoren für den Erfolg einer Gruppe als entscheidend: hohes ökologisches Wissen bezüglich der Schätzung der optimalen Gesamtfangquoten, präzise Einschätzung der mutmaßlichen Fangquoten der anderen Spieler:innen und eine angemessene Zielstruktur, die sowohl die optimale Gesamtfangquote als auch die geschätzten Fangquoten der Mitspieler:innen berücksichtigt.

7.4 Vom Umweltschutz zur Nachhaltigkeit

Kurze Historie: Nachhaltigkeit ist zum Leitbild in der Diskussion um ökologische Probleme und notwendige Verhaltensänderungen geworden. Durch den Bericht „Die Grenzen des Wachstums" des Club of Rome ist dieser Begriff 1972 erstmals populär geworden. Es folgten der Brundtland Report („Our Common Future"; Brundtland, 1987) sowie die Weltgipfel für Nachhaltige Entwicklung in Rio de Janeiro 1992 mit dem Konzept der lokalen Agenda 21 und in Johannesburg 2002, wo weitere Resolutionen verabschiedet wurden. Vor allem durch die Weltgipfel bekam die Nachhaltigkeit als Leitbild großen Aufschwung. Mittlerweile wird sie auf allen politischen Ebenen diskutiert und verdrängt als Leitbild zunehmend das ältere Konzept des Umweltschutzes. Sie ist zum Ziel zahlreicher Erziehungs- und Bildungsprogramme geworden (Kals & Müller, 2014; Lindau et al., 2021; Matthies & Wallis, 2018) und mittlerweile ein zentrales Feld psychologischer Forschung (Matthies et al., 2006; Schmitt & Bamberg, 2018).

7.4 Vom Umweltschutz zur Nachhaltigkeit

Definition: Mit dieser ungewöhnlich raschen und umfassenden Entwicklung und Verbreitung des Begriffs geht jedoch einher, dass er sehr uneinheitlich verwendet wird und zudem eine Bedeutungsverschiebung erfahren hat. Im ursprünglichen Verständnis der Vereinten Nationen werden durch das Konzept umwelt- und entwicklungspolitische Fragestellungen zusammengeführt, indem gesellschaftliche Entwicklungen auf ihre ökologische Verträglichkeit und soziale Gerechtigkeit überprüft werden (Reusswig, 1999; Rhein, 2006). Auch im Bericht des Club of Rome von 2022 (Nair, 2022) werden die weltweite soziale Ungleichheit und Ungerechtigkeit als eine der Hauptursachen mangelnden Umweltengagements angeprangert und es wird von „deep-rooted structural inequities" gesprochen (Nair, 2022, S. 2). Dies unterstreicht, dass Umweltschutz nicht unabhängig von sozialen Aspekten betrachtet werden kann.

Doch die aktuelle Begriffsverwendung ist von dieser ursprünglichen oft recht weit entfernt (Cervinka & Schmuck, 2010). Hinzu kommen sprachliche Unterschiede zwischen der deutschen Begriffsverwendung von Nachhaltigkeit und nachhaltiger Entwicklung und den englischen Begriffen „sustainability" und „sustainable development".

Modelle der Nachhaltigkeit: Einigkeit herrscht, dass es bei Nachhaltigkeit nicht nur um den Umweltschutz geht, sondern dass verschiedene Zielfelder miteinander in Einklang zu bringen sind. In der Literatur finden sich vor allem

- ökologische Ziele (z. B. Klimaschutz, Schutz von Ökosystemen, Pflege von Natur- und Landschaftsräumen, Verringerung von Umweltverschmutzungen),
- ökonomische Ziele (z. B. ökonomischer Wohlstand, Sicherheit von Arbeitsplätzen, ökonomische Freiheit) und
- soziale Ziele (z. B. Befriedigung grundlegender menschlicher Bedürfnisse und Partizipation mit dem Ziel, zukünftige Konflikte über die Verteilung natürlicher Ressourcen zu vermeiden).

Vereinzelt werden weitere Zielfelder, wie institutionelle Ziele, als gleichrangig dazu genommen (Valentin & Spangenberg, 2000). Diese Zielfelder sind nicht einfach miteinander zu vereinbaren (Lantermann, 1996): Vor allem die ökologischen Interessen stehen in einem potenziellen Spannungsverhältnis mit ökonomischen und sozialen Interessen. In Modellen der Nachhaltigkeit werden die Zielfelder zueinander in Beziehung gesetzt.

Im Drei-Säulen-Modell der Nachhaltigkeit werden die drei Zielfelder als Säulen konzipiert, die gemeinsam die Nachhaltigkeit tragen. Dieses Modell wurde bereits in den 1990er-Jahren entwickelt. Der wirtschaftliche Erfolg, der ursprünglich als tragende Säule gesehen wurde, wurde zunächst durch die ökologische und

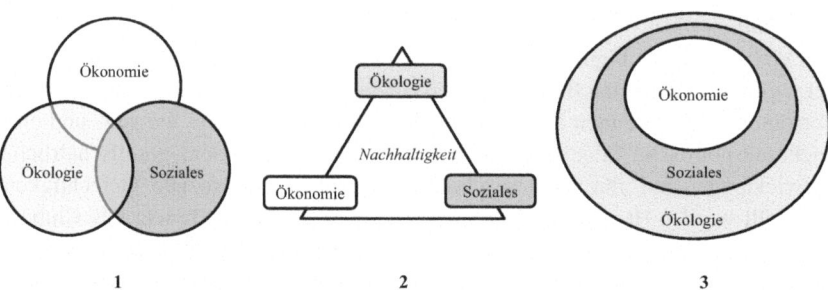

Abb. 7.2 Modelle der Nachhaltigkeit

schließlich die soziale Säule ergänzt (Stepanek, 2022). Damit stellt das Modell einen wichtigen Schritt in der Ausrichtung auf nachhaltige Entwicklung dar. Allerdings gibt es auch einige bedeutende Kritikpunkte (Pufé, 2017; Stepanek, 2022); Abb. 7.2: (1) In dem verwendeten Bild wäre es auch möglich, eine der drei Säulen zu entfernen, ohne dass das Gebäude der Nachhaltigkeit einstürzen würde. Letztlich könnte die Nachhaltigkeit in diesem Bild sogar auf nur einer Säule ruhen, wenn diese gut platziert ist. Dies kann den Eindruck erwecken, dass nicht alle drei Säulen notwendig seien, um Nachhaltigkeit zu gewährleisten. (2) Die abgegrenzte Darstellung der Säulen wird der Wirklichkeit, in der die drei Zielfelder verknüpft sind und sich überschneiden, nicht gerecht. (3) Schließlich ist umstritten, inwiefern die drei Zielfelder tatsächlich als gleichrangig angesehen werden sollten. Daher wurden weitere Modelle der Nachhaltigkeit entwickelt, die diese Kritikpunkte auf die ein oder andere Weise aufgreifen. Im Folgenden sollen drei verbreitete Modelle kurz vorgestellt werden: (1) das Schnittmengenmodell, (2) das Nachhaltigkeitsdreieck und (3) das Vorrangmodell (vgl. Pufé, 2017; Stepanek, 2022).

Im Schnittmengenmodell werden die drei Zielfelder als überlappende Kreise dargestellt. Damit wird illustriert, dass die Zielfelder miteinander verbunden sind und nicht unabhängig voneinander gedacht werden können. Nachhaltigkeit ist dort verortet, wo sich alle drei Zielfelder überschneiden, also sowohl ökologische als auch ökonomische und soziale Aspekte berücksichtigt werden. Zudem kann man auch die Schnittmengen von je zwei Zielfeldern betrachten.

Das Nachhaltigkeitsdreieck betont die Verbundenheit der Zielfelder noch stärker. Diese sind nicht wie im Schnittmengenmodell in jeweils eigenen Bereichen dargestellt, sondern ergeben eine gemeinsame Figur. Indem ein gleichseitiges Dreieck verwendet wird, wird die gleichberechtigte Berücksichtigung der drei Zielfelder betont. Die Dreiecksfläche kann zur inhaltlichen Differenzierung weiter untergliedert werden (Von Hauff, 2014).

7.4 Vom Umweltschutz zur Nachhaltigkeit

Das Vorrangmodell zeichnet sich dadurch aus, dass die Zielfelder nicht als gleichrangig angesehen werden. Vielmehr werden sie als ineinander geschachtelt dargestellt. Die Ökologie bildet den größten Kreis. Somit wird verdeutlicht, dass soziale und ökonomische Ziele nur innerhalb der ökologischen Grenzen verfolgt werden können. Dies entspricht dem Konzept der starken Nachhaltigkeit, nach dem Naturkapitalien, also die Ökologie, unabhängig davon zu erhalten sind, wie sich die anderen beiden Zielfelder entwickeln und nicht durch diese kompensiert werden können. Dem Konzept der schwachen Nachhaltigkeit zufolge ist ein Ausgleich zwischen Sach-, Human- und Naturkapital möglich, solange diese in der Summe konstant bleiben (Ott, 2016). Der zweitgrößte Kreis steht für das Soziale, das wiederum den Rahmen für ökonomische Aktivitäten schafft. Somit wird die Ökonomie durch den dritten und kleinsten Kreis, der in den beiden anderen Kreisen liegt, dargestellt: Wirtschaften ist nur in den ökologischen und sozialen Grenzen möglich (Stepanek, 2022).

Die Auseinandersetzung mit den verschiedenen Modellen macht deutlich, dass das Spannungsverhältnis zwischen den Zielfeldern die Diskussion, ob die Dimensionen gleichberechtigt oder in einem hierarchischen Verhältnis stehen sollen, befördert.

Ökologische (Un-)Gerechtigkeit: Die Zielpluralität wirft wichtige Gerechtigkeitsfragen auf. Dies steht im Einklang mit der ursprünglichen Verwendung des Nachhaltigkeitsbegriffs, bei der die Wahrung sozialer Gerechtigkeit zentral war. Im Kontext der ökologischen (Un-)Gerechtigkeitsforschung greift die Umweltpsychologie diese Gerechtigkeitsfragen auf. Dabei werden Umweltkonflikte als soziale Gerechtigkeitskonflikte rekonstruiert. Ungerechtigkeit wird erlebt, wenn eine moralische Norm, eine Gerechtigkeitsnorm, ein Grundrecht, ein Gesetz, ein Vertrag oder ein legitimer Anspruch verletzt werden (zum Überblick Montada & Kals, 2010). Selbstverständlich können dabei auch eigene Interessen tangiert sein.

Intergenerationelle (Un-)Gerechtigkeit: Im Zusammenhang mit dem Konzept der Nachhaltigkeit ist neben der *intragenerationellen* Gerechtigkeit auch die *intergenerationelle* Gerechtigkeit relevant: Welche Konsequenzen ergeben sich aus der Gewichtung der drei Zielfelder für jetzige, aber auch für zukünftige Generationen? Inwiefern können z. B. ökonomische Interessen der jetzigen Bevölkerung realisiert werden, ohne die ökologischen Interessen zukünftiger Bevölkerungsgruppen zu gefährden?

Auf solche konkreten Fragen bietet das Konzept der Nachhaltigkeit keine direkten Antworten. Es lässt als unscharfes Prädikat Raum für Interpretationen, die die Akteur:innen oftmals selbstbezogen ausfüllen (vgl. Linneweber, 1998). Eine klare Richtlinie für das „richtige Handeln" im Sinne der Nachhaltigkeit lässt sich nur nach ausführlichen Bewertungs- und Aushandlungsprozessen geben. Es vermittelt jedoch – im Gegensatz zum eindimensional ausgerichteten Konzept des Umweltbewusstseins – ein Bewusstsein für potenzielle Interessenkollisionen. Damit fördert es die notwendige grundlegende gesellschaftspolitische Diskussion, aber auch die Diskussion im einzelnen Entscheidungsfall, die der Umsetzung normativer Setzungen, wie die Bewahrung der Schöpfung oder das „Prinzip Verantwortung" nach Hans Jonas, dient.

Darüber hinaus sollte nicht übersehen werden, dass ein Wertewandel hin zur Akzeptanz von Nachhaltigkeit nur einen gesellschaftlichen Trend beschreibt. Innerhalb verschiedener Bevölkerungsgruppen ist die Akzeptanz von Werten unterschiedlich ausgeprägt. Zudem bedeutet die Akzeptanz von Werten nicht, dass sich diese auch eins zu eins in individuellen Handlungsentscheidungen ausdrückt.

Diskrepanz zwischen Einstellung und Handeln: Umweltschutz als Wert kann eine hohe Akzeptanz erfahren, ohne dass sich dies im alltäglichen Handeln ausdrückt. Dies wird innerhalb der Sozialpsychologie als Diskrepanz zwischen Einstellung und Handeln („attitude behavior gap") diskutiert (Bleidorn et al., 2021; Carrington et al., 2014; Schahn & Matthies, 2008). Für die Gestaltung von Interventionsprogrammen ist daher das Wissen über Unterschiede zwischen Bevölkerungsgruppen sowie zwischen Werteakzeptanz bzw. Bewusstsein für Umweltprobleme einerseits und tatsächlichen Handlungsentscheidungen andererseits von hoher Bedeutung (vgl. Kap. 8). Auf dieser Grundlage können Programme zur Förderung umweltschützenden Handelns den jeweiligen Zielgruppen spezifisch angepasst werden.

Um genau diese Unterschiede zwischen Bevölkerungsgruppen geht es daher im nachfolgenden Abschnitt zu Lebensstilen bzw. Lebensstiltypen.

7.5 Lebensstile bzw. Lebensstiltypen

Definition: Das Konstrukt der Lebensstile stammt aus der Soziologie. Lebensstile beschreiben, wie größere Bevölkerungsgruppen ihr persönliches Alltagsleben äußerlich gestalten und ihm inneren Sinn verleihen. Als wesentliche Merkmalsbereiche unterscheidet Reusswig (2002) die soziale Lage der Personen (mit Handlungsmöglichkeiten, Ressourcen und Restriktionen), die Mentalität (mit Präferenzen, Haltungen und Werten) sowie die Performanz (mit Handlungen, Gegenständen und Werten als Alltagspraktiken). Aufgrund der Kombination dieser verschiedenen Merkmalsbereiche werden Cluster gebildet, die verschiedene Milieus ausmachen. Diese Milieus werden hinsichtlich ihrer sozialen Lage, ihrer Lebensziele und ihrer Lebensstile beschrieben. Damit sind Lebensstile hier eine Teilkomponente zur Beschreibung von Milieus, die sich auf ästhetische Grundausrichtungen und milieuspezifische Stile beziehen.

7.5 Lebensstile bzw. Lebensstiltypen

Sinus-Studien: Das Sinus-Institut analysiert regelmäßig die verschiedenen Cluster bzw. Milieus. Auf der Grundlage dieser empirischen Daten werden entlang der Dimensionen Soziale Lage (Unter-, Mittel- und Oberschicht) sowie der Grundorientierung (Tradition, Modernisierung/Individualisierung und Neuorientierung) verschiedene Milieus eingeteilt. Die Sinus-Milieumodelle werden kontinuierlich an gesellschaftliche Veränderungen angepasst. Im aktuellen Modell von 2021 werden folgende zehn Milieus unterschieden (Sinus-Institut, 2022): prekäres Milieu, traditionelles Milieu, nostalgisch-bürgerliches Milieu, adaptiv-pragmatische Mitte, konsum-hedonistisches Milieu, neoökologisches Milieu, konservativ-gehobenes Milieu, postmaterielles Milieu, Milieu der Performer, expeditives Milieu.

Nachhaltigkeitsbezogene Lebensstile: Im Kontext der Lebensstilforschung sind hier vor allem die nachhaltigkeitsbezogenen Lebensstile von Bedeutung. Dabei wird nachhaltiges und umweltschützendes Handeln, wie dargestellt, in Zusammenhang mit dem Wandel von materialistischen zu postmaterialistischen Werten gebracht. Umweltschützendem Handeln liegen dabei nicht nur Werte zugrunde, über die bewusst Auskunft gegeben werden kann und die in entsprechenden Modellen zur Erklärung umweltschützenden Handelns eingehen (vgl. Kap. 8). Stattdessen spielen dabei auch implizit bleibende Werthaltungen eine Rolle. Diese explizite oder implizite Akzeptanz von Umweltschutz bzw. Nachhaltigkeit als Wert ist in den jeweiligen Milieus unterschiedlich ausgeprägt. Betrachtet man das tatsächliche Handeln zum Schutz der Umwelt, so stehen diesem Handeln in den verschiedenen Milieus jeweils andere Barrieren entgegen. Eine aktuelle milieuspezifische Analyse in Hinblick auf sozial-ökologische Transformationen findet sich bei Borgstedt (2022).

Unterschiede zwischen den Milieus: In früheren Fassungen der Sinus-Milieus war Umweltschutz besonders im alternativen Milieu verankert. Aus diesem Milieu speiste sich der historische Kern der Umweltbewegung. Nachhaltigkeit als Wert wird in der aktuellen Typologie vor allem dem postmateriellen und dem neoökologischen Milieu zugeordnet. Aber auch das expeditive Milieu, das sich als postmoderne Elite sieht und sich durch die Suche nach unkonventionellen Erfahrungen auszeichnet, zeigt sich offen für Transformationen, die zu einem nachhaltigeren Wirtschaften führen (Borgstedt, 2022). Sowohl das expeditive als auch das neoökologische Milieu zeichnen sich durch eine hohe Innovationsbereitschaft und ein hohes Interesse an der Bewältigung ökologischer Herausforderungen aus (Borgstedt, 2022). Eine besonders geringe Anerkennung von Nachhaltigkeit und Umweltschutz findet sich im konsum-hedonistischen Milieu. Die Verzichtsbereitschaft ist hier gering und Ziele wie Klimaneutralität sind für dieses Milieu in erster Linie mit erlebten Einschränkungen verbunden (Borgstedt, 2022).

Umweltschutz als gesellschaftliches Leitbild: Das Problem ist jedoch, dass Umweltschutz nur dann eine gewichtige Rolle spielen kann, wenn er nicht nur in einigen wenigen gesellschaftlichen Gruppen (Milieus) bedeutsam ist, sondern auch als Leitbild in der Gesellschaft breit verankert ist. Die Milieuforschung bietet Ansatzpunkte, wie dies bezogen auf die jeweiligen Bedingungen in einzelnen Milieus geschehen kann. Veränderungen von Lebensstilen werden somit als entscheidendes Instrument verstanden, um ökologische Ziele zu erreichen (Schuster, 2008). Doch systematische Veränderungen von Lebensstilen fallen schwer, denn es geht nicht nur um die Annahme neuer, umweltschützender Handlungsweisen, sondern auch um die Aufgabe lieb gewonnener, umweltgefährdender Gewohnheiten. Der Schutz der Umwelt erfordert somit grundlegende Veränderungen und auch innerhalb der Pluralität postmaterialistischer Werte eine Pointierung hin zu Umweltschutz und Nachhaltigkeit (vgl. Rhein, 2006). Dabei muss der Wandel durch veränderte Werte in der Breite der Gesellschaft getragen werden und sich nicht nur in der Akzeptanz von Werten, sondern auch in entsprechenden Handlungsentscheidungen ausdrücken.

Wo Sie Ihr Wissen erweitern und vertiefen können

Ernst, A. (2008). Ökologisch-soziale Dilemmata. In E.-D. Lantermann & V. Linneweber (Hrsg.), *Grundlagen, Paradigmen und Methoden der Umweltpsychologie* (S. 377–413). Hogrefe.

Inglehart, R. (1998). *Modernisierung und Postmodernisierung. Kultureller, wirtschaftlicher und politischer Wandel in 43 Gesellschaften.* Campus.

Reusswig, F. (2002). Die Bedeutung von Lebensstiltypen für den Natur- und Umweltschutz. In K.-H. Erdmann & C. Schell (Hrsg.), *Naturschutz und gesellschaftliches Handeln* (S. 55–77). Bundesamt für Naturschutz.

Schuster, K. (2008). Lebensstil und Umwelt. In E.-D. Lantermann & V. Linneweber (Hrsg.), *Grundlagen, Paradigmen und Methoden der Umweltpsychologie* (S. 691–714). Hogrefe.

Stepanek, P. (2022). *Sozialwirtschaft nachhaltig managen. Basiswissen Sozialwirtschaft und Sozialmanagement.* Springer.

Siehe auch: kostenfreie Materialien auf der Seite www.lehrbuch-psychologie.springer.com.

Umweltschützendes Handeln 8

Die Umwelt(-schutz-)psychologie befasst sich mit der Frage, wie sich umweltschützendes Verhalten und Handeln erklären und fördern lassen. Dazu wurden die Bedeutung und die Gewichtung unterschiedlicher umweltbezogener Kognitionen und Emotionen aber auch Persönlichkeitsmerkmale überprüft. Diese Befunde werden im vorliegenden Kapitel zusammengetragen. Anschließend werden konkrete Interventionsmöglichkeiten zur Förderung nachhaltigen Handelns und Entscheidens vorgestellt. Hierfür wird ein Überblick über umweltpsychologische Interventionstechniken gegeben. Die meisten dieser Ansätze wurden unabhängig von den bedingungsanalytischen Befunden aus der Praxis heraus entwickelt. Ein alternativer Weg, der wissenschaftlich „sauberer" ist und mehr Erkenntnisgewinn verspricht, ist die Ableitung von Interventionen aus den vorgestellten bedingungsanalytischen Befunden. Daher wird auch auf diese Möglichkeit eingegangen. Im Abschluss des Kapitels geht es um Umweltbildung als traditionelles Feld der Umweltpädagogik, die eine Vernetzung von Umweltpsychologie und Umweltpädagogik zum wechselseitigen Nutzen nahelegt. Während dieses Kapitel einen Überblick über das Thema umweltschützendes Handeln in seiner ganzen Breite gibt, werden in den beiden darauffolgenden Kapiteln mit nachhaltigem Konsum und Freiwilligenarbeit im Umweltschutz zwei wichtige Formen solchen Handelns genauer beleuchtet.

8.1 Modelle umweltrelevanten Handelns

Die meisten umweltpsychologischen Modelle sind darauf ausgerichtet, umweltschützende Handlungsintentionen und manifeste Handlungsentscheidungen zu erklären, wie Recyclingverhalten, Verzicht auf das Auto, Energiesparen. Sie beantworten zugleich Fragen nach der Überwindung des sozioökologischen Dilemmas (vgl. Kap. 7). Hier ist von Handeln statt von Verhalten die Rede, weil es um Entscheidungen geht, die auf ein Ziel gerichtet sind und somit intentional ausgeführt werden. Es wird von umweltrelevant gesprochen, wenn Handlungsweisen, die dem Umweltschutz dienen oder ihn potenziell gefährden, gleichermaßen eingeschlossen sein sollen.

Nur eine Minderheit der Modelle dient auch der Erklärung von Handlungsweisen, in deren Konsequenz die natürliche Umwelt Schaden nimmt. Zwar wird bei diesen Handlungsweisen nicht beabsichtigt, die Umwelt zu schädigen, doch wird dies als Nebeneffekt der Handlungsweise in Kauf genommen. Beispiele hierfür sind die Verfolgung von Auto- und Motorsportinteressen, alpines Skifahren, Förderung von Wirtschaftswachstum und neuen Industriestandorten ohne ausreichende Rücksicht auf ökologische Belange.

Modellordnung: In der einschlägigen Literatur finden sich unterschiedliche Typologien umweltpsychologischer Erklärungsmodelle, die der zunehmenden Komplexität des Forschungsfeldes Rechnung tragen (zum Überblick Homburg, 2023a). Im Folgenden sind die Modelle chronologisch sowie von allgemeinen zu spezifischen Modellen geordnet, sodass die neuesten umweltspezifischen Modelle den Abschluss der Darstellung bilden: Rational-Choice-Modelle, allgemeine sozialpsychologische Handlungsmodelle, umweltspezifische Modelle, die sich in komplexe Handlungsmodelle, in empirisch fundierte Strukturmodelle und in integrative Modelle unterscheiden lassen.

Rational-Choice-Modelle: Diese Modelle fanden über die ökonomische Verhaltensanalyse Eingang in die Umweltpsychologie und gehen davon aus, dass die Maximierung von Eigeninteresse das dominante oder gar alleinige Motiv für menschliches Handeln ist. Demzufolge wird umweltschützendes Handeln vor allem dann ausgeführt, wenn es dem eigenen Nutzen dient. Dies ist unter anderem unter dem Not-In-My-Backyard(NIMBY)-Syndrom bekannt geworden. Bezogen auf umweltschützendes Handeln bedeutet dies z. B., dass Windkrafträder gebaut werden sollen, aber nicht in der Nähe des eigenen Wohnorts (vgl. Ernst, 2010). Bereits frühzeitig zeigten jedoch empirische Daten, dass dies so empirisch nicht haltbar ist und z. B. ein lokalpolitisches Engagement für den Umweltschutz auch auf Verantwortung für den Schutz globaler Allmenden zurückgeht (Kals & Montada, 1997).

Umweltschützendes Handeln kann offenkundig nicht ausschließlich durch Eigennutz erklärt werden. Daher wird argumentiert, dass Verzichte nur dort geleistet werden, wo sie entsprechend der Low-cost-Hypothese (Diekmann & Preisendörfer, 2003) mit geringen Kosten für das Individuum einhergehen. Verzichte mit hohen Kosten werden über Brückenannahmen erklärt – zumeist diejenige des maskierten Eigennutzes (z. B. dass man aufgrund umweltschützenden Handelns soziale Anerkennung erfährt). Insgesamt finden diese Modelle über die ökonomische Verhaltensanalyse zunehmende Verbreitung in den Sozialwissenschaften. Sie

8.1 Modelle umweltrelevanten Handelns

sind jedoch letztlich theoretisch wenig produktiv, weil sie die Ein-Motiv-Annahme von Eigennutz aufrechterhalten – vor allem, wenn die Hypothesen zum maskierten Eigennutz post hoc nach der Datenerhebung formuliert und somit einer empirischen Überprüfung entzogen werden.

Hiervon abzugrenzen ist das Campbell-Paradigma der psychologischen Einstellungsforschung, bei dem zwar auch die Verhaltenskosten im Zentrum stehen, die jedoch mit individuellen Einstellungen integrativ betrachtet werden, um konkretes Umweltverhalten zu erklären (Kaiser et al., 2010; Kaiser & Lange, 2021).

Allgemeine sozialpsychologische Handlungsmodelle: Sie werden auf umweltrelevantes Handeln als spezifische Handlungskategorie bezogen. Allen voran stehen Varianten der *Theorie geplanten Verhaltens* von Fishbein und Ajzen (Ajzen, 1991) und das *Normaktivationsmodell* von Schwartz (Schwartz & Howard, 1980). Diese beiden Modelle gehören zusammen mit der normativen Werttheorie zu den für die Erklärung umweltrelevanten Handelns besonders häufig angewandten sozialpsychologischen Modellen (Klöckner, 2013).

Theorie geplanten Verhaltens: Sie besagt, dass die Verhaltensintention direkter Prädiktor des Verhaltens ist. Einstellungen gegenüber dem Verhalten, die subjektive Norm bezogen auf das Verhalten sowie wahrgenommene Verhaltenskontrolle bestimmen – vermittelt über die Verhaltensintention – das Verhalten. Dieses sparsame Modell wurde auf unterschiedliche umweltpsychologische Handlungsfelder bezogen (vgl. Katz et al., 2022; Yuriev et al., 2020).

Trotz der Popularität dieses Modells in der Umweltpsychologie wird es letztlich nicht den Spezifika umweltbezogenen Handelns gerecht. Seine Ökonomie (im Sinne der geringen Zahl der Modellvariablen) wird zum Nachteil, da sie dazu führt, dass umweltbezogenes Handeln weniger gut vorherzusagen ist. Zudem bietet es wenig Ansatzpunkte zur Ableitbarkeit konkreter Empfehlungen zur Verhaltensmodifikation.

Normaktivationsmodell: Diesem Modell zufolge führt die Aktivierung einer personalen, d. h. internalisierten, Norm, die sich als Gefühl der Verpflichtung auf eine bestimmte Art zu handeln äußert, zu altruistischem Handeln. Damit eine solche personale Norm aktiviert oder auch spontan gebildet wird, müssen drei Voraussetzungen erfüllt sein: (1) Es muss eine Bedürftigkeit bzw. ein Problem wahrgenommen werden, (2) die eigenen Einfluss- und Kontrollmöglichkeiten müssen positiv bewertet werden und (3) es muss eine eigene Verantwortung zur Handlung anerkannt werden (Schwartz, 1977). Dieses Modell steht mit den Spezifika umweltschützenden Handelns in Einklang, weil es auch beim Schutz der Umwelt letztlich um moralische Verantwortung geht bzw. umweltschützendes Handeln als eine Kategorie prosozialen Handelns zu verstehen ist. Dies zeigen die Überlegungen zum sozioökologischen Dilemma (vgl. Kap. 7). Entsprechend wurde das Modell auf unterschiedliche Bereiche umweltbezogenen Handelns angewandt. Dabei wird das Modell jedoch in den wenigsten Fällen dogmatisch auf umweltbezogenes

Handeln übertragen, sondern es werden vor allem die beiden Konstrukte der Verantwortungszuschreibung und der Bewusstheit der Verhaltenskonsequenzen herausgezogen und untersucht (vgl. Canlas et al., 2022).

Wie ist der Forschungsweg, allgemeine sozialpsychologische Modelle auf umweltspezifisches Handeln anzuwenden, insgesamt zu beurteilen? Bei der Anwendung bereits etablierter Handlungsmodelle wird Forschungskontinuität gewahrt und die Anbindung an Nachbardisziplinen realisiert. Der zentrale Nachteil ist, dass man diese allgemeinen Handlungsmodelle nicht schematisch auf umweltschützendes Handeln übertragen kann, sondern sie vielmehr den Spezifika dieser Handlungskategorie anpassen muss. Dies betrifft auch die Berücksichtigung von Emotionen, denn ihr Einfluss wird in den meisten traditionellen Handlungsmodellen, die kognitionslastig sind, ausgespart. Das führt dazu, dass eine etwaige emotionale Motivbasis von Handlungsentscheidungen, die jenseits rein kognitiv-rationaler Bewertungen liegt, unbeachtet bleibt. Darüber hinaus sind manche sozialpsychologischen Handlungsmodelle recht einfach und umfassen nur wenige Modellvariablen. Diese Sparsamkeit der Modelle erfüllt zwar das Kriterium der Ökonomie, beschränkt jedoch den theoretischen Erkenntnisgewinn, die Genauigkeit in der Handlungsvorhersage sowie die Ableitbarkeit von Praxisempfehlungen.

Spezifische Umweltmodelle: Es wurden daher spezifische Umweltmodelle entwickelt, um die Erkenntnislücken aufzufüllen (vgl. Homburg, 2023a; Klöckner, 2013). Die genannten Nachteile werden bei der Entwicklung neuer umweltspezifischer Modelle zumeist vermieden, da diese spezifisch auf umweltrelevante Handlungen und ihr Charakteristikum des Interessenkonflikts bezogen sind. Mögliche Nachteile sind, dass die Modelle nicht ausreichend überprüft werden, ihre Generalisierbarkeit auf andere (z. B. ebenfalls verantwortungsbezogene) Handlungen nicht kontrolliert wird sowie keine Anbindung an bereits bestehende Handlungsmodelle erzielt werden kann.

Es hat sich als besonders hilfreich erwiesen, umweltspezifische Modelle zu entwickeln, die explizite Bezüge zu allgemeinen Handlungsmodellen haben. Davon gibt es eine recht große Zahl (zum Überblick Homburg, 2023a; Klöckner, 2013). Hierzu gehört z. B. das Modell von Stern und Kolleg:innen (Stern, 2000; Stern et al., 1993), das als normative Werttheorie ursprünglich der Erklärung der Unterstützung sozialer Bewegungen diente, unter die auch die ökologische Bewegung gezählt wird. Diese Modelle sind komplexe Handlungsmodelle, die in Teilaussagen empirisch überprüft wurden.

Dies gilt auch für das Modell verantwortlichen Umwelthandelns, obgleich es hierzu bereits viele Einzelstudien gibt (Kals & Baier, 2017; Kals et al., 2006). Dieses Modell hat einen konzeptuellen Bezug zur *Theorie geplanten Verhaltens* (Ajzen, 1991). Allerdings stehen im Zentrum des Modells nicht Intentionen, sondern Bereitschaften, die als Einlassungen auf die Ziele des Umweltschutzes konzipiert sind bzw. mit diesen in potenzieller Konkurrenz stehen. Diese Bereitschaften haben sich in längsschnittlichen Studien als valide Prädiktoren manifesten Handelns erwiesen. Ihre Umsetzung wurde durch situative und soziale Bedingungen moderiert. Die zentralen Prädiktoren dieses Modells verantwortlichen Umwelthandelns sind auf die Spezifika umweltbezogenen Handelns ausgerichtet. Das Gefahrenbewusstsein, das Erkennen von Verursachung und effektiver Einflussmöglichkeiten sind Voraussetzungen, damit Verantwortung für den Schutz der Umwelt zugeschrieben wird. Neben diesen Kognitionen nehmen Rechtfertigungsargumente, das Erleben ökologischer Ungerechtigkeiten sowie Emotionen (unter anderem verantwortungs- und gerechtigkeitsbezogene Emotionen und Liebe zur Natur) großen Raum ein.

Empirisch fundierte Strukturmodelle bilden die Grundlage der meisten Einzelstudien. Diese Modelle fassen unterschiedliche Konstrukte zusammen, deren Relevanz üblicherweise mittels Regressionsanalysen oder Strukturgleichungsmodellen empirisch untersucht wird (vgl. Klöckner, 2013; Okumah et al., 2020). Zudem existieren mittlerweile auch Metaanalysen, die die empirischen Befunde zu den am häufigsten in der Umweltpsychologie eingesetzten Modellen zusammenfassen (Klöckner, 2013).

Metaanalysen und integrative Modelle bilden einen neuen Schwerpunkt und spiegeln zugleich wider, dass es eine zunehmende Studienzahl und damit einhergehende Differenzierung und Heterogenität zur Erklärung umweltrelevanten Verhaltens und Handelns gibt. Metaanalysen fassen die empirischen Befunde zu den am häufigsten in der Umweltpsychologie eingesetzten Modellen zusammen (Bamberg & Möser, 2007; Klöckner, 2013). Die integrativen Erklärungsansätze, beispielhaft sei jener von Homburg (2023a) angeführt, führen auf Basis von Metaanalysen die verschiedenen Erklärungsansätze mit ihren jeweiligen Variablengruppen in Modellen zusammen. Diese sind so umfänglich, dass eine vollständige Modelltestung kaum möglich ist. Ihre großen Vorteile sind, dass sie die unterschiedlichen Modelltraditionen miteinander in Bezug setzen, dadurch der Komplexität umweltgerechten Handelns in besonderer Weise gerecht werden, und zugleich vielfältige Ansatzpunkte für die Förderung umweltschützenden Handelns bieten.

8.2 Empirische Befunde

Die Einzelbefunde im Bereich der Umweltschutzpsychologie sind facettenreich und vor allem in den letzten zehn Jahren nochmals deutlich angestiegen (Sachverständigenrat für Umweltfragen, 2023; van Valkengoed et al., 2022). Zwar fehlt eine konzeptuelle Verbundenheit zwischen manchen Einzelarbeiten, dennoch sind valide Aussagen darüber möglich, wie umweltschützendes Handeln zustande kommt. Dabei basiert umweltschützendes Handeln primär auf umweltspezifischen Kognitionen und Emotionen. Allgemeine Merkmale des Individuums und Merkmale des Kontextes kommen dazu. Wir haben die Befunde nachfolgend in sieben Variablengruppen zusammengefasst (vgl. Blankenberg & Alhusen, 2019; Bamberg & Möser, 2007; Homburg, 2023a; Klöckner, 2013; Schahn & Matthies, 2008; van Valkengoed et al., 2022).

1. Es sind vor allem Variablen relevant, die einen normativen Bezug haben und auf die Überwindung der Konflikte zwischen individuellen und Gemeinschaftsinteressen ausgerichtet sind. Dabei spielt die Übernahme ökologischer Verantwortung für die Gemeinschaft eine zentrale Rolle. Diese wird gefördert, wenn Individuen eigene Einflussmöglichkeiten erkennen und ihr eigenes Handeln als wirksam erleben. Neben internalisierten personalen Normen beeinflussen auch soziale Normen, die unter anderem über das Modellhandeln anderer (z. B. Personen der eigenen Gruppe) salient werden, umweltschützendes Handeln. Wertorientierungen und Identifikationen nehmen Einfluss auf die Ausprägung und Wirksamkeit sozialer und personaler Normen.
2. Die Akzeptanz von Rechtfertigungen und konkurrierenden Verantwortlichkeiten (wie Wirtschaftswachstum, Arbeitsplatzerhalt) fördern Handeln, in dessen Folge der Umwelt potenziell geschadet wird, und sind eine Barriere für umweltschützendes Handeln.
3. Bezogen auf Wissen ist es vor allem spezifisches Wissen, das wichtig ist, um umweltschützendes Handeln zu fördern. Hierzu gehören unter anderem spezifisches Handlungswissen sowie Wissen über komplexe ökologische Zusammenhänge und nicht allgemeines Wissen über Umweltprobleme. Darüber hinaus ist wichtig, wieviel Bedeutung man diesen Problemen beimisst.
4. Gewohnheiten und mangelnde Handlungsverfügbarkeiten spielen eine große Rolle und stehen oftmals umweltschützendem Handeln entgegen.
5. Wahrgenommene Handlungskosten sowie Kosten-Nutzen-Bilanzen sind ebenfalls bedeutsam (Wyss et al., 2022), wie die Befunde zur prominenten Low-cost-Hypothese belegen. Verzichte zum Umweltschutz dienen hier auch der Beruhigung des eigenen ökologischen Gewissens. Gezielter Eigennutz als Handlungsmotiv wird dabei jedoch kaum explizit untersucht.
6. Die Wahrnehmung ökologischer Ungerechtigkeiten motiviert zu umweltschützendem Handeln. Der Glaube an eine ökologisch gerechte Welt hemmt hingegen dieses Handeln (Baier et al., 2013).
7. Auf der Grundlage von Emotionen kann umweltbezogenes Handeln ebenso gut vorhergesagt werden wie auf der von Kognitionen (Kals & Müller, 2012). Be-

sonders bedeutsam sind die norm-, verantwortungs- und gerechtigkeitsbezogenen Emotionen, wie Empörung und Schuld über zu wenig Umweltschutz, während emotionale Belastungen durch Umweltgefahren und -probleme genau wie starke Umweltängste weniger zur Erklärung umweltrelevanten Handelns beitragen. Emotionale Verbundenheit mit der Natur, wie Liebe zur Natur, erklärt ebenfalls, warum Menschen umwelt- und klimaschützend handeln (Kals & Nisbet, 2019; Müller et al., 2013). Schließlich sind Gefühle relevant, die mit der Ausführung von umweltbezogenem Handeln einhergehen, z. B. Stolz darauf, etwas für den Umweltschutz zu tun (Shipley & van Riper, 2022).

Einzelbefunde: Darüber hinaus gibt es zahlreiche Einzelbefunde über die Relevanz von Variablen, die umweltschützendes Handeln erklären. Insgesamt gilt: Je präziser die umweltbezogenen Urteile und Verhaltensweisen aufeinander bezogen sind, desto mehr lässt sich die in der Literatur diskutierte Kluft zwischen umweltbezogenen Einstellungen und Handlungen überbrücken (Schahn & Matthies, 2008). Dabei hilft ebenso, dass mittlerweile validierte Instrumente zur Messung von Umwelthandeln vorliegen (zum Überblick Lange & Dewitte, 2019), die auch darauf ausgerichtet sind, den Zusammenhang von Einstellung und Verhalten genauer abbilden zu können (Kaiser, 2020; Kaiser & Lange, 2021). Zudem werden methodische Artefakte diskutiert (Kaiser & Henn, 2017).

Moderatorvariablen: Dennoch gibt es nach wie vor eine Diskussion darüber, wie die tatsächlichen Zusammenhänge zwischen umweltbezogenen Einstellungen und dem manifesten umweltbezogenen Handeln aussehen. Dies weist darauf hin, dass es auch beim umweltbezogenen Handeln wichtige Variablen gibt, die zwischen den Prädiktoren (zumeist Einstellungen oder Intentionen) und dem tatsächlichen Handeln vermitteln (Eckes & Six, 1994). Dies können unter anderem situative und soziale Moderatorvariablen sein. Beispielsweise verringert sich die Lücke zwischen Intentionen und tatsächlichem Verhalten, wenn einbezogen wird, wie viel Kontrolle die Akteur:innen über das entsprechende Verhalten hatten bzw. welche Hindernisse diesem entgegenstanden (Carrington et al., 2010; Sheeran, 2002). Auch Gefühle von Macht können den Zusammenhang offenkundig moderieren (Dong et al., 2021).

Zudem ist der Zusammenhang zwischen Intentionen und Handeln für seltene Handlungen, die in wechselnden Kontexten stattfinden, höher als für wiederholte Handlungen (Ouellette & Wood, 1998). Dies liegt vermutlich daran, dass über erstere gezielt nachgedacht und dann eine Intention gebildet wird, während wiederholte Handlungen stark von Gewohnheiten beeinflusst werden. Auch Implementationsintentionen, d. h. Intentionen, die die genauen Bedingungen, unter denen ein Verhalten gezeigt werden soll, als Wenn-Dann-Pläne spezifizieren, können die Lücke zwischen Intentionen und Handeln verringern (Bamberg, 2002; Loy et al., 2016).

Insgesamt können umweltspezifische Kognitionen sowie Emotionen recht gut erklären, weshalb Menschen umweltschützend oder potenziell umweltgefährdend handeln. Diese Variablen sind vor allem norm-, verantwortungs- und gerechtigkeitsbezogen. Das Erleben eigener ökologischer Belastungen spielt hingegen eine geringere Rolle. Dies macht Sinn, weil Verzichte zum Schutz der Umwelt – im Sinn der Allmende-Klemme – nicht direkt und unmittelbar dem eigenen Nutzen dienen, sondern vor allem im Dienst der Gemeinschaft stehen. Stattdessen werden bei Verzichten zum globalen Umweltschutz etwaige Eigeninteressen, wie das Streben nach einem ressourcenintensiven hohen Lebensstandard, mehr oder minder bewusst zurückgestellt, um einen Beitrag zum Schutz globaler Allmenden und damit für das Gemeinwohl zu leisten.

8.3 Psychologische Ansätze zur Förderung umweltschützenden Verhaltens

Die Forschung zur Förderung umweltschützenden Verhaltens hat genau wie seine Erklärung in den letzten Jahren einen großen Aufschwung erfahren (Homburg, 2023b; Sachverständigenrat für Umweltfragen, 2023). Die Darstellung dieser Forschung ist nachfolgend abermals historisch geordnet. Die umweltpsychologische Forschung zu Interventionsansätzen gehörte zum Themenkanon, mit dem die wissenschaftliche Forschung der Umweltpsychologie in den 1970er-Jahren begann (vgl. Kap. 1). Ausgelöst durch die Ölkrise ging es primär um Fragen, wie sich energiesparendes Verhalten in der Bevölkerung bzw. in verschiedenen Bevölkerungsgruppen (Milieus) fördern lässt. Seitdem hat die Interventionsforschung innerhalb der Umweltpsychologie einen hohen Stellenwert. Neben der anhaltenden Beschäftigung mit Energiesparen (Abrahamse & Schuitema, 2019; Karlin et al., 2015) sind viele weitere Anwendungsthemen dazugekommen, wie Müllvermeidung, Recyclingverhalten, verändertes Mobilitätsverhalten (öffentliche Verkehrsmittel statt des Autos) oder der Kauf kontrolliert-biologischer Nahrungsmittel (vgl. Scheuthle et al., 2010; Varotto & Spagnolli, 2017).

Modell von Fietkau und Kessel: Eines der ersten Modelle, das in der umweltpsychologischen Praxis Fuß gefasst hat und nach wie vor einen guten Überblick über Hebel zur Förderung umweltschützenden und zum Abbau umweltgefährdenden Verhaltens gibt, ist das Modell von Fietkau und Kessel (1981; vgl. die Beschreibung in den Materialien auf www.lehrbuch-psychologie.springer.com). Es enthält eine Systematisierung von Ansätzen, um umweltschützendes Handeln zu fördern bzw. umweltschädigendes zu verringern. Hierzu gehören die Vermittlung von Wissen und Werten sowie die Schaffung von Handlungsmöglichkeiten und -anreizen als auch die Sichtbarmachung von Handlungserfolgen.

8.3 Psychologische Ansätze zur Förderung umweltschützenden Verhaltens

Neue Klassifizierungsvorschläge: In der Umweltpsychologie wurden im Lauf der Jahre weitere und auch deutlich komplexere Klassifizierungsvorschläge entwickelt, die aber nicht zu gänzlich neuen Kategorien führen (Geller et al., 1990; van Valkengoed et al., 2022). Die Grundunterscheidung zwischen personen- und situations- bzw. kontextbezogenen Ansätzen ist bis heute relevant. Dabei finden sich gerade bei den personenbezogenen Ansätzen Differenzierungen. Diese betreffen die Unterscheidung zwischen der Entwicklung grundlegender Einflussfaktoren einerseits und der Aktivierung grundlegender umweltfreundlicher Einflussfaktoren in der Entscheidungssituation sowie dem Aufbau verhaltensförderlicher Überzeugungen anderseits (Homburg, 2023b). Bei den personenbezogenen Ansätzen wird zudem zwischen wissens- und normorientierten Techniken unterschieden. Bei den wissensorientierten Techniken wird primär Wissen über Umweltprobleme, Handlungsmöglichkeiten oder Handlungsfolgen vermittelt (z. B. durch schulische Umweltbildung). Bei den normorientierten Techniken geht es um die Reflexion und Veränderung individueller Normen, Werte und Verantwortungszuschreibungen. Als Beispiel kann hier das Blockleader-Modell dienen (Niemiec et al., 2021). Dabei ermuntern z. B. Bewohner:innen ihre Nachbar:innen durch ihre positive Modellwirkung und durch weitere Beeinflussungsstrategien, ebenfalls an einem Recyclingprogramm teilzunehmen.

Alternativ wird von internen oder externen Motivatoren gesprochen. Bei den internen Motivatoren wird bei den Individuen angesetzt und z. B. ihre Einstellungen verändert (entspricht dem personenbezogenen Ansatz), während bei den externen Motivatoren externe Bedingungen verändert werden (entspricht dem situativen Ansatz). Beide Ansätze können auch gleichzeitig genutzt werden, um ihre Wirksamkeit wechselseitig zu verstärken.

In ähnliche Richtung weist die Unterscheidung in kognitive und verhaltenstheoretische Ansätze: Bei den kognitiven Ansätzen wird die Verhaltensänderung über kognitive Prozesse, z. B. Vermittlung ökologischen Wissens, angestrebt. Bei den verhaltenstheoretischen Ansätzen wird dies – in Analogie zu verhaltenstherapeutischen Ansätzen – mittels veränderter situativer Bedingungen versucht. Dabei wird zwischen vorausgehenden (antezedenten) und nachfolgenden (konsequenten) Bedingungen unterschieden (vgl. Schahn & Matthies, 2008). Zu den Techniken, die bei den vorausgehenden Bedingungen ansetzen, gehören gezielte Verhaltensangebote (z. B. vermehrte Aufstellung von Recyclingcontainern), der Einsatz von Hinweisreizen (z. B. der Hinweis (Prompt) an der Mülltonne, wieder verwertbaren Müll, wie Papier oder Biomüll, nicht einzuwerfen) und die Bereitstellung von Handlungsanreizen (z. B. Einführung von Flaschenpfand). Hingegen zählen Rückmeldungen (z. B. über den eingesparten Strom) sowie Belohnungen (z. B. finanzielle Ersparnis durch Stromsparen) zu den Interventionstechniken, die die Bedingungen steuern, die auf das Verhalten folgen. Gleichwohl wird nicht übersehen, dass die Wirksamkeit der verhaltenstheoretischen Ansätze auch auf kognitiven Prozessen basiert, sodass die Unterscheidung von kognitiven und verhaltenstheoretischen Ansätzen nicht immer ganz eindeutig ist (Homburg & Matthies, 1998). Schließlich gibt es noch die Unterscheidung in individuums- und gruppenbezogene Methoden und Konsequenzen (vgl. Geller et al., 1990): Bei den individuumsbezogenen Ansätzen steht das einzelne Individuum im Vordergrund, während bei den gruppenbezogenen Techniken versucht wird, die Verhaltensänderung gleichzeitig bei Mitgliedern größerer Gruppen zu erreichen. Dies können bei einem breit angelegten Interventionsprogramm auch verschiedene Bevölkerungsgruppen bzw. Milieus sein.

Dominanz individuumsbezogener Ansätze in kleineren Settings: In der evidenzbasierten Interventionsforschung sind die meisten Veröffentlichungen auf individuumsbezogene Ansätze bzw. Ansätze in kleineren Settings bezogen, wie z. B. die Förderung von Mülltrennung und -vermeidung in einzelnen Stadtteilen oder spezifischen Settings. Ohne zu übersehen, dass bereits in diesen Kontexten der Aufwand für die Konzeption, Durchführung und Evaluation der Intervention hoch ist, ist dieser Aufwand doch bei breit angelegten Interventionsprogrammen ungleich höher. Hinzu kommt, dass in der Umweltpsychologie – in Einklang mit der lokalen Agenda 21 – durchgängig die Empfehlung gegeben wird, mit eher kleinräumigen Interventionen zu beginnen (vgl. bereits Homburg & Matthies, 1998). Hier lassen sich z. B. Störvariablen leichter kontrollieren, z. B. eine unerwartete Berichterstattung über einen aktuellen Umweltkonflikt in den Medien. Auch aus psychologischer Sicht gelingt es zumeist leichter, Menschen in kleinräumigen Settings zum Umweltschutz zu motivieren, bei denen die Identifikation höher, der direkte persönliche Nutzen leichter zu erwarten und die Komplexität zugunsten einer höheren Durchschaubarkeit kleiner ist (vgl. auch Kap. 7 zur globalen versus lokalen Allmende). Daher ist die Zahl großflächig angelegter Interventionen insgesamt noch geringer, sie ist jedoch gerade in den letzten Jahren stetig angestiegen.

Eines der frühesten Beispiele war die „Klimaschutzaktion Nordlicht" der Kieler Arbeitsgruppe um Prose (1997). Sie zielte darauf ab, große Bevölkerungsgruppen zu motivieren, Strom und Wasser zu sparen und das Auto weniger zu benutzen. Dazu wurden im Schneeballsystem verschiedene Techniken eingesetzt, wie Verteilung von Handzetteln, Einschluss von Multiplikator:innen, Einbezug angesehener Sponsor:innen, Nutzung von Feedbacksystemen etc.

Aktuell finden sich auf der Webseite des Bundesministeriums für Wirtschaft und Klimaschutz zahlreiche, auch groß angelegte Projekte der nationalen Klimaschutzinitiative (Bundesministerium für Wirtschaft und Klimaschutz, o. J.-a).

Hier seien vier groß angelegte Klimaschutzaktionen exemplarisch genannt, die zum Zeitpunkt der Drucklegung des Buchs durchgeführt werden, und die alle dem Ziel dienen, CO_2-Emissionen einzusparen:

8.4 Interventionsansätze aufgrund der Erklärung umweltschützenden Handelns

- *Projekt Klimaretter-Lebensretter* (viamedica – Stiftung für eine gesunde Medizin, o. J.-a). Im Gesundheitswesen sollen mittels einfacher Klimaschutzaktionen aus den Bereichen Energie, Mobilität und Konsum Energie und Ressourcen eingespart werden, um so klimaschädliche Treibhausgasemissionen zu reduzieren. Dazu wurde ein Online-Klimaretter-Tool bereitgestellt, aus dem die Mitarbeitenden jene Aktionen auswählen können, welche sie umsetzen wollen. In der ersten Laufzeit (2018–2020) konnten über 90 Unternehmen des Gesundheitswesens 4600 Mitarbeitende motivieren, bei diesem Projekt mitzumachen und ihren Teil zur Einsparung der Emissionen beizutragen.
- *Klimapendel-Challenge* (ACE Auto Club Europa e.V., o. J.). Ziel ist die Einsparung von CO_2-Emissionen auf dem Arbeitsweg. Das Projekt dient dabei als Türöffner für ein systematisches Mobilitätsmanagement in den beteiligten Betrieben. Dazu werden in 26 Unternehmen unter anderem innerbetriebliche Wettbewerbe organisiert.
- *KIM – Klimaschutz isst Mehrweg* (Bundesministerium für Wirtschaft und Klimaschutz, o. J.-b). Das Projekt dient dazu, die Einführung von Mehrweglösungen in über 60 multikulturellen Gastronomiebetrieben zu fördern. Zudem soll die Kundschaft dazu animiert werden, selbst vermehrt Mehrweggefäße zu nutzen. Über Öffentlichkeitsarbeit, Aktionstage und ein Akteur:innennetzwerk sollen zudem Multiplikator:innen wie Unternehmensverbände und Einkaufscenter, Umweltorganisationen und Kommunalbeauftragte über Mehrweglösungen im Gastronomiebereich informiert und zur Verbreitung animiert werden.
- *Stadtradeln* (Klima-Bündnis, o. J.). Mittels des Projekts soll über die Nutzung des Fahrrads ein Beitrag zum Klimaschutz geleistet werden. Bislang haben an dem Projekt mehr etwa 758.000 Personen teilgenommen.

In all diesen Projekten dienen die tatsächlich eingesparten Tonnen von CO_2-Emissionen als Erfolgsmaße. Diese werden im Sinne eines Feedbacks sowie zur Motivation weiterer Einsparungen öffentlich gemacht und lassen sich auf den jeweiligen Webseiten nachlesen.

8.4 Interventionsansätze aufgrund der Erklärung umweltschützenden Handelns

Individuumsbezogene Interventionsansätze bzw. interne Motivatoren: Die dargestellten bedingungsanalytischen Befunde zeigen, dass Handeln zum Schutz der Umwelt vor allem eine Frage von Normen, Verantwortung und Gerechtigkeit ist. Dabei sind nicht nur kognitive Verantwortungs- und Gerechtigkeitsurteile relevant, sondern auch die damit zusammenhängenden Gefühle. Dies zeigt – in Einklang mit den Aussagen zur Allmende-Klemme – dass es den Menschen beim Umweltschutz nicht in erster Linie um Eigennutz geht. Daher kann grundsätzlich für eine individuumsbezogene Steigerung umweltschützenden Handelns bei allen umweltspezifischen Kognitionen und Emotionen angesetzt werden, die sich als empirisch bedeutsam zur Erklärung umweltrelevanten Handelns erwiesen haben (van Valkengoed et al. 2022) und die hier wieder aufgegriffen seien (vgl. Abschn. 8.2):

1. Konflikte zwischen individuellen und Gemeinschaftsinteressen sind durch Aufklärung und Diskurse zu adressieren und zu überwinden, indem die Fragen nach unterschiedlichen Normen in den Mittelpunkt gerückt werden. Es ist zentral, ökologiebezogene Einflussmöglichkeiten zu erkennen, eigene Verantwortung für die Gemeinschaft zu übernehmen und entsprechende moralische Normen zu akzeptieren. Neben sozialen Normen sind auch Wertorientierungen sowie das Modellhandeln der jeweiligen „peers" anzusprechen. Eine große Hemmschwelle für den Umweltschutz ist die Überzeugung, nichts tun zu können. Hier helfen Aufklärung und die Vermittlung konkreter Handlungsstrategien. Viele Menschen äußern zudem die Meinung, dass vor allem Politik und Wirtschaft für den Umweltschutz verantwortlich seien und man selbst ohnehin nichts tun könne. Psychologisch gesehen gibt es aber gar keinen Widerspruch zwischen internaler und externaler Verantwortungszuschreibung: Man kann als einzelne Person oder auch als Familie Verantwortung für den Schutz der Umwelt übernehmen und sich gleichzeitig der Verantwortung der Akteur:innen in Wirtschaft und Politik bewusst sein und diese auch engagiert einfordern.
2. Die Akzeptanz von Rechtfertigungen und konkurrierenden Verantwortlichkeiten (wie Wirtschaftswachstum, Arbeitsplatzerhalt) zeigt, dass ein Verantwortungs- und Wertepluralismus vorliegt, der ebenfalls zu adressieren ist. Wie im vorangegangenen Kapitel gezeigt wurde, gibt es unterschiedliche Modelle der Nachhaltigkeit, bei der unter anderem ökologische und ökonomische Ziele in unterschiedlicher Gewichtung eingehen (vgl. Abschn. 7.4). Hierüber aufzuklären und im jeweiligen Fall zu einer eigenen Gewichtung zu kommen, ist hilfreich. Zudem lassen sich auch bei vermeintlich konkurrierenden Verantwortlichkeiten möglicherweise Win-win-Lösungen finden, die unterschiedlichen Verantwortlichkeiten gerecht werden (z. B. nachhaltiger Umbau von Unternehmen, der sowohl ökologischen Zielen gerecht wird als auch die Konkurrenzfähigkeit des Unternehmens erhöht).
3. Es ist spezifisches ökologisches Wissen zu vermitteln und auf Faktenbasis die Bedeutung der Problematik von Umwelt- und Klimaschäden in den Vorder-

grund zu rücken. Öffentliche Debatten, die die Gefährdung der Umwelt oder auch des Klimas infrage stellen, können zu einer Unsicherheit führen, die lähmend auf die Handlungsbereitschaften wirkt. Wichtig ist, in Fällen, in denen dies sachlich unstrittig ist, die Gefährdung der Umwelt, z. B. den Klimawandel, mithilfe der Methoden der Psychologie klar zu vermitteln (vgl. Abrahamse & Matthies, 2019).
4. Gewohnheiten lassen sich überwinden, indem sie bewusst gemacht werden, aber auch, indem neue Gewohnheiten erprobt werden. Studien zeigen, dass gerade kleine Schritte und einfache Maßnahmen diese Hemmschwelle überwinden helfen (vgl. Klöckner, 2013). Dies kann z. B. sein, dass eine Familie sich dazu entscheidet, die Kinder nicht mehr mit dem Auto, sondern zu Fuß zum Kindergarten zu bringen, den gemeinsamen Sonntagsausflug mit der Bahn anzutreten oder sich für das Car-Sharing einzusetzen. Dabei ist über konkrete Handlungsverfügbarkeiten, wie etwa das Car-Sharing vor Ort, zu informieren.
5. Handlungskosten und Kosten-Nutzen-Bilanzen spiegeln die rationale Seite potenziell umweltschädigenden Handelns wider. Neben der Möglichkeit, hier eine ökologische Verantwortungs- und Normbildung entgegenzusetzen, ist es sinnvoll, sich mit den verschiedenen Kosten aktiv auseinanderzusetzen. Welche materiellen Kosten und immateriellen Belastungen sind tatsächlich mit welchen umweltschützenden Handlungsweisen verbunden? Welche ökologischen Gefahren und Belastungen für die Gemeinschaft resultieren aus welchen potenziell umweltschädigenden Handlungsweisen? Dabei kann auch der Hinweis helfen, dass die eigenen subjektiven Bilanzen nicht der objektiven Ökobilanz entsprechen. Beispielsweise wird die Bedeutung eigenen häufigen Autofahrens durch gute Mülltrennung abgeschwächt, was aber nicht der objektiven Ökobilanz entspricht.
6. Maßnahmen zum Schutz der Umwelt und eigene Verzichte sind als gerecht zu bewerten – dies auch vor dem Hintergrund des eigenen ökologischen Gerechte-Welt-Glaubens. Wenn Menschen eine Maßnahme als ungerecht bewerten, sind sie nicht bereit, diese zu unterstützen. Beispielsweise werden alleinige Appelle zum Verzicht auf das Auto als ungerecht abgelehnt, weil nur einige sich beteiligen und andere, ohne selbst etwas beizutragen, davon profitieren (bessere Luftqualität, freie Straßen). Gesetze und verbindliche Regelungen, z. B. zur CO_2-Reduktion von Autoabgasen, werden daher als gerechter bewertet und finden mehr Unterstützung (zum Überblick Kals & Baier, 2017).
7. Neben den bislang genannten kognitiven Urteilen sind auch Emotionen, die mit ökologisch relevantem Handeln einhergehen, zu berücksichtigen. Dies kann bei den norm-, verantwortungs- und gerechtigkeitsbezogenen Emotionen, wie Empörung über zu wenig oder zu viel Umweltschutz, geschehen, indem die zu-

grunde liegenden Kognitionen angesprochen werden. Emotionale Verbundenheit mit der Natur wächst durch konkrete positive Naturerfahrungen (Kals & Nisbet, 2019). Positiv erlebte Gefühle, die mit der Ausführung umweltschützenden Handelns einhergehen (z. B. Freude an anregenden Gesprächen im Zug, wenn dieser statt des eigenen Autos genutzt wird), entstehen oftmals beim Erproben neuer Umwelthandlungen und verstärken diese auf natürliche Weise.

Methodenwahl: All diese Variablen stellen Ansätze dar, um umweltschützendes Handeln mittels personenbezogener Techniken bzw. interner Motivatoren zu fördern. Dabei sind die spezifischen Methoden, um die Variablen in gewünschter Weise zu verändern, anzupassen

- auf das jeweilige Handlungsfeld (z. B. Förderung von Energiesparverhalten),
- das jeweilige Setting (z. B. Schule, Erwachsenenbildungsstätten, Programme in Gemeinden und Kommunen) und
- die jeweilige Zielgruppe (z. B. Familien, Schulklassen, politische Entscheidungsträger:innen).

Beispiele für Techniken: Eine wichtige Technik ist die Methode des Feedbacks im Sinn der Wissensvermittlung über Ausmaß und Wirksamkeit eigenen umweltbezogenen Verhaltens (wie z. B. Rückmeldung über Energieverbrauch und Energieeinsparung im eigenen Haushalt). Auch Methoden der verbalen und schriftlichen Selbstverpflichtung sowie die Vorgabe spezifischer Ziele haben sich als wirksam erwiesen. Sie werden oftmals mit normativen, verantwortungsbezogenen Ansätzen, wie dem obig beschriebenen Einsatz von Blockleadern, verbunden. Bei alldem ist die Weckung von Widerständen (Reaktanz) zu vermeiden.

Insgesamt geht es im Sinne des Phasenmodells von Lewin darum,

- altes Verhalten zu verändern, abzutauen („unfreezing"), indem Motivation zur Veränderung hervorgerufen und Widerstände beseitigt werden,
- neues Verhalten aufzubauen („changing"), indem neue Verhaltensmuster durch verschiedene Techniken gefördert und etabliert werden und
- dieses neue Verhalten zu stabilisieren („freezing"), indem es z. B. zum Routineverhalten im Alltag wird.

Externe Motivatoren: Interne und externe Motivatoren beeinflussen sich hinsichtlich ihrer Wirkung wechselseitig. Wenn also nicht nur am Individuum angesetzt wird, sondern auch die Umwelt bzw. die Situation so gestaltet wird, dass sie umweltschützendes Handeln erleichtert, werden die Effekte verstärkt. Hierzu gehören beispielsweise Ansätze zur Anbringung von Prompts, die an das Wassersparen im Haushalt erinnern, sodass Familie, Freund:innen und Kolleg:innen ebenfalls in das Interventionsprogramm eingebunden werden.

Wichtige Anwendungsfelder für umweltpsychologische Interventionen sind die Umwelterziehung und Umweltbildung, die daher abschließend betrachtet werden.

Beeinflussungstechniken im Umweltschutz

Zu den wichtigsten Beeinflussungstechniken zählen unter anderem die *Foot-in-the-door-Technik* und die *Door-in-the-face-Technik*. Bei Ersterer wird mit einem kleinen Schritt begonnen, um dann den Einsatz für den Umweltschutz langsam zu erhöhen. Dieses Vorgehen ist bei der zweiten Technik (Door-in-the-face-Technik), die weniger bekannt ist, genau umgekehrt: Die Person wird zuerst um eine aufwendige Handlung für den Umweltschutz gebeten (man fällt quasi mit der Tür ins Haus), um sie danach zu steten, kleinen Schritten zu verpflichten. Nachdem die Person die große Bitte (erwartungsgemäß) abgelehnt hat, kommt sie der kleineren Bitte leichter nach.

Die Door-in-the-face-Technik beruht auf der Reziprozitätsregel, nach der sich Menschen verpflichtet fühlen, Zugeständnisse zu erwidern (Cialdini, 2017). Mit einer Extremforderung zu beginnen, die mit Sicherheit abgelehnt wird, schafft günstige Voraussetzungen dafür, dass eine geringere Forderung angeschlossen werden kann, die als Zugeständnis erscheint und daher mit hoher Wahrscheinlichkeit akzeptiert wird. Die Wirksamkeit der Technik wird zudem durch das Kontrastprinzip verstärkt: Das kleinere Anliegen wirkt durch den Vergleich mit dem größeren noch kleiner (Cialdini, 2017).

Die Foot-in-the-door-Technik macht sich das menschliche Streben nach Konsistenz zunutze: Sobald man sich auf einen Standpunkt oder eine Handlung festgelegt hat (Commitment), besteht die Neigung, konsequent bei diesem bzw. dieser zu bleiben (Cialdini, 2017). Durch kleine Commitments, die zunächst nicht besonders bedeutsam erscheinen (z. B. Bereitschaft, sich an einer Befragung zum Stromverbrauch zu beteiligen), kann das Selbstbild verändert werden (z. B. im Sinne von „Ich bin jemand, der auf seinen Stromverbrauch achtet"). Wird nun eine damit konsistente größere Bitte geäußert (z. B. Senkung des Stromverbrauchs um 10 %), wird dieser eher nachgekommen, da sie dem veränderten Selbstbild entspricht (Katzev & Johnson, 1984). Dies gilt vor allem dann, wenn das Commitment aktiv, öffentlich und freiwillig erfolgt und mit Anstrengung verbunden ist (Cialdini, 2017).

Wenngleich diese Techniken das Potenzial haben, umweltschützendes Handeln zu fördern, können sie durchaus kritisch als manipulativ angesehen werden. Insofern ist die Frage nach ihrem Einsatz auch eine ethische. ◄

8.5 Interventionsansätze der Umweltbildung und Bildung für nachhaltige Entwicklung

Definition Umweltbildung: Umweltbildung dient dazu, einen verantwortungsvollen Umgang mit der Umwelt und ihren natürlichen Ressourcen zu vermitteln und ist daher normativ (Bolscho, 2002). Dies geschieht mittels systematischer Bemühungen, menschliches Erleben, Bewerten, Handeln und Entscheiden mit Folgen für die natürliche Umwelt in gewünschte Richtungen zu beeinflussen und die Beziehungen zwischen dem Menschen und seiner Umwelt zu verstehen (Eulefeld, 1996).

Im Gegensatz zur Umwelterziehung ist Umweltbildung nicht auf den schulischen Interventionskontext beschränkt, sondern umfasst auch außerschulische Bildung für Kinder und Jugendliche (van de Wetering et al., 2022) sowie Programme für Erwachsene, die z. B. in Bildungsstätten wie der Volkshochschule stattfinden können. Zur Umweltbildung gehört aber auch die gezielte Nutzung von Medien, die z. B. im Fernsehen, auf Plakaten oder in Zeitschriften für den Umweltschutz werben. Dabei kann gezielt das Wissen der Lebensstilforschung genutzt werden, um Ziele und Methoden der Programme den jeweiligen Zielgruppen bzw. Milieus anzupassen.

Der Begriff der Umweltbildung ist zeitgleich mit den Anfängen der wissenschaftlichen Umweltpsychologie in den 1970er-Jahren aufgekommen, gleichwohl gehen ihre wissenschaftlichen Anfänge bis in die 1950er- bzw. 1960er-Jahre zurück, in denen die ersten Umweltprojekte durch die Deutsche Forschungsgemeinschaft unterstützt wurden (Eulefeld, 1996). Einen großen Beitrag zur Förderung der Umweltbildung leisteten die UNESCO-Konferenzen der 1970er-Jahre. Sie gaben Anstöße, um die Umweltbildung bzw. -erziehung zum Element des allgemeinen Bildungsprozesses zu machen und sie in Curricula verbindlich zu integrieren. Seitdem erfolgten vielfache und detaillierte Beschlüsse der Kultusministerkonferenzen, die ebenfalls darauf abzielten, die Umweltbildung als festen Bestandteil von Lehrplänen zu integrieren und Forderungen verbindlich zu machen (vgl. Eulefeld, 1996).

Mittlerweile hat sich die Umweltbildung zur *Bildung für nachhaltige Entwicklung* weiterentwickelt. Mit diesem Begriff, der auf der UN-Konferenz von Rio de Janeiro 1992 geprägt wurde, ist eine Bildung gemeint, die Menschen befähigt, ihre Zukunft in einer globalisierten Welt verantwortungsbewusst und eigenverantwortlich zu gestalten (vgl. Bormann & de Haan, 2008). Hierzu werden Umweltbildung und globales Lernen, das auf eine zukunftsoffene Orientierung hinsichtlich der globalisierten Welt zielt, integriert. Bildung für nachhaltige Entwicklung ist als eigenständiges Handlungsfeld in den Sustainable Development Goals verankert.

8.5 Interventionsansätze der Umweltbildung und Bildung für nachhaltige ... 109

Das übergeordnete Ziel von Bildung für nachhaltige Entwicklung ist die Förderung der sogenannten Gestaltungskompetenz. Damit ist die Fähigkeit gemeint, Wissen über nachhaltige Entwicklung anwenden und Probleme nichtnachhaltiger Entwicklung erkennen zu können (de Haan, 2008). Diese Kompetenz setzt sich wiederum aus verschiedenen Teilkompetenzen zusammen, die sich in Fach- und Methodenkompetenzen (z. B. Fähigkeit, interdisziplinär Erkenntnisse zu gewinnen und interdisziplinär zu handeln), Sozialkompetenzen (z. B. Fähigkeit, gemeinschaftlich planen und handeln zu können) und Selbstkompetenzen (z. B. Fähigkeit, Empathie für andere zu zeigen) unterteilen lassen (de Haan, 2008). Bei aller Betonung des Kompetenzbegriffs gilt dennoch, dass diese Kompetenzen durch die Auseinandersetzung mit konkreten Inhalten erworben werden und auch die Vermittlung von Wissen über nachhaltige Entwicklung notwendig ist, um die Ziele der Bildung für nachhaltige Entwicklung zu erreichen.

Zusammenarbeit von Umweltpsychologie und Umweltpädagogik: Die Umweltbildung ist primär im Bereich der Umweltpädagogik angesiedelt, dennoch zeigt sich hier einmal mehr, dass interdisziplinäre Zusammenarbeit notwendig ist. Entsprechend wird innerhalb der Umweltbildung ein Forschungsdefizit beklagt, das sowohl die Inhalte und Gestaltung der Programme als auch ihre Wirksamkeiten betrifft (vgl. Bolscho, 2002). Zwar greift die Umweltbildung bereits einige wesentliche umweltpsychologische Ansätze auf, die weit über reine Wissensvermittlung hinausgehen, indem sie beispielsweise zu Erfahrungen mit intakter Natur anleitet und die Bedeutung von motivationspsychologisch wichtigen Handlungsanreizen vermittelt. Es liegen Befunde vor, dass das Erleben von Natur nachhaltiges Handeln fördern kann (Zelenski et al., 2015). Doch nach wie vor existieren viele Programme in Bildungsstätten, die auf die Vermittlung ökologischen Wissens beschränkt sind. Was sind die Ursachen dafür?

Einerseits sind die Empfehlungen, die aus den wissenschaftlichen Arbeiten zu den Motiven und zur Förderung umweltbezogenen Handelns abgeleitet werden, oftmals auf recht allgemeinem Niveau. Denn bei den Interventionsstudien steht in den meisten Fällen der wissenschaftliche Erkenntnisgewinn im Vordergrund; sie sind in für Fachfremde schwer verständlichen Fachzeitschriften veröffentlicht, und Ableitungen von Empfehlungen sind nicht so konkret formuliert, wie es die „Abnehmer:innen" in der Praxis (z. B. in der Umweltbildung) benötigen. Andererseits wird die Expertise der Umweltpsychologie seitens der Bildungseinrichtungen oder anderer Gruppen oder Institutionen, die sich mit Umwelthandeln vor Ort auseinandersetzen, nicht in ausreichendem Maß genutzt. Daher ist es Aufgabe von Umweltpädagogik und Umweltpsychologie, sich noch stärker zu vernetzen, um wechselseitig voneinander zu profitieren.

Wo Sie Ihr Wissen erweitern und vertiefen können

Abrahamse, W., & Matthies, E. (2019). Informational strategies to promote pro-environmental behaviour: Changing knowledge, awareness, and attitudes. In L. Steg & J. I. M. de Groot (Hrsg.), *Environmental psychology* (2. Aufl., S. 263–272). Wiley-Blackwell.

Blankenberg, A. K., & Alhusen, H. (2019). *On the determinants of pro-environmental behavior: A literature review and guide for the empirical economist* (CEGE Discussion Papers, No. 350). University of Göttingen, Center for European, Governance and Economic Development Research (CEGE). http://hdl.handle.net/10419/204821

Bormann, I., & de Haan, G. (Hrsg.). (2008). *Kompetenzen der Bildung für nachhaltige Entwicklung. Operationalisierung, Messung, Rahmenbedingungen, Befunde.* Springer.

Homburg, A. (2023a). Erklärungsansätze für umweltfreundliches Verhalten. In Sachverständigenrat für Umweltfragen (Hrsg.), *Politik in der Pflicht: Umweltfreundliches Verhalten erleichtern* (S. 41–50). https://www.umweltrat.de/SharedDocs/Downloads/DE/02_Sondergutachten/2020_2024/2023_05_SG_Umweltfreundliches_Verhalten.html

Kals, E., & Müller, M. M. (2012). Emotion and environment. In S. Clayton (Hrsg.), *Handbook of environmental and conservation psychology* (S. 128–147). Oxford University Press. Sachverständigenrat für Umweltfragen. (2023, Mai). *Politik in der Pflicht: Umweltfreundliches Verhalten erleichtern* [Sondergutachten]. https://www.umweltrat.de/SharedDocs/Downloads/DE/02_Sondergutachten/2020_2024/2023_05_SG_Umweltfreundliches_Verhalten.html van Valkengoed, A. M., Abrahamse, W., & Steg, L. (2022). To select effective interventions for pro-environmental behaviour change, we need to consider determinants of behaviour. *Nature human behaviour, 6*(11), 1482–1492. https://doi.org/10.1038/s41562-022-01473-w

van Valkengoed, A. M., Abrahamse, W., & Steg, L. (2022). To select effective interventions for pro-environmental behaviour change, we need to consider determinants of behaviour. *Nature human behaviour, 6*(11), 1482–1492. https://doi.org/10.1038/s41562-022-01473-w

Siehe auch: kostenfreie Materialien auf der Seite www.lehrbuch-psychologie.springer.com.

Nachhaltiger Konsum   9

Dieses Kapitel widmet sich dem sogenannten nachhaltigen Konsum. Hierzu wird zunächst anhand eines Alltagsbeispiels betrachtet, wie sich Konsum ökologisch und sozial auswirkt. Mittels dieses Beispiels zeigen wir auf, warum nachhaltiger Konsum einen zentralen Bestandteil nachhaltiger Entwicklung darstellt. Es folgt eine Auseinandersetzung mit dem Begriff des nachhaltigen Konsums und mit Konzepten, die relevant sind, um ihn besser zu verstehen. Sodann stehen sechs psychologische Faktoren, die nachhaltigen Konsum beeinflussen, im Mittelpunkt des Kapitels. Diese sind (1) Kosten-Nutzen-Abwägungen, (2) Wissen und Information, (3) Gewohnheiten und Routinen, (4) Identität, Status und soziale Normen, (5) moralische Motive und Werte sowie, allerdings in weitaus geringerem Umfang, (6) soziodemographische Merkmale. Das Kapitel schließt mit zwei kritischen Perspektiven auf nachhaltigen Konsum und die bisherige Forschung dazu: die Gefahr, den Einfluss individuellen nachhaltigen Konsums zulasten anderer Einflussmöglichkeiten zu überschätzen, und die Tendenz, soziale Aspekte bei der Betrachtung nachhaltigen Konsums zu vernachlässigen.

9.1 Nachhaltiger Konsum als zentraler Bestandteil nachhaltiger Entwicklung

Konsum ist nicht nur ökonomisch bedeutsam, sondern wirkt sich auch in hohem Maß auf die Umwelt aus und hat darüber hinaus tiefgreifende soziale Folgen. Diese Aussage lässt sich am Beispiel des Lebenswegs eines Baumwoll-T-Shirts veranschaulichen (vgl. Lehmann et al., 2019):

- Zunächst muss die Baumwolle für das T-Shirt erzeugt werden. Hierfür werden Flächen belegt und Wasser sowie Energie verbraucht. Je nachdem, wie diese Energie bereitgestellt wird, ergeben sich ein unterschiedlicher Ressourcenverbrauch und Treibhauspotenzial. Ein Anbau in Monokulturen und die Verwendung von Pestiziden wirken sich unter anderem negativ auf die Biodiversität aus. Die Arbeitsbedingungen und Löhne haben einen starken Einfluss auf die Gesundheit und Lebensqualität der Arbeiter:innen.
- Um die Baumwolle zu T-Shirts zu verarbeiten, wird ebenfalls Energie verbraucht, und es kommen gegebenenfalls Chemikalien (z. B. zum Färben oder Bleichen) zum Einsatz. Zudem ist in diesem, wie auch im nächsten Schritt, wieder menschliche Arbeit mit allen sozialen Folgen notwendig (z. B. Einfluss der Bezahlung auf den Lebensstandard).
- Die Höhe der Emissionen, die durch den Vertrieb anfallen, ist von der Länge der Transportwege abhängig. Auch mögliche Verkaufsstätten müssen mit dem entsprechenden Ressourcen- und Flächenverbrauch gebaut und unterhalten (z. B. geheizt) werden.
- In der Nutzungsphase muss das T-Shirt regelmäßig gewaschen, getrocknet und möglicherweise gebügelt werden. Hierfür sind weitere Konsumgüter notwendig (Waschmaschine, Waschmittel), und es werden Energie und Wasser verbraucht.
- Nach der Nutzung muss das T-Shirt ebenso wie auf seinem Lebensweg verwendete Verpackungen und Produktionsabfälle entsorgt werden.

Das Beispiel, in dem nur ein Teil der ökologischen und sozialen Auswirkungen entlang des Lebenswegs des T-Shirts aufgeführt wurden, zeigt bereits, wie komplex und umfassend die Wirkungen alltäglichen Konsums sind. Dabei geht ein erheblicher Teil des weltweiten Ressourcenverbrauchs und der Emissionen auf diesen zurück. Zudem sind die sozialen, ökonomischen und ökologischen Folgen des Konsums nicht auf den Ort beschränkt, an dem der Konsum letztlich stattfindet, sondern unterliegen geographischen und zeitlichen Verschiebungen. Denn erstens werden Konsumgüter oder die Rohstoffe, die für deren Erzeugung benötigt werden, häufig im Ausland hergestellt bzw. abgebaut, und zweitens bleiben die Umweltauswirkungen nicht lokal und zeitlich begrenzt, sondern haben weltweite und auch langfristige Folgen. Diese zeitliche und geographische Verschiebung der Verursachung und der Folgen ökologischer Schäden ist zugleich eine der Grundlagen der sozioökologischen Dilemmasituationen bzw. der Sozialen Falle (vgl. Abschn. 7.3; Ernst, 1997). Somit wirkt sich Konsum global auf die sozialen, ökologischen und ökonomischen Lebensbedingungen aus.

Daher verwundert es nicht, dass nachhaltiger Konsum ein wichtiger Bestandteil von Programmen und Konzepten zur nachhaltigen Entwicklung ist. Dazu drei

Beispiele: So wird bereits 1992 in der Agenda 21 eine Veränderung der Konsumgewohnheiten gefordert (Vereinte Nationen, 1992). In den Sustainable Development Goals (SDG), den Zielen für nachhaltige Entwicklung der Vereinten Nationen, wird als zwölftes Ziel „nachhaltige Konsum- und Produktionsmuster sicherstellen" genannt. Im Rahmen der deutschen Nachhaltigkeitsstrategie hat die Bundesregierung 2016 ein „Nationales Programm für nachhaltigen Konsum" verabschiedet. Darin werden z. B. Umwelt- und Sozialzeichen (z. B. Blauer-Engel, Fairtrade-Siegel), Bildung oder nachhaltige öffentliche Beschaffung als Maßnahmen zur Förderung des nachhaltigen Konsums genannt (BMU, 2016). Jede einzelne Person nimmt durch ihre Entscheidungen und ihr Handeln Einfluss auf die Nachhaltigkeit ihres Konsums. Daher ist nachhaltiger Konsum (auch) ein psychologisches Thema. Dies lässt sich wiederum am Beispiel des T-Shirts veranschaulichen. Zunächst stellt sich die Frage, ob überhaupt ein neues T-Shirt benötigt wird. Falls dies der Fall ist, können Konsumierende über die Auswahl des Produkts Einfluss auf die sozialen und ökologischen Auswirkungen nehmen. Beispielsweise können sie zwischen Shirts aus konventionell und biologisch angebauter Baumwolle wählen und sich für Produkte entscheiden, die unter bestimmten Mindestanforderungen an Arbeitsbedingungen und Lohnniveau produziert wurden (z. B. Fairtrade). Während der Nutzungsphase wirken sich unter anderem die Häufigkeit, mit der man das T-Shirt wäscht, die Waschtemperatur und die Art der Trocknung auf seine Umweltbilanz aus (vgl. Lehmann et al., 2019).

Konsum spielt auch in der umweltpsychologischen Forschung eine zentrale Rolle. Bereits ab 2008 waren in vier der neun geförderten transdisziplinären Projekte des Programms „Vom Wissen zum Handeln – Neue Wege zum nachhaltigen Konsum" Umweltpsycholog:innen als Projektpartner:innen beteiligt (vgl. Matthies, 2017).

9.2 Was ist nachhaltiger Konsum?

Nach einer Auseinandersetzung mit der Definition nachhaltigen Konsums werden zwei Konzepte vorgestellt, die im Zusammenhang mit nachhaltigem Konsum von besonderer Bedeutung sind: Die Lebenszyklusperspektive ist für die Beurteilung der Nachhaltigkeit von Konsumpraktiken relevant. Der ökologische Fußabdruck setzt den tatsächlichen Ressourcenverbrauch mit den verfügbaren Ressourcen in Bezug. Es folgt ein Überblick über die Bedarfsfelder des Konsums. Abschließend werden mit der Effizienz, der Konsistenz und der Suffizienz drei Strategien vorgestellt, die zum Einsatz kommen können, um Konsum nachhaltiger zu gestalten.

Definition nachhaltigen Konsums:
Der Begriff des nachhaltigen Konsums geht auf die 1992 von der sogenannten Rio-Konferenz der Vereinten Nationen verabschiedete Agenda 21 zurück (BMU, 1992). Diese thematisiert vor allem die Veränderung nicht nachhaltiger Konsummuster. Eine Definition nachhaltigen Konsums enthält sie jedoch nicht.

Wie nachhaltiger Konsum definiert wird, hängt davon ab, welches Verständnis von Nachhaltigkeit man zugrunde legt (vgl. Abschn. 7.4). Laut der deutschen Nachhaltigkeitsstrategie wird nachhaltiger Konsum als Konsum verstanden, der so gestaltet ist, „dass die Befriedigung der berechtigten Bedürfnisse der derzeitigen und der zukünftigen Generationen unter Beachtung der Belastbarkeitsgrenzen der Erde und der universellen Menschenrechte nicht gefährdet wird" (Bundesregierung, 2016, S. 170). Hier wird der Bezug zur Definition nachhaltiger Entwicklung der Brundtland-Kommission von 1987 deutlich, die lautet „Sustainable development is development that meets the needs of the present without compromising the ability of future generations to meet their own needs" (Brundtland, 1987, S. 43). Abhängig vom Nachhaltigkeitsverständnis sind abweichende Definitionen möglich. Dennoch lässt sich festhalten, dass intra- und intergenerationale Gerechtigkeit in der Bedürfnisbefriedigung, Umweltschutz und soziale Ziele bzw. Standards wichtige Bestimmungsstücke des nachhaltigen Konsums sind. Wirklich nachhaltig ist ein Konsumstil darüber hinaus letztlich nur, wenn er verallgemeinerbar ist. Damit ist gemeint, dass eine nachhaltige Entwicklung gewährleistet ist, wenn alle Menschen weltweit so konsumieren (Herbes, 2021).

In der Forschung und in wissenschaftlichen Publikationen werden neben dem Begriff des nachhaltigen Konsums noch weitere Begriffe verwendet, die sich sehr deutlich mit diesem überschneiden. Dies sind vor allem die Begriffe ethischer Konsum und sozial verantwortlicher Konsum. Alle drei Begriffe haben gemeinsam, dass sie eine Art des Konsums bezeichnen, bei der neben wirtschaftlichen, auch soziale und ökologische Aspekte berücksichtigt werden. Allerdings haben sich die verschiedenen Begriffe unterschiedlich entwickelt und betonen unterschiedliche Facetten des Konsumhandelns: Während bei ethischem und sozial-verantwortlichem Konsum die moralische Motivation häufig im Vordergrund steht (Antil, 1984; Newholm & Shaw, 2007), ist der Begriff des nachhaltigen Konsums stärker auf die Auswirkungen des Konsums bezogen und impliziert üblicherweise keine Annahme zur Motivation.

Lebenszyklusperspektive:
Wie im Beispiel illustriert, beschränkt sich Konsum nicht auf den unmittelbaren Akt des Kaufs. Vielmehr müssen alle Phasen im Lebenszyklus eines Produkts be-

9.2 Was ist nachhaltiger Konsum?

rücksichtigt werden, wenn die Nachhaltigkeit des Konsums bewertet werden soll. Je nach Produkt wirken sich die einzelnen Phasen des Lebenszyklus unterschiedlich stark ökologisch und sozial aus. Während bei einem Einweggetränkebecher die ökologischen Auswirkungen der Nutzungsphase gegenüber Produktion und Entsorgung nicht ins Gewicht fallen, trägt bei Textilien die Nutzungsphase wesentlich zum Wasser- und Energieverbrauch bei. Im Beispiel des T-Shirts geht etwa die Hälfte des Ausstoßes von Treibhausgasen und die Hälfte des Wasserverbrauchs, die über den Lebenszyklus anfallen, auf Reinigung und Trocknung des T-Shirts zurück (Lehmann et al., 2019). Diese Lebenszyklusperspektive wird entsprechend in Form des sogenannten Life-Cycle-Assessments zur Messung der ökologischen Auswirkungen von Konsumgütern herangezogen (Finnveden et al., 2009).

Ökologischer Fußabdruck:
Um die ökologische Nachhaltigkeit von Konsumpraktiken zu beurteilen, wird häufig der sogenannte ökologische Fußabdruck herangezogen. Dies ist die Gesamtfläche, die benötigt wird, um einen bestimmten Lebensstil dauerhaft zu ermöglichen. Hier fließen Flächen, die für Rohstoffe zur Produktion der Konsumgüter benötigt werden, genauso ein wie solche, die zur Energiegewinnung und zur Entsorgung beansprucht werden (Wackernagel & Rees, 1996). Ökologisch nachhaltig ist entsprechend nur ein Lebensstil, bei dem der ökologische Fußabdruck aller Menschen die auf der Erde zur Verfügung stehenden Flächen nicht übersteigt. Ein weiteres relevantes Maß ist der CO_2-Fußabdruck, der die verursachten Treibhausgasemissionen in CO_2-Äquivalenten misst (Wiedmann & Minx, 2008). Dieses Maß kann dann anschließend mit dem Ausstoß, der mit den Klimazielen vereinbar ist, in Bezug gesetzt werden.

Bedarfsfelder:
Um Auswirkungen des Konsums übersichtlich darstellen zu können und Maßnahmen zur Förderung nachhaltigen Konsums zu systematisieren, wird dieser häufig in unterschiedliche Bedarfsfelder eingeteilt. Hierfür gibt es keine einheitliche Einteilung; zumeist sind jedoch die Kategorien (1) Mobilität bzw. Verkehr, (2) Wohnen und (3) Ernährung enthalten. Daneben gibt es weitere Bereiche des Konsums, die an Konsumgüter gebunden sind (z. B. Textilien, Kommunikationsmedien) sowie Dienstleistungen, die ebenfalls zum Bereich des Konsums zählen. Je nach Publikation werden diese weiteren Felder unterschiedlich gruppiert oder auch weiter aufgeschlüsselt. Dabei zeigt sich, dass Wohnen, Verkehr und Ernährung diejenigen Bereiche des privaten Konsums sind, die sich am stärksten auf die Umwelt auswirken (Tukker & Jansen, 2006; Umweltbundesamt, 2015).

Drei Wege zu nachhaltigem Konsum:
Mit (1) Effizienz, (2) Konsistenz und (3) Suffizienz lassen sich drei Strategien auf dem Weg zu nachhaltigem Konsum unterscheiden (von Winterfeld, 2007):

Ad 1: Die Grundidee der Effizienz besteht darin, mit möglichst geringem Ressourceneinsatz eine möglichst hohe Produktivität zu erzielen. Im T-Shirt-Beispiel könnte dies z. B. bedeuten, dass die Bewässerung der Baumwolle optimiert wird, sodass mit demselben Wassereinsatz mehr Baumwolle angebaut werden kann. Problematisch an der Effizienzstrategie können sogenannte Rebound-Effekte sein. Damit wird das Phänomen bezeichnet, dass die Einsparungen durch die Effizienz letztlich nicht verwirklicht werden, da sie, z. B. durch die intensivere Nutzung oder die Produktion größerer Mengen des jeweiligen Produkts, neutralisiert werden.

Ad 2: Bei der Konsistenz geht es darum, anders zu produzieren, als dies bislang der Fall ist, indem z. B. regenerative Energien zum Einsatz kommen. Im Beispiel könnte das heißen, dass die Nähmaschinen mit Solarstrom statt mit Kohlestrom betrieben werden. Somit zielen sowohl die Effizienz als auch die Konsistenz primär auf Veränderungen aufseiten der Produzierenden. Verhaltensänderungen der Konsumierenden sind dennoch insofern notwendig, dass sich die Konsumierenden auch für die Produkte, die nachhaltiger hergestellt wurden, entscheiden müssen.

Ad 3: Suffizienzstrategien beruhen hingegen auf einem Weniger an Konsum. Dies könnte beispielsweise heißen, dass man auf den Kauf eines neuen T-Shirts verzichtet und die bereits vorhandene Kleidung länger nutzt. Suffizienz richtet sich somit an die Seite der Konsumierenden und erfordert von dieser Verhaltensänderungen im Sinne einer Selbstbeschränkung. Dies führt dazu, dass diese Strategie häufig unbeliebt und schwer umzusetzen ist. Zudem ist sie nur schwer mit einem auf Wachstum ausgerichteten Wirtschaftsmodell vereinbar (von Winterfeld, 2007). Gleichzeitig gibt es zahlreiche Argumente dafür, dass rein technische Lösungen nicht ausreichen, um globale Umweltprobleme wie den Klimawandel zu lösen und Suffizienzstrategien daher notwendig sind (Ekardt, 2016). Diese Notwendigkeit von Verhaltensänderungen zeigt, wie wichtig es ist, die psychologische Perspektive einzubeziehen.

9.3 Was beeinflusst nachhaltiges Konsumhandeln?

Nachhaltiges Konsumhandeln wird von zahlreichen Faktoren beeinflusst (Aertsens et al., 2009; Andorfer & Liebe, 2012). Hierzu zählen die einfache Verfügbarkeit nachhaltiger Alternativen, die unter anderem von der Infrastruktur abhängen (z. B. Mobilität) aber auch davon, wo die entsprechenden Produkte verkauft werden. Eine mangelnde wahrgenommene Verfügbarkeit nachhaltiger Produkte wirkt ebenso als Hürde für ihren Kauf wie ein wahrgenommener erhöhter Aufwand für ihre Beschaffung. Auch wenn spezielle Läden für den Kauf nachhaltiger Produkte aufgesucht werden müssen, z. B. Weltläden für den Kauf von Fairtrade-Produkten, kann dies als Hindernis empfunden werden (De Pelsmacker et al., 2006).

Neben solchen Rahmenbedingungen sind aber auch viele psychologische Faktoren bedeutsam, die ihrerseits beeinflussen, wie die Rahmenbedingungen wahrgenommen werden. Um diese psychologischen Faktoren soll es im Folgenden gehen. Dabei wird zunächst der Einfluss von Kosten-Nutzen-Abwägungen und Zahlungsbereitschaften betrachtet. Anschließend geht es um die Bedeutung von Wissen und Information. Auch Gewohnheiten und Routinen, die in der Folge behandelt werden, stellen bedeutsame Einflussfaktoren dar. Anschließend wird dargestellt, wie Identität, Status und soziale Normen sich auf nachhaltigen Konsum auswirken. Nach einem Überblick über den Einfluss moralischer Motive und Werte, werden abschließend einige Befunde zu den Zusammenhängen zwischen nachhaltigem Konsum und soziodemographischen Merkmalen vorgestellt.

Kosten-Nutzen-Abwägungen und Zahlungsbereitschaften:
Aus ökonomischer Sicht können Produkte als ein Bündel von Eigenschaften gesehen werden, die einen Nutzen für Konsumierende schaffen, den diese zu maximieren versuchen. In dieser Logik wählen Verbraucher:innen jene Produkte aus, von denen sie die beste Kosten-Nutzen-Relation erwarten. Folglich wird davon ausgegangen, dass der Betrag, den Konsumierende bereit sind für ein Produkt zu zahlen, dessen wahrgenommenem Nutzen entspricht und dass dem Nutzen, der durch nachhaltige Produkteigenschaften entsteht, ein monetärer Wert gegenübersteht (vgl. Peyer & Balderjahn, 2007). In diesem Zusammenhang sind Studien zu Zahlungsbereitschaften für nachhaltige Produkte zu sehen. Es stellt sich die Frage, ob Verbraucher:innen bereit sind, einen höheren Preis für nachhaltige Produkte zu zahlen und wenn ja, wieviel höher die Kosten sein dürfen. Auch eine negative Zahlungsbereitschaft ist denkbar. Dies ist der Fall, wenn Konsumierende Produkte mit Nachhaltigkeitseigenschaften nur dann kaufen, wenn sie günstiger sind als Produkte ohne diese Eigenschaften.

Es gibt insgesamt eine breite Forschungsbasis zur Zahlungsbereitschaft für nachhaltige Produkte, in der die Kosten-Nutzen-Relation und der Produktpreis als zentrale Einflussgrößen auf den Kauf dieser Produkte betrachtet werden. Während ein höherer Preis die Wahrscheinlichkeit grundsätzlich senkt, dass ein Produkt gewählt wird, belegen die gleichen Studien, dass Menschen bereit sind, einen mäßigen bis deutlichen Aufpreis für nachhaltig erzeugte Produkte zu bezahlen (z. B. Grunert et al., 2014 für Lebensmittel oder Dickson, 2001 für Textilien). Dies gilt sowohl für Produkte, die unter hohen sozialen Standards entstanden sind (z. B. gute Arbeitsbedingungen) als auch für solche, die unter hohen ökologischen Standards (z. B. Bio-Zertifizierung) oder hohen sozialen und ökologischen Standards hergestellt wurden. Die Mehrzahlungsbereitschaft variiert unter anderem in Abhängigkeit von Einstellungen, Normen und Wissen.

Da die Mehrzahlungsbereitschaft häufig unter den tatsächlichen Mehrkosten nachhaltig erzeugter Produkte liegt, erweist sich der höhere Preis solcher Produkte vielfach als zentrale Hürde für ihren Kauf (z. B. Andorfer & Liebe, 2015 für fair gehandelte Produkte). Allerdings erweisen sich finanzielle Einschränkungen nicht durchgängig als Hindernisse für nachhaltigen Konsum, der ja durchaus auch mit Kostenersparnis einhergehen kann. Hierfür ist es notwendig, den gesamten Lebenszyklus eines Produkts zu betrachten. Zwar sind nachhaltige Produkte im Kauf häufig teurer als vergleichbare, weniger nachhaltige Alternativen. In der Nutzungsphase ergeben sich jedoch oft finanzielle Einsparungen, die die Mehrkosten kompensieren oder sogar überkompensieren. Dies gilt z. B. für energieeffiziente Haushaltsgroßgeräte. Außerdem sind Konsumstrategien, die auf Suffizienz, d. h. eine Reduktion des Konsums, setzen, auch finanziell günstiger.

Wissen und Information:
Informationsdefizite und geringes Wissen stellen eine zentrale Hürde für nachhaltigen Konsum dar und machen Verbraucher:innen anfällig für Täuschungen, z. B. darüber, was eine bestimmte Zertifizierung bedeutet (Hemmerling et al., 2015; Shaw et al., 2006a). Entsprechend können sich zusätzliche Informationen und ein genaueres Wissen förderlich auf nachhaltigen Konsum auswirken (De Pelsmacker & Janssens, 2007; Tanner & Wölfing Kast, 2003).

Viele Informationen über ökologische und soziale Folgen des Konsums sind nicht verfügbar. Außerdem werden nicht alle Informationen, die gegeben werden, als vertrauenswürdig eingeschätzt (z. B. Yiridoe et al., 2005). Werden Informationen über die ökologischen und sozialen Auswirkungen und Herstellungsbedingungen von Produkten gegeben, kann dies andererseits schnell zu einer Informationsüberlastung führen. Denn, wie das Beispiel des T-Shirts zeigt, sind schon bei einem einzelnen Produkt die Wirkungen vielfältig und komplex.

Ein weiterer Grund dafür, dass die informationsbezogenen Hürden beim nachhaltigen Konsum so hoch sind, liegt darin, dass viele Nachhaltigkeitseigenschaften von Produkten und Dienstleistungen sogenannte Vertrauenseigenschaften sind. Das bedeutet, dass die Konsumierenden diese selbst nicht prüfen können, weder vor noch nach dem Kauf. Sie können dem T-Shirt aus dem Beispiel unter anderem nicht ansehen, ob die Baumwolle biologisch oder konventionell angebaut wurde,

9.3 Was beeinflusst nachhaltiges Konsumhandeln?

unter welchen Bedingungen die Produzierenden gearbeitet haben und ob der in der Produktion genutzte Strom aus erneuerbaren Energien stammte oder nicht. Daher sind Zertifizierungen, die von vertrauenswürdigen Institutionen vergeben werden, wichtig. Diese werden häufig in der Form von Produktsiegeln vergeben. Beispiele sind das Fairtrade-Siegel, der Blaue Engel und das EU-Bio-Siegel. Allerdings ist es dann notwendig, dass Informationen zu den Zertifizierungsstandards zur Verfügung gestellt werden (Hemmerling et al., 2015). Inwiefern Informationen zu Zertifizierungen und Produktionsmethoden tatsächlich in die Informationssuche einbezogen werden, variiert jedoch deutlich zwischen Konsumierenden. Dies gilt ebenso für die Menge an gewünschten Informationen (Torjusen et al., 2004).

Gewohnheiten und Routinen:
Viele Prozesse im Alltag sind von Gewohnheiten und Routinen geprägt. Diese spielen auch für das Konsumverhalten eine wichtige Rolle, z. B. im Bereich der Ernährung und Mobilität. Gewohnheiten sind durch Wiederholung und Automatisierung gekennzeichnet (Verplanken & Roy, 2015). Bei gewohnheitsmäßigem Verhalten wenden Konsumierende vereinfachte Entscheidungsmechanismen an, d. h. nicht alle verfügbaren Informationen fließen in die Entscheidung ein. Außerdem nehmen sie Alternativen zum Teil gar nicht wahr. Dies kann dazu führen, dass Konsumierende Nachhaltigkeitseigenschaften in ihrem Konsumverhalten nicht berücksichtigen, weil sie kaum auf Informationen über die Konsumgüter achten und nicht aktiv nach Informationen zu Verhaltensalternativen suchen. In derart vereinfachte Entscheidungsprozesse werden nur die subjektiv wichtigsten Produktmerkmale einbezogen. Das bedeutet, dass Nachhaltigkeitseigenschaften nur dann in die Entscheidung eingehen, wenn sie subjektiv einen besonders hohen Stellenwert haben oder besonders ins Auge fallen (Verplanken & Roy, 2015). Durch Zeitdruck wird ein verkürztes Entscheidungsverhalten zusätzlich gefördert (Verplanken & Roy, 2015). Dies unterstreicht, wie wichtig es ist, dass Informationen zu Nachhaltigkeitseigenschaften möglichst sichtbar und einfach zu verstehen sind.

Dass die Aktivierung von gewohnheitsmäßigen Verhaltensmustern zum Teil automatisiert abläuft, fördert zusätzlich, dass Konsumierende an nicht nachhaltigen Konsumgewohnheiten festhalten (Verplanken & Wood, 2006). Dies wird dadurch verstärkt, dass Gewohnheiten dazu führen können, dass die Nachteile von alternativen Handlungen überschätzt werden (Fujii et al., 2001).

Veränderungen der Lebenssituation, z. B. durch einen Umzug oder die Geburt eines Kindes, können eine besonders gute Gelegenheit sein, um neue, nachhaltige Konsumroutinen zu etablieren: Die externen Veränderungen führen dazu, dass Gewohnheiten durchbrochen werden und der neuen Situation angepasst werden müssen. In diesem Anpassungsprozess können auch leichter neue Aspekte, wie z. B. Nachhaltigkeit, in die Routinen integriert werden (Schäfer et al., 2012). Auch die finanzielle Bestrafung nicht nachhaltiger Gewohnheiten, z. B. in Form von Steuern, kann dazu beitragen, diese aufzubrechen (White et al., 2019).

Wenn nachhaltige Verhaltensänderungen erfolgreich initiiert wurden, stellt sich im zweiten Schritt die Frage, wie diese aufrechterhalten werden können. Dies ist der Fall, wenn die Verhaltensänderungen zu neuen Gewohnheiten werden und so langfristig gefestigt werden. Hierzu können Maßnahmen beitragen, die nachhaltiges Handeln so einfach wie möglich machen (z. B. indem das Energiesparprogramm der Waschmaschine als Standard voreingestellt ist). Auch Prompts im Sinne von Hinweisreizen, die vor einem Verhalten gegeben werden, um an eine bestimmte Verhaltensoption zu erinnern, und Rückmeldungen (z. B. zum eigenen Wasser- und Energieverbrauch) können die Bildung nachhaltiger Gewohnheiten unterstützen (White et al., 2019).

Nudges

Methoden, die menschliches Verhalten beeinflussen, ohne auf Verbote oder ökonomische Anreize zurückzugreifen, werden als Nudges bezeichnet und stammen aus der Ökonomie (Thaler & Sunstein, 2008). Der englische Begriff „nudge" lässt sich dabei als Stups oder Anstoß übersetzen. Dabei wird davon ausgegangen, dass Menschen nur begrenzt rational handeln und ihre Entscheidungen deutlich durch den Kontext beeinflusst werden. Nudges machen sich dies zunutze, um menschliches Verhalten in eine bestimmte Richtung zu beeinflussen. Unter anderem sind sogenannte Defaults, d. h. voreingestellte Standards, sehr effektive Nudges (Sunstein, 2014). Beispielsweise kann Druckerpapier eingespart werden, indem doppelseitiges Drucken voreingestellt ist. Weitere bedeutende Nudges sind unter anderem Vereinfachungen (z. B. der Antragsstellung für Förderprogramme energieeffizienten Bauens), soziale Normen (z. B. Informationen über energiesparendes Verhalten anderer Menschen), Bequemlichkeit und Einfachheit (z. B. Erhöhung der Verfügbarkeit nachhaltig erzeugter Lebensmittel in der Gemeinschaftsverpflegung) und die Offenlegung von Informationen (z. B. durch Lebensmittelsiegel; Sunstein, 2014; Thorun et al., 2017). ◄

Eine weitere Möglichkeit, um Verhaltensänderungen zu initiieren und zu stabilisieren, ist der Einsatz von Anreizen. Dieser Ansatz erfordert jedoch besondere Vorsicht, da er die intrinsische Motivation reduzieren und somit langfristigen Verhaltensänderungen entgegenstehen kann: Menschen, die ihr Verhalten aufgrund einer äußeren Belohnung ändern, schreiben die Verhaltensänderung üblicherweise nicht ihren eigenen Überzeugungen zu. Vielmehr begründen sie ihre Verhaltensänderung auch sich selbst gegenüber mit der Tatsache, dass diese belohnt wird. Dies kann selbst dann der Fall sein, wenn sie auch intrinsisch zur Verhaltensänderung motiviert und dieser zugetan waren. Somit verändert sich eine ablehnende innere Haltung zu der entsprechenden Handlung meist nicht und eine eher zustimmende Haltung wird weniger wahrscheinlich zur Überzeugung. Das Verhalten bleibt von externen Bedingungen abhängig oder wird es in noch höherem Maß als vorher. Ein Wegfall der Belohnung führt schließlich, unabhängig von der vorherigen Einstellung zur Verhaltensänderung, mit hoher Wahrscheinlichkeit dazu, dass das Verhalten nicht mehr ausgeführt wird.

Identität, Status und soziale Normen:
Aus der Perspektive der Forschung zur Konsumierendenidentität treffen Menschen beim Konsum eine Wahl. Durch diese Wahl drücken sie aus, wer sie sind und gestalten dadurch ihr Selbstbild (Gabriel & Lang, 2015). Nachhaltiger Konsum kann in diesem Sinne identitätsrelevant sein (Adams & Raisborough, 2010). Konsumierende können sich durch nachhaltigen Konsum als moralisch gute Personen konstituieren und ihre Unzufriedenheit mit gängigen Konsummustern ausdrücken (Varul, 2009). Manche Konsumierende setzen ihre Kaufkraft dabei gezielt ein, um moralische und politische Ziele zu erreichen. Dabei verorten sie ihr Konsumhandeln zum Teil als politische Entscheidungen und sehen es als eine Form von Wahlverhalten (Shaw et al., 2006b).

Menschen, die sich mit den negativen Folgen ihres Konsums auseinandersetzen, können im nachhaltigen Konsum eine Möglichkeit finden zu konsumieren, ohne ihre Integrität einzubüßen (Shaw & Newholm, 2002). Wenn Menschen sich selbst als nachhaltig Konsumierende sehen und von anderen so wahrgenommen werden wollen, fördert das ihr nachhaltiges Konsumhandeln. Dies gilt besonders für Konsumhandeln, das öffentlich stattfindet und somit von anderen Menschen wahrgenommen wird (Whitmarsh & O'Neill, 2010). Weniger betroffen ist Handeln, das rein im privaten Raum stattfindet, wie z. B. die Wahl der Waschtemperatur oder die Dosierung von Reinigungsmitteln.

In diesem Zusammenhang kann auch der sogenannte Geltungskonsum („conspicuous consumption") eine Rolle spielen. Darunter wird Konsum verstanden, der auf öffentliche Wirksamkeit ausgerichtet ist. Die Konsumierenden möchten durch ihren Lebensstil zeigen, was sie sich leisten können. Damit demonstrieren sie ihren sozialen Status oder tragen sogar zu seiner Erhöhung bei. Dieser Konsum kann auch auf Nachhaltigkeit ausgerichtet sein. In diesem Fall werden z. B. exquisite und sehr teure Produkte gewählt und öffentlich gezeigt, die nachhaltig produziert, aber ganz offenkundig teurer sind als die konventionellen Produktalternativen, wie z. B. entsprechende Kleidung (Griskevicius et al., 2010). Durch den Kauf des teureren Produkts können Konsumierende dann zunächst zeigen, dass sie über die entsprechenden finanziellen Mittel verfügen und zusätzlich ausdrücken, dass sie bereit sind, diese Mittel für einen gesellschaftlich erwünschten Zweck einzusetzen.

Diese Ausführungen unterstreichen, dass auch gesellschaftliche Erwartungen und somit soziale Normen Einfluss auf nachhaltigen Konsum nehmen (Bamberg & Möser, 2007). Dies gilt nicht nur für präskriptive soziale Normen, d. h. die Erwartungen relevanter Dritter an das Handeln. Auch deskriptive soziale Normen, d. h. Verhaltensweisen, die die meisten Mitglieder einer sozialen Gruppe zeigen, sind relevant. Sie nehmen durch ihren Informationsgehalt Einfluss auf das Handeln. Präskriptiven Normen folgen Menschen, um soziale Sanktionen zu vermeiden. Soziale Normen können gezielt eingesetzt werden, um nachhaltigen Konsum zu fördern. Ein Beispiel hierfür ist, dass die mehrfache Benutzung von Handtüchern in Hotels durch Informationen darüber gefördert werden kann, dass die anderen Gäste diese praktizieren (Schultz et al., 2008).

Geltungskonsum, Konsum zum Ausdruck der eigenen Identität und solcher, der mit der Absicht erfolgt, dadurch Veränderungen zu bewirken, haben gemeinsam, dass sie Konsum erfordern. Dies steht im Widerspruch zum Bestreben, Konsum zugunsten eines nachhaltigen Lebensstils zu reduzieren (Shaw et al., 2006b). Dennoch gibt es auch Menschen, die im Sinne der freiwilligen Vereinfachung („voluntary simplicity") ihren Lebensstil stärker an Suffizienz orientieren. Kennzeichnend für diesen Lebensstil ist, dass weniger Konsum und gleichzeitig eine höhere Lebensqualität angestrebt werden. Neben selbstbezogenen Motiven, wie dem Wunsch nach mehr Zeit und einem gesünderen Lebensstil, spielen auch moralische Motive, wie Sorge um die Umwelt, und Gerechtigkeitsmotive eine Rolle dabei (Alexander & Ussher, 2012). Ein großer Teil der Menschen, die sich freiwillig auf diese Art der Konsumreduktion einlassen, berichtet, mit diesem Lebensstil glücklicher zu sein als vorher (Alexander & Ussher, 2012).

Ebenfalls an Suffizienz orientiert ist das Konzept „conspicuous anticonsumption", das Gegenstück zum „conspicuous consumption". Mit „conspicuous anticonsumption" ist ein Geltungskonsum durch Konsumverzicht gemeint. Hierzu ist es allerdings notwendig, dass der Konsumverzicht sichtbar gemacht wird: Da Konsumverzicht grundsätzlich mit einem niedrigeren sozioökonomischen Status verbunden wird, sind hier sichtbare Zeichen notwendig, dass dem Konsumverzicht eine ökologische Motivation zugrunde liegt. Ein Beispiel hierfür ist ein Aufnäher der zeigt, dass ein Kleidungsstück bereits vom Hersteller repariert wurde, um so seine Nutzungsdauer zu erhöhen. Daraus kann dann eine wahrgenommene Statuserhöhung erwachsen (Sekhon & Armstrong Soule, 2020).

9.3 Was beeinflusst nachhaltiges Konsumhandeln?

Moralische Motive und Werte:
Bei den bereits vorgestellten Einflussfaktoren wurde erwähnt, dass diese zum Teil durch moralische Motive und Werte beeinflusst werden. Diese nehmen somit ebenfalls Einfluss auf nachhaltiges Konsumhandeln.

Moralische Motive wurden dabei überwiegend als sogenannte personale Norm untersucht, womit ein inneres Verpflichtungsgefühl gemeint ist, eine bestimmte Handlung auszuführen.

Der Einfluss der personalen Norm wurde sowohl als Erweiterung der *Theorie geplanten Verhaltens* (Ajzen, 1991) untersucht, als auch innerhalb des *Normaktivationsmodell*s (Schwartz, 1977), in dessen Zentrum dieses Konstrukt steht (vgl. Abschn. 8.1).

Zahlreiche Studien zeigen, dass personale Normen erheblich zur Erklärung nachhaltigen Konsums beitragen können, zum Teil zusätzlich zu Kosten-Nutzen-Überlegungen und über diese hinaus (z. B. Andorfer & Liebe, 2015; De Leeuw et al., 2011; Joanes, 2019). Dies spricht insgesamt dafür, dass nachhaltigem Konsum ein Motivpluralismus zugrunde liegt: sowohl selbst- und nutzenbezogene Motive als auch moralische Motive sind relevant.

Personale Normen:
Das *Normaktivationsmodell* erklärt, wie personale Normen aktiviert und damit handlungswirksam werden. In der Anwendung auf nachhaltigkeitsbezogene Fragestellungen haben sich dabei Problemwahrnehmungen, Kontrollüberzeugungen und Verantwortungszuschreibungen als besonders wichtig erwiesen:

- Problemwahrnehmungen: Bezogen auf nachhaltigen Konsum bedeutet dies, dass zunächst erkannt werden muss, dass ein bestimmtes nicht nachhaltiges Konsumverhalten schädliche soziale und ökologische Auswirkungen hat. Auf die Problemwahrnehmung können sich unter anderem Gerechtigkeitswahrnehmungen und -motive auswirken.
- Kontrollüberzeugungen: Zudem müssen Kontroll- und Wirksamkeitserwartungen vorliegen, d. h. es muss wahrgenommen werden, dass es grundsätzlich möglich ist, durch ein anderes Konsumhandeln das Problem zu verändern, und dass die eigene Person dazu in der Lage ist. Solche Kontrollüberzeugungen kommen in Form der wahrgenommenen Verhaltenskontrolle auch in der *Theorie geplanten Verhaltens* vor. Kontrollüberzeugungen werden unter anderem von Rahmenbedingungen beeinflusst. Hierzu zählen die Verfügbarkeit von Alternativen genauso wie finanzielle Hürden, die es jeweils erleichtern oder erschweren, das Verhalten auszuführen.

- Verantwortungszuschreibungen: Schließlich muss ein Mindestmaß an Verantwortung, zur Verringerung des Problems beizutragen, anerkannt werden. Das heißt, es muss eine Verantwortungszuschreibung an die eigene Person erfolgen (Schwartz, 1975, 1977), damit die personale Norm aktiviert wird. Eine gleichzeitige Verantwortungszuschreibung an weitere Akteur:innen erweist sich bei komplexen Problemen, wie sie im Bereich der Nachhaltigkeit vorliegen, als förderlich. Dies liegt vermutlich daran, dass eine geteilte Verantwortung Kontrollüberzeugungen stärkt, da der Einzelne kaum in der Lage wäre, allein alle notwendigen Beiträge zu leisten.

Wenn alle diese Voraussetzungen zur Aktivierung der personalen Norm gegeben sind, entsteht ein Gefühl moralischer Verpflichtung, entsprechend der personalen Norm zu handeln. Die personale Norm kann entweder schon vorher bestanden haben oder in einer Situation neu gebildet werden. Der Zusammenhang zwischen personalen Normen und Handeln ist dabei tendenziell höher, wenn die personale Norm auf stabilen Wertstrukturen beruht (Schwartz, 1977).

Werte:
Bei den Werten kommt universalistischen Werten und Werten des Wohlwollens, im Sinn der Werttypologie von Schwartz (1994), eine wichtige Rolle für nachhaltigen Konsum zu (Ma & Lee, 2012). Bei universalistischen Werten steht das Wohlergehen aller Menschen und der Natur im Vordergrund (Schwartz, 1994). Diese können daher als altruistische Werte angesehen werden. Auch Werte des Wohlwollens sind prosozial ausgerichtet. Sie sind jedoch im Vergleich zu universalistischen Werten weniger inklusiv, denn sie beziehen sich auf den Erhalt und die Steigerung des Wohlbefindens von Personen, mit denen man in häufigem Kontakt steht. Sie schließen somit nur eine eingeschränkte Gruppe von Menschen ein (Schwartz, 1994). Doch auch Werte der Selbstbestimmung (z. B. unabhängiges Denken und Handeln), hedonistische Werte (z. B. persönliches Wohlbefinden) und Sicherheitswerte (z. B. Rückverfolgbarkeit) können eine Rolle für nachhaltigen Konsum spielen (z. B. Hemmerling et al., 2015; Ma & Lee, 2012).

Soziodemographische Merkmale:
Auch soziodemographische Merkmale nehmen Einfluss auf nachhaltigen Konsum. Untersucht wurde vor allem der Einfluss von Geschlecht, Alter, Bildung und Einkommen.

Es zeigt sich, dass sich Frauen tendenziell eher für nachhaltiges Konsumhandeln entscheiden als Männer (z. B. Aertsens et al., 2009). Dies wird zum Teil durch Unterschiede in der Häufigkeit von Persönlichkeitseigenschaften zwischen

Männern und Frauen erklärt. Eine andere Erklärung weist darauf hin, dass umweltfreundliches Verhalten mit Weiblichkeit assoziiert wird, was Männer von nachhaltigem Konsum abhalten kann (Brough et al., 2016). Es gibt jedoch auch Studien, in denen sich keine geschlechtsbezogenen Unterschiede zeigen, und solche, in denen Männer eher zu nachhaltigem Konsum bereit sind oder auch höhere Zahlungsbereitschaften für nachhaltige Produkte aufweisen als Frauen (z. B. Hustvedt & Bernard, 2010).

Die Befunde zum Alter sind gemischt. Beispielsweise wirkt sich ein mittleres und höheres Alter in vielen Studien positiv auf den Kauf fair gehandelter Produkte aus (z. B. Ma & Lee, 2012; Sunderer & Rössel, 2012). Andererseits gibt es aber auch Befunde, die dafürsprechen, dass die Zahlungsbereitschaft für nachhaltig erzeugte Produkte mit dem Alter abnimmt (z. B. Hertel et al., 2009).

Zahlreiche Belege gibt es hingegen für einen positiven Zusammenhang zwischen nachhaltigem Konsum einerseits und besserer Bildung und höherem Einkommen andererseits (z. B. Andorfer, 2013; Hemmerling et al., 2015; Ma & Lee, 2012).

9.4 Kritische Überlegungen zum nachhaltigen Konsum

Mit den großen Bedarfsfeldern Wohnen, Mobilität und Ernährung ist nachhaltiger Konsum ein sehr umfassendes Handlungsfeld. Dementsprechend wird individuelles nachhaltigkeitsbezogenes Handeln häufig mit nachhaltigem Konsum gleichgesetzt. Dies spiegelt sich auch in den Forschungsgegenständen der Forschung zu nachhaltigkeitsrelevantem Handeln wider, die zu einem großen Teil dem nachhaltigen Konsum zugeordnet werden können. Dies gilt z. B. für Forschung zu Energie- und Wassersparen, zu Mobilitätsentscheidungen, zu Müllvermeidung und zu Recyclinghandeln.

Neben nachhaltigem Konsum gibt es jedoch mindestens zwei weitere Wege, um als Individuum an einer nachhaltigen Entwicklung mitzuwirken: Zum ersten kann man durch Spenden Kampagnen und andere Aktivitäten unterstützen, die zu einer nachhaltigen Entwicklung beitragen. Zum zweiten kann die einzelne Person durch gesellschaftspolitische Partizipation auch selbst Einfluss auf nachhaltigkeitsbezogene Entscheidungen nehmen. Die Partizipationsmöglichkeiten reichen dabei von der Ausübung des Wahlrechts über Freiwilligenarbeit in Organisationen oder Projekten, die sich um eine nachhaltige Entwicklung bemühen, bis zur Übernahme eines politischen Mandats. Zudem ist es möglich, vom Demonstrations- und Petitionsrecht Gebrauch zu machen und durch öffentliche Meinungsäußerungen, auch jenseits eines politischen Mandats, Einfluss auszuüben.

Während beim nachhaltigen Konsum häufig die Macht der Konsumierenden betont wird, gibt es andererseits auch Zweifel, inwieweit privater nachhaltiger Konsum allein einen effektiven Beitrag zu nachhaltiger Entwicklung leisten kann. Die Vorstellung vom Konsum als Wahlentscheidung, die diesen mit einem Akt der politischen Partizipation gleichsetzt, kann dazu führen, dass Konsumierende ihre Konsummacht über- und ihre politische Macht unterschätzen (Grunwald, 2010). Dies bedeutet nicht, dass nachhaltiger Konsum wirkungslos ist. Nachhaltiger Konsum sollte demnach aber vor allem dann effektiv zu nachhaltiger Entwicklung beitragen, wenn er von entsprechenden politischen und gesellschaftlichen Engagements begleitet wird. Denn diese stellen in Demokratien vergleichsweise wirkungsvolle Mittel dar, um Veränderungen der Rahmenbedingungen des Konsums auf der Makroebene zu erwirken (z. B. in der Gesetzgebung). Solche Veränderungen können es wesentlich erleichtern, Nachhaltigkeitsziele zu erreichen (Dolan, 2002; Grunwald, 2010; Schaefer & Crane, 2005).

Eine kritische Auseinandersetzung mit der aktuellen Befundlage zu nachhaltigem Konsum zeigt außerdem, dass soziale Aspekte bislang vergleichsweise wenig Aufmerksamkeit erfahren. Diese werden nahezu ausschließlich in der Forschung zum Konsum fair gehandelter Produkte (vgl. Strubel, 2019) und zum Konsum von Textilien betrachtet. Dabei geht es häufig um Textilherstellung in sogenannten Sweatshops. Die ökologischen Konsumauswirkungen werden hingegen umfänglich untersucht. Angesichts der Vernachlässigung sozialer Aspekte, die zeigt, dass nachhaltiger Konsum oft noch nicht integrativ betrachtet wird, ist der aktuelle, hier dargestellte Wissensstand zu nachhaltigem Konsum letztlich lückenhaft. Daher ist in diesem Feld in besonderer Weise weitere Forschung notwendig.

Wo Sie Ihr Wissen erweitern und vertiefen können

Aertsens, J., Verbeke, W., Mondelaers, K., & van Huylenbroeck, G. (2009). Personal determinants of organic food consumption: A review. *British Food Journal, 111*(10), 1140–1167.

Andorfer, V. A., & Liebe, U. (2012). Research on fair trade consumption – A review. *Journal of Business Ethics, 106*(4), 415–435. https://doi.org/10.1007/s10551-011-1008-5

Hemmerling, S., Hamm, U., & Spiller, A. (2015). Consumption behaviour regarding organic food from a marketing perspective – A literature review. *Organic Agriculture, 5*(4), 277–313.

Newholm, T., & Shaw, D. (2007). Studying the ethical consumer: A review of research. *Journal of Consumer Behavior, 6*(5), 253–270. https://doi.org/10.1002/cb.225

Strubel, I. T. (2019). *Nachhaltiger Konsum, Fairer Handel und Gerechtigkeit: Eine multimethodale psychologische Untersuchung gerechtigkeits- und verantwortungsbezogener Motive.* Dissertation, Katholische Universität Eichstätt-Ingolstadt. https://opus4.kobv.de/opus4-ku-eichstaett/frontdoor/index/index/docId/496

Siehe auch: kostenfreie Materialien auf der Seite www.lehrbuch-psychologie.springer.com.

Freiwilligenarbeit im Umweltschutz

Das folgende Kapitel widmet sich einer weiteren Art umweltschützenden Handelns: der Freiwilligenarbeit im Umweltschutz. Hierzu wird zunächst illustriert, welche ökologische, gesellschaftliche und individuelle Bedeutung der Freiwilligenarbeit im Umweltschutz zukommt. Anschließend werden aktuelle Zahlen zum Umfang dieser Art der Freiwilligenarbeit sowie eine Einteilung in verschiedene Formen vorgestellt. Nachdem die wichtigsten Definitionsmerkmale von Freiwilligenarbeit herausgearbeitet wurden, widmet sich ein großer Teil des Kapitels der Motivation von Freiwilligenarbeit im Umweltschutz. Hierzu werden zunächst allgemeine Erklärungsmodelle für Freiwilligenarbeit angeführt, bevor die motivationalen Besonderheiten von Freiwilligenarbeit im Umweltschutz herausgestellt werden. Im folgenden Unterkapitel wird die Frage beantwortet, wie Freiwilligenarbeit im Umweltschutz gelingend gestaltet werden kann. Neben verantwortungs- und gerechtigkeitsbezogenen Variablen sollten hierfür die Motive der Freiwilligen und potenziell Freiwilligen sowie Tätigkeits- und organisationale Merkmale beachtet werden. Abschließend erfolgt ein kurzer Ausblick auf aktuelle Entwicklungen in der Freiwilligenarbeit.

10.1 Die Bedeutung von Freiwilligenarbeit im Umweltschutz

Wie bereits dargestellt, zählen Umweltprobleme wie der Klimawandel oder der Verlust an Biodiversität zu den drängendsten Problemen unserer Gesellschaft. Menschlichem Handeln kommt sowohl bei der Verursachung als auch bei der

Bekämpfung dieser Probleme eine Schlüsselrolle zu. Neben nachhaltigem Konsum (vgl. Kap. 9) stellen gesellschaftspolitische Engagements eine wichtige Möglichkeit dar, um als Individuum einen Beitrag zum Schutz der Umwelt und zu nachhaltiger Entwicklung zu leisten. Freiwilligenarbeit, die häufig innerhalb von Umweltschutzorganisationen geleistet wird, kommt dabei eine besonders hohe Bedeutung zu und ist mittlerweile gut erforscht (zum Überblick Güntert et al., 2022; Wehner & Güntert, 2015). Durch die Bündelung von Aktivitäten können Umweltschutzorganisationen viel wirkungsvoller als einzelne Personen Einfluss auf politische Entscheidungsprozesse nehmen und so tiefergehende und weitreichendere Veränderungen bewirken. Zudem übernehmen die Freiwilligen gegenüber der allgemeinen Bevölkerung häufig eine Multiplikatorfunktion. Dies kann z. B. geschehen, indem ihr Wirken öffentlich sichtbar ist, sie gezielt Wissen und Informationen vermitteln oder sie selbst als Vorbild wirken. Dadurch fördern sie nicht nur auf direktem Weg den Schutz der Umwelt, sondern können zudem dazu beitragen, dass sich Normen zugunsten nachhaltigeren Handelns wandeln.

Über die umweltbezogenen Wirkungen hinaus trägt Freiwilligenarbeit im Umweltschutz wie auch andere Arten der Freiwilligenarbeit zum gesellschaftlichen Zusammenhalt bei (Alscher et al., 2021). Denn sie stellt eine wichtige Möglichkeit der Partizipation dar, bei der Menschen mit unterschiedlichsten Hintergründen miteinander in Kontakt kommen.

Neben der gesellschaftlichen und ökologischen Bedeutung ist Freiwilligenarbeit im Umweltschutz auch auf individueller Ebene mit zahlreichen Gewinnen und Vorteilen verbunden. Sie fördert das Wohlbefinden und die Gesundheit, z. B. durch physische Aktivität in der freien Natur (Patrick et al., 2022). Auch die Erfahrung, dass man etwas bewirken kann, und die Einbindung in eine Gruppe können sich positiv auf die psychosoziale Gesundheit und die Lebenszufriedenheit auswirken (Measham & Barnett, 2008). Zudem erwerben die Freiwilligen Wissen über die Umwelt sowie praktische Fertigkeiten (Patrick et al., 2022) und entwickeln ihre sozialen und personalen Kompetenzen weiter. Zu den sozialen Kompetenzen, die durch Freiwilligenarbeit erworben oder vertieft werden, zählen unter anderem die Fähigkeit zu konstruktiver Teamarbeit und der adäquate Umgang mit Rückmeldungen. Beispiele für personale Kompetenzen, die durch das Engagement gestärkt werden, sind ein produktiver Umgang mit Stress und die Fähigkeit, sich selbst zu motivieren (z. B. Göring & Mutz, 2016).

10.2 Umfang und Formen der Freiwilligenarbeit im Umweltschutz

Umfang:
Der Deutsche Freiwilligensurvey erfasst seit 1999 mittels einer repräsentativen telefonischen Befragung alle fünf Jahre die Entwicklung des freiwilligen Engagements in Deutschland. Der Freiwilligensurvey von 2019 ist die aktuelle vorliegende Version (Simonson et al., 2022). Im Freiwilligensurvey wird „Umwelt, Naturschutz und Tierschutz" als einer von vierzehn Engagementbereichen betrachtet. Der Anteil der Engagierten in diesem Bereich, der 1999 noch bei 1,8 % gelegen hatte, stieg von 3,1 % im Jahr 2014 auf 4,1 % im Jahr 2019. Damit ist er derjenige Bereich, der zwischen 2014 und 2019 den größten Zuwachs an freiwillig Engagierten verzeichnet (Kausmann & Hagen, 2022). Es ist wahrscheinlich, dass dies mit der gestiegenen öffentlichen Aufmerksamkeit für die Klimakrise in den letzten Jahren zusammenhängt, unter anderem auch durch die Bewegung „Fridays for Future", die seit 2019 aktiv ist (Kausmann & Hagen, 2022).

Die Engagementquote von 4,1 % bedeutet, dass sich etwa 2,9 Mio. Menschen in Deutschland für Umwelt, Naturschutz und Tierschutz engagieren. Dabei gibt es keine Unterschiede zwischen den Geschlechtern. Überdurchschnittlich häufig engagieren sich Menschen zwischen 50 und 64 Jahren in diesem Bereich, unterdurchschnittlich häufig Menschen über 65 Jahre. Unter den vierzehn Engagementbereichen liegt der Bereich Umwelt, Naturschutz und Tierschutz nach Sport und Bewegung (13,5 %), Kultur und Musik (8,6 %), dem sozialen Bereich (8,3 %), Schule und Kindergarten (8,2 %), dem kirchlichen und religiösen Bereich (6,8 %) und Freizeit und Geselligkeit (6,1 %) auf dem siebten Platz (Kausmann & Hagen, 2022).

Formen:
Freiwillige Engagements im Umweltschutz können sich sowohl auf den Nahbereich, z. B. Naturschutz in der eigenen Region, als auch auf globale ökologische Herausforderungen wie den Klimawandel beziehen. Zudem lassen sich verschiedene Formen des Engagements unterscheiden. Eine mögliche Einteilung unterscheidet die folgenden fünf Formen, die jedoch häufig auch gemischt auftreten (Measham & Barnett, 2008):

- Aktivismus: politisch motivierte Kampagnenarbeit z. B. bei großen Nichtregierungsorganisationen oder Bürgerinitiativen
- Bildung: Informationsweitergabe, Wissensvermittlung und Bewusstseinsbildung zu Umweltthemen, z. B. durch Vorträge oder Führungen

- Monitoring: Beobachtung und Dokumentation, z. B. Vogelzählung
- Renaturierung: Wiederherstellen oder Erhalt natürlicher Lebensräume, z. B. durch Aufforstung, Baumpflege oder Müllsammeln
- Nachhaltiges Leben: Entwicklung und Verbreitung von Methoden, die den Verbrauch von Energie und weiteren Ressourcen reduzieren, z. B. Organisieren von Repaircafés oder Lebensmittelrettung

10.3 Definitionen und Charakteristika freiwilliger Engagements

Es gibt verschiedene Definitionen der Begriffe Freiwilligenarbeit und freiwilliges Engagement. Dennoch gibt es eine Reihe von Bestimmungsstücken, die die meisten Definitionen, zum Teil in unterschiedlicher Gewichtung, enthalten (Rohmann & Bierhoff, 2021; Simonson et al., 2022; Wehner et al., 2015; Wilson, 2000):

- Freiwilligkeit: Die Tätigkeit beruht auf einer freiwilligen Entscheidung.
- Gemeinwohlorientierung: Die Tätigkeit ist prosozial ausgerichtet, wobei diesbezüglich üblicherweise die Intention der Handlung betrachtet wird. Dies schließt jedoch das gleichzeitige Vorliegen von eigennützigen Motiven nicht aus.
- Drittpersonenkriterium: Die Tätigkeit könnte auch von einer anderen Person ausgeführt werden. Dies grenzt Freiwilligenarbeit z. B. von Tätigkeiten ab, die im familiären Rahmen ausgeübt werden.
- Unentgeltlichkeit: Die Tätigkeit ist nicht auf materiellen Gewinn gerichtet und findet außerhalb beruflicher Verpflichtungen statt. Allerdings sind Aufwandsentschädigungen zumeist nicht ausgeschlossen.
- Organisierter Rahmen: Die Tätigkeit findet in einem organisierten Rahmen (z. B. in einem Verein, einer Initiative etc.) mit gewissen Strukturen statt. Zum Teil wird anstelle eines organisierten Rahmens auch Öffentlichkeit, d. h. dass die Tätigkeit öffentlich ist bzw. im öffentlichen Raum stattfindet, als Bestimmungsstück genannt.
- Längerfristige Zeitperspektive: Die Tätigkeit wird über einen längeren Zeitraum ausgeübt, was sie von spontanem Hilfehandeln unterscheidet. Inwiefern tatsächlich eine längerfristige Zeitperspektive gegeben sein muss, wird im Zusammenhang mit neuen Formen der Freiwilligenarbeit wie Eventfreiwilligenarbeit oder episodischer Freiwilligenarbeit zum Teil hinterfragt (Neufeind et al., 2015).

Neben den Begriffen Freiwilligenarbeit und freiwilliges Engagement sind für diese Art der Tätigkeit auch die Begriffe Ehrenamt oder bürgerschaftliches Engagement gebräuchlich. Der Begriff des Ehrenamts wird meist für Tätigkeiten verwendet, die durch eine starke und langfristige institutionelle Bindung gekennzeichnet sind. Mit dem Begriff des bürgerschaftlichen Engagements wird häufig die Öffentlichkeit des Engagements und dessen partizipativer Charakter betont. In diesem Buch werden die Begriffe Freiwilligenarbeit und freiwilliges Engagement verwendet und synonym gebraucht.

Forschung zu Freiwilligenarbeit hat ihren Ursprung in der sozialpsychologischen Forschung zu prosozialem Handeln. Ein Großteil dieser Forschung bezieht sich auf spontanes Hilfehandeln. Dabei geht es in der Regel um einmalige Ereignisse, in denen Menschen anderen Menschen in einer Notsituation helfen (Dovidio et al., 2006). Freiwilligenarbeit stellt hingegen eine Form des geplanten prosozialen Handelns dar, die meist längerfristig angelegt ist und sich dadurch von spontanem Hilfehandeln unterscheidet. Auf Grundlage der Forschung zu prosozialem Handeln hat sich daher eine eigene Forschungsrichtung zu Freiwilligenarbeit (in englischsprachigen Fachbeiträgen zumeist „volunteering") entwickelt. Diese beschäftigt sich vor allem mit den Fragen nach der Motivation von Freiwilligenarbeit und ihrer gelingenden Gestaltung. Diese beiden Aspekte sollen im Folgenden näher betrachtet werden.

10.4 Was bewegt Menschen zur Freiwilligenarbeit im Umweltschutz?

Im Folgenden werden zunächst allgemeine Erklärungsmodelle für Freiwilligenarbeit vorgestellt. Anschließend werden Besonderheiten der Motivation von Freiwilligenarbeit im Umweltschutz dargestellt.

Erklärungsmodelle für Freiwilligenarbeit:
Wenn es darum geht, Freiwilligenarbeit zu erklären, kommen unterschiedliche psychologische Modelle zum Einsatz (zum Überblick Strubel et al., 2021). Zum einen werden allgemeine psychologische Handlungsmodelle auf diesen Bereich angewendet und zum anderen gibt es mit dem funktionalen Ansatz ein Erklärungsmodell, das spezifisch für Freiwilligenarbeit entwickelt wurde.

Die **Theorie geplanten Verhaltens** (Ajzen, 1991; vgl. Abschn. 8.1) konnte erfolgreich auf die Erklärung von Freiwilligenarbeit angewendet werden (z. B. Okun & Sloane, 2002). Die Vernachlässigung altruistischer Motive führt jedoch zu Einschränkungen in der Erklärungskraft, die sich durch eine Integration des *Normaktivationsmodells* verbessern lässt (z. B. Harland et al., 1999).

Das **Normaktivationsmodell** (vgl. Abschn. 8.1) entstammt der Forschungstradition zu prosozialem Handeln. Es zielt in seiner ursprünglichen Form auf die Erklärung altruistischen Handelns, das vor allem als individuelles Hilfehandeln verstanden wird. Es lässt sich jedoch auf altruistisches Handeln, d. h. prosoziales Handeln, das unabhängig von sozialen und materiellen Belohnungen und Sanktionen ausgeführt wird, allgemein anwenden. Dies gilt auch für freiwillige Engagements (Blamey, 1998).

Der **funktionale Ansatz**, der aus der Einstellungsforschung stammt, wurde spezifisch für die Erklärung freiwilliger Engagements entwickelt und hat innerhalb der Freiwilligenforschung eine besondere Bedeutung gewonnen. Ihm liegt die Annahme zugrunde, dass Freiwilligenarbeit für Menschen bestimmte Funktionen erfüllt. Dabei kann eine Freiwilligentätigkeit zugleich mehrere Funktionen für eine Person erfüllen und dieselbe Freiwilligentätigkeit kann über verschiedene Personen hinweg unterschiedliche Funktionen erfüllen. Clary und Kolleg:innen (1998) benennen sechs Funktionen, die Freiwilligenarbeit erfüllen kann, und operationalisieren diese im Volunteer Functions Inventory (VFI). Die sechs Funktionen sind:

- Erfahrungsfunktion: Sammeln praktischer Erfahrungen und Gewinnen neuer Perspektiven (Beispielitem: „Die Freiwilligenarbeit ermöglicht es mir, Dinge durch praktische Erfahrung zu lernen.")
- Karrierefunktion: Erwerb von Fähigkeiten und Kontakten, die das berufliche Vorankommen fördern (z. B. „Die Freiwilligenarbeit kann mir helfen, in meinem Beruf erfolgreich zu sein.")
- Schutzfunktion: Schutz des Selbst vor belastenden Einflüssen (z. B. „Die Freiwilligenarbeit lenkt mich von meinen Sorgen ab.")
- Selbstwerterhöhungsfunktion: Steigerung des Selbstwertgefühls (z. B. „Die Freiwilligenarbeit gibt mir das Gefühl, wichtig zu sein.")
- Soziale Anpassungsfunktion: Einbindung in eine Gruppe (z. B. „Mein Bekanntenkreis teilt das Interesse an der Freiwilligenarbeit.")
- Wertefunktion: Hilfeleistung und Ausdruck eigener Wertvorstellungen (z. B. „Ich kann etwas für eine Sache tun, die mir persönlich wichtig ist.")

Diese Funktionen sind grundsätzlich offen für Erweiterungen und wurden unter anderem durch eine soziale Gerechtigkeitsfunktion ergänzt, die das Bestreben erfasst, durch die Freiwilligenarbeit soziale Gerechtigkeit zu befördern (Jiranek et al., 2013).

Zusätzlich zu diesen Modellen, die zur Erklärung von Freiwilligenarbeit auch erfolgreich in integrierter Form herangezogen wurden, haben sich einige **weitere Variablen** als einflussreich erwiesen. Dies sind insbesondere Emotionen sowie Spezifika des jeweiligen Engagementbereichs. Entsprechend können sich Verantwortungszuschreibungen emotional in Form von Schuld auswirken und das Erleben von Ungerechtigkeit zu Empörung führen. In mehreren Studien konnte gezeigt werden, dass sich Emotionen auf Intentionen oder Bereitschaften zu Freiwilligenarbeit auswirken (z. B. Strubel, 2020). Je nach den Besonderheiten des Bereichs, in dem freiwillige Engagements geleistet werden, erweisen sich kontextspezifische Faktoren als einflussreich. Beispielsweise wirkt sich der sogenannte Scope of Justice, der beschreibt, wie inklusiv Gerechtigkeit gedacht wird, deutlich auf Engagements im Rahmen der Hilfe für Geflüchtete aus (Strubel & Kals, 2018). Daher werden im nächsten Abschnitt, ausgehend von den genannten Erklärungsmodellen und Einflussfaktoren, Besonderheiten bei der Erklärung und Motivation von Freiwilligenarbeit im Bereich des Umweltschutzes dargestellt.

Besonderheiten der Freiwilligenarbeit im Umweltschutz:
Die genannten Erklärungsmodelle für Freiwilligenarbeit lassen sich erfolgreich auf Freiwilligenarbeit im Umweltschutz anwenden. Allerdings gibt es bestimmte Motivationen, die sich für Engagements im Umweltschutz als besonders relevant erwiesen haben. Hierzu werden zunächst verantwortungs- und gerechtigkeitsbezogene Beweggründe betrachtet. Dann wird darauf eingegangen, welche Funktionen des funktionalen Ansatzes sich als besonders bedeutsam zeigen. Abschließend wird ein Überblick über bereichsspezifische Motive gegeben.

Verantwortung und Gerechtigkeit:
Menschen, die sich freiwillig im Umweltschutz engagieren, zeichnen sich dadurch aus, dass sie Verantwortung übernehmen. Sie fühlen sich verantwortlich für den Umweltschutz und handeln entsprechend. Damit dies geschieht, sind zwei Kontrollüberzeugungen entscheidend: die Überzeugung, dem Engagement auf Basis eigener Fähigkeit gewachsen zu sein, und die Überzeugung, durch das Engagement etwas bewirken zu können. Dies entspricht dem *Normaktivationsmodell* und gilt grundsätzlich für jede Art der Freiwilligenarbeit. Im Bereich des Umweltschutzes sind Kontrollüberzeugungen angesichts der Größe und Komplexität der Problemstellungen und der zeitlich und räumlich verzögerten Wirkungen von Handlungen jedoch besonders zentral. Während man bei bestimmten Arten der Freiwilligenarbeit unmittelbare Erfolge sieht oder direkte Rückmeldungen von Menschen erhält, denen das Engagement zugutekommt, sind schnell sichtbare Erfolge und unmittelbares Feedback bei Freiwilligenarbeit im Umweltschutz selten.

Umweltprobleme sind unter anderem aufgrund der Tatsache, dass bei ihnen Verursachung und Folgen häufig zeitlich oder räumlich entkoppelt sind, meistens auch Gerechtigkeitsprobleme. Dies lässt sich gut am Beispiel des menschengemachten Klimawandels zeigen: Klimaveränderungen und damit einhergehende

Schäden betreffen auch zukünftige Generationen sowie Menschen in Regionen, die kaum oder nichts zur Verursachung beigetragen haben. Dies wirft Fragen der intergenerationellen und globalen Gerechtigkeit auf. Daher sind Gerechtigkeitswahrnehmungen und -motive zentral für umweltschützendes Handeln im Allgemeinen und für Freiwilligenarbeit im Umweltschutz im Speziellen. Vor allem das Erleben von Ungerechtigkeit motiviert zu Freiwilligenarbeit im Umweltschutz. Es äußert sich emotional als Empörung und motiviert zur Wiederherstellung von Gerechtigkeit (z. B. Strubel, 2020).

Ein wichtiger Aspekt dabei ist, wie weit Gerechtigkeitserwägungen reichen und wen sie einschließen. Der sogenannte Scope of Justice beschreibt die psychologischen Begrenzungen, innerhalb derer grundlegende Ansprüche anderer anerkannt und Gerechtigkeitsmaßstäbe auf diese angewendet werden. Er unterscheidet sich zwischen Personen und kann auch durch die Situation beeinflusst werden (Opotow, 1987). Der Scope of Justice kann wie ein flexibles Band, das unterschiedlich große Bereiche umfassen kann, beschrieben werden. Es kann beispielsweise die eigene Familie, die eigene Nation oder alle Menschen einschließen. Ein sehr inklusiver Scope of Justice kann zudem auch Tiere oder alle Lebewesen, Tiere und Pflanzen, einschließen und zu Tier- und Umweltschutz beitragen (Opotow, 1994).

Bezogen auf verantwortungs- und gerechtigkeitsbezogene Motivationen sollte außerdem beachtet werden, dass neben Kognitionen, wie bereits erwähnt, auch Emotionen bedeutsam sind. Gerade bei der Aufnahme einer Freiwilligenarbeit spielen diese eine wichtige Rolle. Empörung, die mit der Wahrnehmung von Ungerechtigkeit korrespondiert und zur Wiederherstellung von Gerechtigkeit motiviert, kann zur Aufnahme eines Engagements beitragen (Thiel et al., 2016). Auch antizipierte Schuld und antizipierter Stolz, die jeweils mit Verantwortungszuschreibungen an die eigene Person zusammenhängen, spielen eine Rolle für Engagements im Umweltschutz (Baier et al., 2014; Onwezen et al., 2013).

Motive im Sinn des funktionalen Ansatzes:
Hinsichtlich der Motive des funktionalen Ansatzes, wie sie im VFI gemessen werden, zeigt sich, dass für Engagements im Umweltschutz im Mittel vor allem drei Funktionen besonders bedeutsam sind: die Wertefunktion, die Erfahrungsfunktion und die soziale Anpassungsfunktion (z. B. McDougle et al., 2011). Dies gilt sowohl für Menschen, die bereits im Umweltschutz engagiert sind, als auch für bislang noch nicht Engagierte, die befragt wurden, was ihnen bei einem solchen Engagement wichtig wäre.

Dabei sind die Werte- und Erfahrungsfunktion vor allem für die Aufnahme einer Freiwilligenarbeit im Umweltschutz relevant. Es ist Engagierten und potenziell Engagierten wichtig, durch ein Engagement im Umweltschutz ihre eigenen Werte auszudrücken und etwas für eine Sache zu tun, die für sie bedeutsam ist. In diesem Kontext kann auch die häufig genannte Motivation, der Umwelt zu helfen, verstanden werden (Sloane & Pröbstl-Haider, 2019). Zudem stellt die Möglichkeit, in der Freiwilligenarbeit neues Wissen zu erwerben und praktische Erfahrungen zu sammeln, einen wichtigen Beweggrund dar. Auch das Bestreben, eigenes Umweltwissen zu nutzen und in Handeln umzusetzen, ist von Bedeutung (Strubel et al., 2016).

Die soziale Anpassungsfunktion sowie generell die Möglichkeit für soziale Kontakte erweisen sich hingegen für die Aufrechterhaltung und Intensität der Freiwilligenarbeit als besonders wichtig (z. B. McDougle et al., 2011; Ryan et al., 2001). Dabei ist jedoch zu beachten, dass es sich um Durchschnittswerte handelt, d. h. im Einzelfall können durchaus auch andere Funktionen, z. B. das Ziel, berufliche Vorteile zu erreichen oder sich durch das Engagement besser zu fühlen, ausschlaggebend für ein Engagement sein.

Bereichsspezifische Motive:
Ein Beweggrund für Freiwilligenarbeit im Umweltschutz, der von Engagierten sehr häufig genannt wird, ist der Wunsch, der Umwelt zu helfen. Wie bereits erwähnt, weist diese Motivation einen engen Bezug zur Wertefunktion auf, denn eine Facette der Wertefunktion ist der Einsatz für eine Sache, die einem persönlich wichtig ist. Gleichzeitig handelt es sich aber um eine bereichsspezifische Funktion, die sich in anderen Feldern der Freiwilligenarbeit nicht findet. Weitere bereichsspezifische Beweggründe, die sich in mehreren Studien gezeigt haben, sind die folgenden:

- Liebe zur und Interesse an der Natur: Hierbei geht es darum, dass die Freiwilligenarbeit die Möglichkeit bietet, die eigene Liebe und Verbundenheit zur Natur auszuleben und dem Interesse an der Natur nachzugehen (z. B. Sloane & Pröbstl-Haider, 2019).
- Bindung an einen bestimmten Ort: Während der vorherige Beweggrund allgemein auf die Natur ausgerichtet ist, kann auch die Bindung an einen bestimmten Ort dazu motivieren, ihn zu pflegen oder zu schützen (z. B. Measham & Barnett, 2008).
- Gesundheit und Wohlbefinden: Auch bei diesem Beweggrund spielt der Aufenthalt in der Natur eine Rolle, der Fokus liegt allerdings auf der Möglichkeit, sich zu bewegen oder zu erholen (z. B. Husk et al., 2016).
- Reflexion: Bei diesem Beweggrund geht es um die Möglichkeit, durch das Engagement zur Ruhe zu kommen, nachzudenken und im eigenen Rhythmus zu arbeiten (Ryan et al., 2001).

- Nutzung der Natur: Dieses Motiv bezieht sich darauf, sich in der Freiwilligenarbeit um Bereiche zu kümmern, die man gerne selbst in der Freizeit nutzt und an denen man Freude hat (z. B. Bruyere & Rappe, 2007).
- Generativität: Besonders, aber nicht nur, von älteren Freiwilligen wird als Beweggrund genannt, dass sie ein Vermächtnis hinterlassen wollen, indem sie die Umwelt erhalten (z. B. Caissie & Halpenny, 2003). In diesem Kontext kann auch die Weitergabe von Wissen stehen.

Je nach Studie werden diese Beweggründe weiter aufgeschlüsselt oder zusammengefasst. Es fällt auf, dass viele der bereichsspezifischen Motive auf den Aufenthalt in der Natur bezogen sind. Diese Motive haben sich für Freiwilligenarbeit, die einen solchen Aufenthalt bietet, als relevant erwiesen, z. B. für Monitoring- oder Renaturierungsaktivitäten. Sie gelten aber nicht für alle Arten der Freiwilligenarbeit im Umweltschutz.

10.5 Wie kann gelingende Freiwilligenarbeit im Umweltschutz gestaltet werden?

Das Wissen um die Motivationen von Freiwilligenarbeit im Umweltschutz und ihre Besonderheiten kann zusammen mit arbeits- und organisationspsychologischen Erkenntnissen dazu genutzt werden, um Freiwilligenarbeit gelingend zu gestalten. Hierzu wird erläutert, was verantwortungs- und gerechtigkeitsbezogene Motive sowie die Erkenntnisse zum funktionalen Ansatz und zu weiteren bereichsspezifischen Motiven für die Gestaltung von Freiwilligenarbeit im Umweltschutz bedeuten. Schließlich wird skizziert, welchen Einfluss Tätigkeits- und organisationale Merkmale haben.

Verantwortung und Gerechtigkeit:
Vielen Menschen, die sich freiwillig im Umweltschutz engagieren, ist wie bereits dargestellt wichtig, Verantwortung zu übernehmen. Hierfür sind Kontrollüberzeugungen zentral, d. h. dass die Freiwilligen ihr eigenes Handeln als wirksam erleben. Die eigene Wirksamkeit ist bei Freiwilligenarbeit im Umweltschutz angesichts zeitlich und räumlich verzögerter Wirkungen jedoch häufig nicht offensichtlich. Daher ist es wichtig, Kontrollüberzeugungen in diesem Bereich zu stärken, sowohl um die Aufnahme von Engagements zu fördern, als auch um zu deren Aufrechterhaltung beizutragen. Dies kann gelingen, indem konkrete Handlungs- und Engagementmöglichkeiten aufgezeigt werden, bedarfsgerechte Schulungs- und Weiterbildungsmöglichkeiten für freiwillig Engagierte angeboten werden und wann immer möglich Rückmeldungen über Erfolge, die durch die

Freiwilligenarbeit erzielt wurden, gegeben werden. Freiwilligenorganisationen im Bereich des Umweltschutzes können dabei herausstellen, wie die Wirksamkeit der einzelnen Person durch Freiwilligenarbeit in der Organisation optimal genutzt bzw. sogar erhöht werden kann.

Neben der Steigerung von Kontrollüberzeugungen kann auch eine erhöhte Problemwahrnehmung, z. B. durch entsprechende Informationen, zur Übernahme von Verantwortung beitragen. Dabei ist es jedoch wichtig, dass gleichzeitig aufgezeigt wird, was man tun kann, um den Problemen entgegenzuwirken. Anderweitig besteht die Gefahr, dass die Probleme so überwältigend erscheinen, dass eigenes Handeln als wirkungslos eingeschätzt wird und daher nicht erfolgt.

Verantwortungsvolles Handeln in komplexen Kontexten wie dem Umweltschutz kann zudem durch eine geteilte Verantwortungszuschreibung gestützt werden. Das bedeutet, dass man sich nicht nur selbst Verantwortung für den Umweltschutz zuschreibt, sondern auch eine Verantwortung bei Dritten sieht (Strubel, 2019). Wenn man beobachtet, dass Mitmenschen und andere Instanzen ebenfalls Verantwortung im Umweltschutz übernehmen, kann dies eine geteilte Verantwortungszuschreibung fördern. Zudem gehen von der Beobachtung verantwortlichen Handelns bei anderen Akteur:innen normative Einflüsse als Vorbildfunktion aus. Daher ist es hilfreich, wenn Engagement im Umweltschutz öffentliche Aufmerksamkeit erfährt. Um zu verhindern, dass dies bislang nicht Engagierten einen einfachen Weg aus der Verantwortung ebnet (im Sinne von: „Es kümmern sich ja schon genug Menschen darum"), sollte dabei herausgestellt werden, dass es weiterhin auf den Beitrag jeder einzelnen Person ankommt.

Einer gerechtigkeitsbezogenen Motivation kann Rechnung getragen werden, indem z. B. damit geworben wird, welche Möglichkeiten Freiwilligenarbeit birgt, um zu mehr ökologischer Gerechtigkeit beizutragen. Auch in diesem Kontext kann das Problembewusstsein hinsichtlich Ungerechtigkeit gestärkt werden, um Engagements zu fördern. Hier gilt jedoch wiederum, dass dies nur moderat erfolgen sollte, um Hilflosigkeit und damit einhergehende Passivität zu vermeiden. Gerade stark gerechtigkeitsmotivierte Personen werden leicht abgeschreckt, wenn sie den Eindruck gewinnen, nicht genug gegen Ungerechtigkeiten ausrichten zu können.

Funktionaler Ansatz und weitere Motive:
Ein vielversprechender Ansatz, um Freiwillige für ein Engagement zu gewinnen, ist an den Motiven potenziell Engagierter anzusetzen und zu zeigen, wie sich diese durch die Freiwilligenarbeit erfüllen lassen (Clary et al., 1998). Angesichts der Bedeutsamkeit der Werte-, Erfahrungs- und sozialen Anpassungsfunktion für Freiwilligenarbeit im Umweltschutz ist es sinnvoll, diese Funktionen besonders anzusprechen. Wenn es darum geht, Menschen für die Freiwilligenarbeit zu gewinnen,

kann man über diesbezügliche Aspekte der Freiwilligenarbeit informieren. Allerdings ist es wichtig, nur mit Motiven zu werben, die durch die Tätigkeit tatsächlich erfüllt werden können. Denn die Passung zwischen den eigenen Motiven einerseits und den Anforderungen und Möglichkeiten der Tätigkeit andererseits ist sehr wichtig für die Zufriedenheit der Freiwilligen und die Weiterführung des Engagements (Clary & Snyder, 1999).

Bereits Engagierte sollten die Möglichkeit erhalten, durch ihr Engagement die Funktionen, die ihnen wichtig sind, dauerhaft erfüllen zu können. Bei der Erfahrungsfunktion kann dies z. B. durch regelmäßige Weiterbildungsmöglichkeiten gewährleistet werden. Bezogen auf die Wertefunktion können Rückmeldungen zu den Verbesserungen hilfreich sein, die in den Bereichen, die den Engagierten wichtig sind, bereits erreicht wurden. Die soziale Anpassungsfunktion, die eine besonders große Rolle für die Aufrechterhaltung von Freiwilligenarbeit im Umweltschutz spielt, kann z. B. durch die Zusammenarbeit in Teams und Möglichkeiten zur Kontaktpflege unter den Freiwilligen aufgegriffen werden.

Auch die aufgeführten bereichsspezifischen Motive können bei der Bewerbung und der Gestaltung der Freiwilligenarbeit berücksichtigt werden, indem z. B. auf gesundheitliche Vorteile hingewiesen wird und die Freiwilligen möglichst viele Möglichkeiten erhalten, sich in der Natur aufzuhalten bzw. sich mit dieser zu beschäftigen.

Angesichts der Bedeutung der Passung zwischen den Motiven der Freiwilligen und den Möglichkeiten der Tätigkeit ist es sinnvoll, Maßnahmen zu ergreifen, um diese von vornherein zu gewährleisten und aufrechtzuerhalten. In der Rekrutierungsphase können hierfür genaue Beschreibungen der Tätigkeiten und Anforderungen hilfreich sein. Auch Erfahrungsberichte von bereits Engagierten können Einblicke in die Art der Tätigkeit, Herausforderungen und besondere Gewinne geben. Befragungen, in denen die Motive bereits Engagierter erfasst werden, können helfen, die Gestaltung der Freiwilligenarbeit zu verbessern.

Dieselbe freiwillige Tätigkeit kann durch unterschiedlichste Faktoren motiviert sein, erfüllt für die meisten Freiwilligen mehrere Funktionen gleichzeitig, und auch die Bedeutung unterschiedlichster Motive kann sich im Verlauf des Engagements ändern. Daher ist es sinnvoll, die ganze Bandbreite an Motiven anzusprechen, denen durch die konkrete Art der Freiwilligenarbeit entsprochen werden kann.

Tätigkeits- und organisationale Merkmale:
Darüber hinaus spielen Tätigkeits- und organisationale Merkmale eine Rolle dafür, ob Intentionen oder Bereitschaften zu Freiwilligenarbeit in Handeln umgesetzt werden und inwiefern die Freiwilligenarbeit aufrechterhalten wird. In Überein-

stimmung mit dem Job-Characteristics-Modell von Hackman und Oldham (1975) wirken sich vor allem die folgenden Merkmale positiv auf die Zufriedenheit mit Freiwilligenarbeit und ihre Aufrechterhaltung aus: Die Anforderungsvielfalt der Aufgaben, ihre Bedeutsamkeit, die Autonomie im Sinne eigener Handlungsspielräume sowie die Rückmeldung aus der Tätigkeit (Millette & Gagné, 2008; van Schie et al., 2015). Für die langfristige Bindung von Engagierten ist es zudem förderlich, wenn die Tätigkeiten in der Freiwilligenarbeit ein möglichst hohes Potenzial für die Entwicklung selbstbestimmter Motivation bergen. Dies ist laut der Selbstbestimmungstheorie von Deci und Ryan (1985) dann der Fall, wenn die bereits angesprochene Autonomie durch soziale Eingebundenheit sowie Möglichkeiten zum Kompetenzerleben, z. B. durch die Nutzung der Expertise der Engagierten, ergänzt wird. Auf die Wichtigkeit der Passung zwischen Motiven und Aufgaben in der Freiwilligenarbeit wurde bereits hingewiesen.

Bezogen auf die organisationalen Rahmenbedingungen gilt, dass sich eine hohe organisationale Gerechtigkeit positiv auf Freiwilligenarbeit auswirkt. Diese äußert sich dadurch, dass Verteilungen und Verfahren fair gestaltet werden, durch eine transparente Kommunikation sowie einen wertschätzenden Umgang. Die Erfahrung von Ungerechtigkeit kann Freiwilligenarbeit hingegen gefährden (Jiranek et al., 2013). Dies gilt auch für das Erleben organisationsinterner Konflikte, zumindest dann, wenn nicht konstruktiv mit ihnen umgegangen wird (Thiel, 2021). Zudem spielen auch situationelle Rahmenbedingungen, wie die zeitlichen Anforderungen einer Freiwilligenarbeit, eine Rolle. Entsprechend können starre organisationale Strukturen ein Hindernis für die Aufnahme sowie Fortführung von Freiwilligenarbeit sein (Freund, 2020).

10.6 Entwicklungen in der Freiwilligenarbeit

Klassische Freiwilligenarbeit ist durch einen langen Zeithorizont und eine institutionelle sowie häufig auch örtliche Bindung gekennzeichnet und erfolgt zumeist regelmäßig. Zunehmend wird sie jedoch durch neue Formen des Engagements ergänzt und zum Teil auch ersetzt. Dies gilt auch für Freiwilligenarbeit im Umweltschutz. Bei diesen neuen Formen spielen häufig die Passung zur eigenen Biographie und der Wunsch, etwas Besonders zu erleben, eine Rolle (Güntert et al., 2022).

Voluntourismus bezeichnet die Kombination aus Tourismus und Freiwilligenarbeit und findet üblicherweise im Ausland statt. Voluntourist:innen zeichnen sich häufig durch eine Mischung von altruistischen und erlebnisorientierten Motiven aus. Weitere verbreitete Beweggründe sind der Erwerb neuer Fähigkeiten und die eigene Persönlichkeitsentwicklung (Güntert et al., 2022). Im Bereich des Umweltschutzes übernehmen diese Freiwilligen z. B. ökologisches Monitoring, arbeiten in Aufzuchtprogrammen für bedrohte Tierarten mit oder pflegen Ökosysteme. In diesem Kontext spielt für die Freiwilligen häufig die Möglichkeit, ungewöhnliche Ökosysteme kennenzulernen und mit besonderen, zum Teil bedrohten, Arten in Kontakt zu kommen, eine Rolle (Brondo, 2019).

Auch bei Eventfreiwilligenarbeit findet die Freiwilligenarbeit nicht regelmäßig statt. Sie wird für kurze Zeit im Rahmen eines konkreten Anlasses geleistet. Gut untersucht ist Eventvolunteering im Rahmen großer Sportveranstaltungen. Aber auch im Umweltschutz gibt es diese Art der Freiwilligenarbeit, z. B. Müllsammelaktionen, bei denen einen Tag lang ein bestimmtes Gebiet gesäubert wird. Bestimmte Arten freiwilliger Aufräumarbeiten nach Naturkatastrophen lassen sich ebenfalls als anlassbezogene Freiwilligenarbeit einordnen (Miller, 2020).

Eine weitere Sonderform der Freiwilligenarbeit, die sich auch im Bereich des Umweltschutzes findet, ist das sogenannte Corporate Volunteering. Dies ist Freiwilligenarbeit, die im Kontext eines Unternehmens erbracht wird. Corporate Volunteering findet üblicherweise während der Arbeitszeit statt und ist somit de facto bezahlt. Zudem ist das Ausmaß der Freiwilligkeit und Autonomie meist eingeschränkt, da häufig die Engagementbereiche oder sogar die konkreten Engagements von Arbeitgeber:innen vorgegeben werden. Damit entspricht Corporate Volunteering nicht der Definition von Freiwilligenarbeit, weist aber dennoch deutliche Bezüge zu dieser auf. Es kann in Form von einmaligen, projektorientierten Einsätzen erfolgen (z. B. Baumpflanzaktionen), als Mentoring-Programm oder auch durch die längerfristige Entsendung einzelner Mitarbeitender in gemeinnützige Einrichtungen, z. B. im Bereich der Nachhaltigkeit (Habisch, 2011).

Diese neuen Formen der Freiwilligenarbeit können eine Herausforderung für Freiwilligenorganisationen darstellen, unter anderem, weil sie anders geplant werden müssen und andere Erwartungen im Spiel sind als bei klassischer Freiwilligenarbeit. Außerdem müssen zum Teil zusätzliche Akteur:innen eingebunden werden, wie die Arbeitgeber:innen beim Corporate Volunteering. In einigen Aspekten können diese Formen durchaus kritisch gesehen werden, z. B. bei der Frage, wie sich die durch weite Reisen verursachten Klimaauswirkungen mit der ökologischen Zielsetzung eines Voluntourismus-Projekts vertragen oder angesichts der Gefahr, dass Freiwilligenarbeit zugunsten des Imagegewinns eines Unternehmens instrumentalisiert wird. Gleichzeitig können sie aber auch einen Einblick in ökologische Zusammenhänge ermöglichen (Samuel et al., 2013), das Bewusstsein für die Notwendigkeit umweltschützenden Handelns stärken und ein Türöffner für weitere Freiwilligenarbeit im Umweltschutz sein.

Wo Sie Ihr Wissen erweitern und vertiefen können

Güntert, S. T., Wehner, T., & Mieg, H. A. (2022). *Organizational, motivational, and cultural contexts of volunteering: The European view.* Springer.

Simonson, J., Kelle, N., Kausmann, C., & Tesch-Römer, C. (Hrsg.). (2022). *Freiwilliges Engagement in Deutschland. Empirische Studien zum bürgerschaftlichen Engagement.* Springer.

Strubel, I. T., Schütt, S. C., & Kals, E. (2021). Soziale Engagements aus psychologischer Sicht. In P. Genkova (Hrsg.), *Handbuch globale Kompetenz* (S. 1–14). Springer.

Wehner, T., & Güntert, S. T. (2015). *Psychologie der Freiwilligenarbeit: Motivation, Gestaltung und Organisation.* Springer.

Siehe auch: kostenfreie Materialien auf der Seite www.lehrbuch-psychologie.springer.com.

Umweltkonflikte und Umweltmediation

11

Angesichts immer knapper werdender Ressourcen spielen Umweltkonflikte um Ressourcen und ihren Schutz eine immer größere Rolle (etwa um die gerechte Verteilung von Wasser, um Maßnahmen zum Schutz des Klimas, die Rodung des Regenwalds bzw. das Abwägen von wirtschaftlichen Interessen und Interessen des Umweltschutzes zwischen und innerhalb von Staaten). Auch auf lokaler Ebene werden Konflikte, bei denen der Schutz oder die Gefährdung der natürlichen Umwelt zur Diskussion stehen, oftmals vehement ausgetragen (z. B. Konflikte um den Bau einer Müllverbrennungsanlage, belastender Industrien und Kraftwerke, von Straßen, Eisenbahnlinien oder Flughäfen oder um den Schutz eines Naherholungsgebiets). In diesem Kapitel werden diese Konflikte genauer betrachtet und es wird mit der Mediation ein Weg aufgezeigt, wie sie sich nachhaltig und kooperativ lösen lassen. Dazu werden Ziele und Prinzipien der Umweltmediation vorgestellt und ihre Ablaufphasen an einem Beispiel verdeutlicht.

11.1 Umweltgefährdung und Ursachen von Umweltkonflikten

Umweltprobleme und -konflikte als Krise der Kultur: Es bestehen keine Zweifel darüber, dass die Gefährdung der natürlichen Umwelt anthropogene Ursachen hat und daher Maßnahmen durch den Menschen notwendig sind, diese Bedrohung einzudämmen. Lange Zeit wurde die Umweltgefährdung als ein Problem angesehen, das technischer Natur ist bzw. auf technischem Wege zu lösen sei. Doch die Lösung vieler Umweltprobleme ist nicht allein technisch möglich, sondern es sind Verhaltensänderungen und -verzichte notwendig. Die Allmende-Klemme bzw. das sozioökologische Dilemma verdeutlichen, dass diese Verzichte oftmals mit kurzfristigen individuellen Belastungen einhergehen, während der langfristige Nutzen sozialisiert ist (vgl. Kap. 7).

Umweltschutz steht in Konkurrenz mit anderen Werten, die ebenfalls gesellschaftliche Akzeptanz und hohen Stellenwert haben, wie Wirtschaftswachstum, Arbeitsplatzsicherheit, individuelle Entscheidungsfreiheit. Diese Pluralität von Werten und der zunehmende Druck, mit aktuellen und prognostizierten Umweltproblemen umzugehen, befördern, dass unterschiedliche Meinungen und Ansichten über die Nutzung natürlicher Ressourcen immer häufiger zu Konflikten führen (zum Überblick Erdmann & Kastenholz, 2013).

Dazu *zwei Beispiele für Umweltkonflikte* auf eher globaler und lokaler Ebene:

- Umweltschutzgruppen und nicht vom Profit betroffene Staaten kämpfen seit Jahren dafür, die Fischfangquoten weiter zu beschränken bzw. den Walfang (mit Ausnahme der Inuit, die den Wal für ihren persönlichen Verbrauch jagen) weitgehend einzuschränken oder ganz zu verbieten. Doch die Staaten, die hiervon direkt und unmittelbar profitieren und bei denen der Fisch- bzw. Walfang eine wichtige staatliche Einnahmequelle ist, wehren sich vehement.
- In einem strukturschwachen Gebiet soll ein neuer Industriebetrieb gebaut werden. Der Betrieb böte zahlreiche, dringend benötigte Arbeitsplätze für die Region, ginge allerdings gleichzeitig mit Landschaftszersiedlung, erhöhtem Verkehrsaufkommen, Lärmbelastung und Luftverschmutzung einher. Es besteht zudem die Sorge, dass durch den Bau der Tourismus, eine der wenigen Einnahmequellen der Region, zurückgeht. Die Bevölkerung und der Stadtrat sind daher über den Bau des Betriebs geteilter Meinung und zerstritten.

Definition Umweltkonflikt: Diesen und weiteren Beispielen ist gemeinsam, dass der Schutz oder die Gefährdung der natürlichen Umwelt direkt und unmittelbar von den Konflikten betroffen sind. Solche Konflikte werden daher als Umweltkonflikte bzw. ökologische Konflikte bezeichnet. Umweltkonflikte sind definiert

- als normative Unvereinbarkeiten (z. B. zwischen Handlungen, Zielen, Wertungen, Überzeugungen),
- die zwei oder mehr Konfliktparteien betreffen und
- bei denen es – neben anderen Aspekten (z. B. wirtschaftliche und finanzielle Fragen) – um Entscheidungen über die Gestaltung der natürlichen Umwelt geht (wie Luft, Boden, Wasser).

Umweltpolitische Konflikte: Umweltkonflikte lassen sich in Konflikte unterscheiden, die sich innerhalb oder außerhalb der politischen Arena abspielen. Bei umweltpolitischen Konflikten geht es um politische Entscheidungen, wie Standort- oder bauliche Entscheidungen. Außerhalb dieser Konflikte spielen sich Konflikte zwischen Privatpersonen ab, z. B. Nachbarschaftskonflikte über die Einfriedung eines Grundstücks. Diese können ebenfalls ökologisch relevant sein, weil es etwa um den Erhalt von Baumbeständen geht. Sie werden aber durch andere Gesetze, wie Nachbarschafts- oder Baurecht, reguliert. In diesem Text geht es vor allem um die umweltpolitischen Konflikte. Den Konfliktkern bilden dabei oftmals unvereinbare Werturteile darüber, wie der Mensch mit der Natur und der ökologischen Umwelt umgehen soll (vgl. Zilleßen, 1998): Inwiefern hat der Mensch das Recht, die Umwelt und Natur für seine eigenen Zwecke zu nutzen? Wann gefährdet er die Rechte anderer Bürger:innen, Bevölkerungsgruppen oder gar Nationen? Inwiefern ist das Recht auf Umweltnutzung in Balance zu bringen mit anderen Rechten, wie dem Recht auf Freiheit?

11.2 Spezifika von Umweltkonflikten

Bei ökologischen Konflikten vertreten die Parteien inkompatible Ansprüche, die sie subjektiv für legitim halten. Dabei geht es z. B. um die Eindämmung von Risiken und Belastungen durch Emissionen oder um den Schutz von Arten und Biodiversität, um globalen oder regionalen Naturschutz, um die Nutzung natürlicher Ressourcen, um Verbote risikoreicher Technologien, um Eindämmung der Gefahren und Belastungen durch den Straßenverkehr u. v. m. Diejenigen, die für mehr Umweltschutz und für eine nachhaltige Nutzung natürlicher Ressourcen eintreten, machen etwa ein Grundrecht auf eine gesundheitsförderliche Umwelt und Gesundheitsschutz geltend, das auch für künftige Generationen gilt. Andere an Umweltkonflikten beteiligte Gruppen betonen die Bedeutung wirtschaftlichen Wachstums. Sie vertreten das Recht, natürliche Ressourcen, wie Boden, Wasser, Luft etc. ausgiebig zu nutzen oder die Natur zum ökonomischen Vorteil umzugestalten.

Gegen Forderungen nach mehr Schutz der globalen oder regionalen Umwelt werden im Konfliktfall ebenfalls normative Argumente vorgebracht, z. B. Freiheitsrechte, das Recht auf ökonomischen Wohlstand oder das Recht auf Erhaltung wettbewerbsfähiger Industrien und ihrer Arbeitsplätze. Zukunftsrisiken durch Belastungen der Umweltsysteme werden mit Hinweis auf die Prognoseunsicherheit bezweifelt. Ökologische Belastungen künftiger Generationen werden z. B. mit dem Argument relativiert, dass diese durch Produktivitätssteigerungen der Wirtschaft kompensiert werden (Montada & Kals, 2010). Daher lassen sich Umweltkonflikte letztlich nur auf ethischer Diskursebene klären (Kals et al., 2016).

Konfliktvirulenz: All dies zeigt das normative Konfliktpotenzial auf, das mit Umweltfragen verbunden ist. Der Konflikt wird virulent, wenn sich eine Partei ungerecht behandelt oder benachteiligt fühlt, ihre Ansprüche geltend macht und die anderen Parteien diese Ansprüche nicht als gerechtfertigt ansehen. Im Verlauf des Konflikts werden die Konfliktparteien ihre eigenen Positionen rechtfertigen und die Gegenpositionen normativ kritisieren (Montada & Kals, 2010). In vielen Fällen werfen sich die Parteien dabei gegenseitig Verantwortungslosigkeit vor. Dabei ist nur der Gegenstand der Verantwortungszuschreibung unterschiedlich, sei es z. B. Umweltschutz, Wirtschaftswachstum oder soziale Sicherheit.

Insgesamt weisen Umweltkonflikte einige *Spezifika* auf, die sie von anderen Konflikten unterscheiden:

- An den Konflikten sind fast immer zahlreiche Parteien und Interessengruppierungen beteiligt. Diese bringen unterschiedliche Voraussetzungen und Wertorientierungen mit.
- Über den Konflikt entscheiden oftmals Entscheidungs- oder Meinungsträger:innen im Hintergrund, die sich an der öffentlichen Diskussion des Konflikts weder beteiligen, noch als Konfliktparteien auftreten (z. B. politische Entscheidungsträger:innen und Gremien). Aber auch andere einflussreiche Instanzen spielen eine wichtige Rolle im Hintergrund – ebenfalls ohne als Konfliktpartei in Erscheinung zu treten. Dadurch ist die politische Situation komplex. Die Konfliktparteien suchen die Nähe zu Entscheidungsträger:innen, statt den Dialog miteinander, wodurch sich der Konflikt verhärtet.
- Die ökologische Situation und die Folgen einer Entscheidung des spezifischen Konflikts sind komplex und Prognosen mit Unsicherheit behaftet (vgl. Kap. 8).

11.3 Externe Möglichkeiten zur Lösung von Umweltkonflikten

Umweltkonflikte können manchmal durch die beteiligten Konfliktparteien selbst gelöst werden. Wenn die Positionen der beteiligten Konfliktparteien jedoch erst einmal verhärtet sind, eskaliert der Konflikt und es wird oft keine Möglichkeit mehr gesehen, ihn selbst beizulegen. In diesem Fall ist externe Hilfe notwendig.

Justiziable Fälle und kodifiziertes Recht: Bei justiziablen Fällen besteht der traditionelle Weg darin, ein Gerichtsverfahren anzustrengen, bei dem durch Richter:innen „Recht gesprochen" wird (Montada & Kals, 2010). Richter:innen sind jedoch an kodifiziertem Recht und an Rechtspositionen orientiert. Daher bleiben die subjektive Wahrnehmung der Betroffenen sowie ihr Erleben von Recht und Gerechtigkeit weitgehend unberücksichtigt. Auch geht es bei Gericht nicht darum, eine Lösung zu suchen, die von den Beteiligten als Gewinner-Gewinner-Lösung bewertet wird. Daher werden eine, oftmals aber auch beide bzw. alle Konfliktparteien mit dem Gefühl verloren zu haben, aus dem Prozess gehen.

Zudem werfen Umweltkonflikte häufig Fragen und Probleme auf, die die jeweiligen administrativen und politischen Zuständigkeiten sprengen, etwa wenn es darum geht, welche Rechte die belebte Umwelt und Natur oder zukünftige Generationen haben. Dies hat zur Folge, dass nur ein kleiner Teil des Konflikts justiziabel ist. Durch diese juristische Objektivierung bleiben die weitaus größeren, als besonders wichtig bewerteten Konfliktteile (z. B. Folgen für zukünftige Generationen) unbehandelt, weil es keine gesetzlichen Pflichten, Rechte und Ansprüche gibt (vgl. Montada & Kals, 2010).

Alternative Verfahren: Aufgrund dieser Nachteile werden alternative Verfahren zur externen Lösung von Konflikten zunehmend diskutiert und angewendet. Hierzu zählen Schieds- und Schlichtungsverfahren sowie die Mediation als Formen der außergerichtlichen oder alternativen Streitbeilegung. Alle drei Verfahren können grundsätzlich – mit noch zu diskutierenden Grenzen – auf alle justiziablen aber auch nichtjustiziablen Konfliktfälle angewandt werden.

Was sind die Merkmale von Schieds- und Schlichtungsverfahren? Am Ende eines Schiedsverfahrens steht ein verbindlicher Schiedsspruch. Das Schlichtungsverfahren wird durch einen Schlichtungsvorschlag beendet, der jedoch häufig durch Ausübung von sozialem Druck umgesetzt wird. In beiden Fällen geht es um einen Interessenausgleich, wobei die Entscheidungsmacht bei Schiedsleuten und Schlichter:innen liegt. Dies ist bei der Mediation anders, wie nun zu zeigen ist.

11.4 Grundlagen der Umweltmediation

Definition: Umweltmediation ist ein außergerichtliches Verfahren, mit dessen Hilfe eine einvernehmliche Lösung gesucht wird, um Umweltkonflikte nachhaltig beizulegen. Dazu suchen die Mediator:innen, die neutral und nicht am Konflikt beteiligt sind, gemeinsam mit den Mediant:innen (Konfliktparteien in der Mediation) einen Konsens auf der Basis von Gewinner-Gewinner-Lösungen. Die Entscheidung über die Lösung bleibt selbstverantwortlich bei den Mediant:innen; die Mediator:innen sind für ein gerechtes Verfahren verantwortlich (Fisher et al., 2000; Montada & Kals, 2010).

Werkzeuge: Die Mediation bedient sich verschiedener Werkzeuge, um Gewinner-Gewinner-Lösungen zu finden, die nachhaltig wirken und zu einer Stabilisierung bzw. Verbesserung der Beziehung zwischen den Konfliktparteien beitragen. Zu diesen Werkzeugen zählen (vgl. Metha & Rückert, 2003):

- die Lösungssuche auf Basis individueller Gerechtigkeitsurteile (kein objektiv-normativer Anspruch, sondern im Zentrum steht das subjektive Erleben, allerdings sind dahinterstehende Ansprüche zu begründen),
- die Analyse der Tiefenstruktur eines Konflikts (gemeinsam wird erarbeitet: Wie sieht der Konfliktkern aus? Worum geht es eigentlich?),
- das Denken und Handeln in Alternativen (bei der Analyse des Konflikts aber auch bei der Suche nach Lösungsoptionen, etwa indem man durch Einbezug weiterer Konfliktfelder oder zusätzlicher Ressourcen den „Kuchen" vergrößert, über den verhandelt wird und der damit zu verteilen ist),
- Mut zur psychologischen Methodenvielfalt (keine Beschränkung auf Moderationsaufgaben und Techniken der psychologischen Gesprächsführung, sondern Rückgriff auf das ganze Portfolio an psychologischen Methoden und Techniken),
- Methoden der psychologischen Verständigung und Deeskalation (wie Techniken und Methoden der verbalen und nonverbalen Gesprächsführung, der Perspektivenübernahme, der Herstellung eines guten Kontakts („Rapports") und der Deeskalation) sowie
- die kritische Reflexion und Evaluation (vgl. Kap. 12).

Doch all diese Methoden und Techniken sind nur dann nachhaltig wirksam, wenn die Mediator:innen eine innere Haltung der Wertschätzung und allparteilichen Offenheit gegenüber den Konfliktparteien mitbringen – auch dies unterscheidet die Mediation von alternativen außergerichtlichen Verfahren.

Ablauf: Die (Umwelt-)Mediation lässt sich in fünf Phasen gliedern: Vorbereitung, Konfliktanalyse, Konfliktbearbeitung, Mediationsvereinbarung und Evaluation. Diese werden in den Materialien auf der Seite www.lehrbuch-psychologie.springer.com am Beispiel eines lokalen Umweltkonflikts verdeutlicht.

11.5 Chancen und Grenzen der Umweltmediation

Die Mediation hat eine lange Vergangenheit und wird neben Umweltkonflikten auf viele weitere Konfliktfelder angewandt (Rechtspflege, Politik, Wirtschaft und Arbeitswelt, Schule, Familie etc.). In den USA gehört die Umweltmediation bereits zum Standard. Gründe hierfür sind unter anderem die dort bestehende heterogene

11.5 Chancen und Grenzen der Umweltmediation

Rechtsprechung, durch die eine gerichtliche Entscheidung über einen Umweltkonflikt nur schwer vorhersagbar ist, sowie lange historische Vorläufer (Zilleßen, 1998). In Deutschland dominieren bei der Umweltmediation die Lösung von Standortfragen und baulichen Entscheidungen.

Vorteile gegenüber Gerichtsverfahren: Der große Vorteil ist, dass durch Umweltmediation Bürger:innenpartizipation und die Übernahme von Verantwortung für umweltpolitische Probleme und ihre Lösungen innerhalb der Bevölkerung gefördert werden (Zilleßen, 1998). Durch eine Übergabe dieser Verantwortung an Richter:innen wird der Konflikt nur scheinbar schneller und effizienter gelöst, denn erstens entstehen durch die Gerichtsverfahren hohe Kosten für den Staat und somit letztlich für die Bürger:innen. Zweitens können sich Entscheidungsprozesse wegen der großen Zahl an Klagen und wegen ihrer juristischen Komplexität über viele Jahre hinziehen und auf diese Weise ebenfalls zu einer Kostenexplosion im Rechtswesen führen (vgl. Montada & Kals, 2010). Drittens bleiben, wie eingangs erläutert, bei Gericht subjektives Rechtsempfinden bzw. die Suche nach Gewinner-Gewinner-Lösungen außen vor.

Langfristige „Paketlösungen": Darüber hinaus werden durch Umweltmediation langfristige Lösungen des Konflikts erzielt. Diese sind oftmals „Paketlösungen", indem innerhalb desselben Mediationsverfahrens gleichzeitig verschiedene Einzelkonflikte eingebunden und gelöst werden.

Nachhaltige Beziehungsverbesserung: Die Beziehungen zwischen den Konfliktparteien werden nachhaltig verbessert, da ein umfassender Meinungsaustausch in geschütztem Rahmen stattfindet und neue Kommunikationsstrukturen aufgebaut werden. Die Beziehung wird ebenso verbessert, weil alle Parteien als subjektive Gewinner:innen aus dem Verfahren hervorgehen und niemand das Gefühl hat, das Gesicht zu verlieren. Bei späteren Konfliktfällen tragen diese veränderten Beziehungen und Strukturen dazu bei, dass auch weitere Konflikte leichter zu lösen sind.

Verfahrensgrenzen: Der große Vorteil der Umweltmediation, die Bürger:innenpartizipation, kann gleichzeitig zu ihrem größten Hemmnis werden, weil dieser Ansatz zu Misstrauen bei den Entscheidungsträger:innen führen kann und ein solcher eigenverantwortlicher Umgang mit Konflikten ungewohnt und in unserer Gesellschaft noch wenig verbreitet ist. Zudem werden die Kosten eines solchen Verfahrens oft überschätzt, während Gerichtskosten unterschätzt werden, z. B. indem die Kosten durch Klagen (Gerichtsfolgekosten) nicht einbezogen werden. Es fehlt außerdem an gesicherten Evaluationsdaten über den Erfolg von Fällen der Umweltmediation. Schließlich bestehen auch Grenzen des Verfahrens aus psychologischer Sicht: Es setzt eine grundsätzlich bestehende Kooperationsbereitschaft der beteiligten Parteien voraus und muss weiterhin gewährleisten, dass politische Entscheidungsträger:innen ebenso einbezogen werden wie die Interessenlagen nicht anwesender Dritter.

Werden diese Herausforderungen überwunden, kann die Umweltmediation sehr erfolgreich sein, zu einer neuen Konfliktkultur innerhalb der Gesellschaft beitragen und einen diskursiven und kreativen Beitrag zum Verhältnis von Mensch-Natur leisten (vgl. Schulte-Kellinghaus & Maier, 2022; Steiner, 1996).

Wo Sie Ihr Wissen erweitern und vertiefen können

Erdmann, K. H., & Kastenholz, H. G. (Hrsg.). (2013). *Umwelt- und Naturschutz am Ende des 20. Jahrhunderts: Probleme, Aufgaben und Lösungen.* Springer.

Metha, G., & Rückert, K. (Hrsg.). (2003). *Mediation und Demokratie.* Carl-Auer-Systeme.

Montada, L., & Kals, E. (2010). Umweltmediation. In V. Linneweber, E.-D. Lantermann, & E. Kals (Hrsg.), *Spezifische Umwelten und umweltbezogenes Handeln* (S. 735–760). Hogrefe.

Zilleßen, H. (Hrsg.). (1998). *Mediation. Kooperatives Konfliktmanagement in der Umweltpolitik.* Westdeutscher Verlag.

Siehe auch: kostenfreie Materialien auf der Seite www.lehrbuch-psychologie.springer.com.

Professionalisierung, Gestaltung und Evaluation

12

In diesem abschließenden Kapitel wird zunächst der Begriff der Professionalisierung eingeführt und auf die Umweltpsychologie als Disziplin angewandt. Zur weiteren Professionalisierung ist neben berufspolitischer Arbeit die Ausbildung umweltpsychologischer Kernkompetenzen notwendig, die deshalb theoretisch und empirisch abgeleitet und begründet werden. Diese Kompetenzen dienen dazu, die zahlreichen Gestaltungsaufgaben der Umweltpsychologie professionell einzulösen. Besonders wichtige Kompetenzen der Umweltpsycholog:innen sind das Denken in komplexen, systemischen Zusammenhängen und ihre spezifische Methodenkompetenz. Teil der Methodenkompetenz ist, dass sie die Wirksamkeit der Interventionen mittels Evaluationsforschung überprüfen und gewährleisten. Noch arbeiten die meisten Umweltpsycholog:innen in forschungsnahen Bereichen, doch der Bedarf an umweltpsychologischer Expertise in der Praxis steigt. Der Nachweis, dass umweltpsychologische Interventionen wirksam sind, und die steigende Nachfrage nach umweltpsychologischer Expertise stärken die Forderungen nach weiterem Ausbau umweltpsychologischer Ausbildung.

12.1 Professionalisierung

Definition: Professionalisierung wird in einem weiteren und engeren Sinne definiert. Im weiteren Sinne bedeutet Professionalisierung der Umweltpsychologie, dass Umweltpsycholog:innen für ihre Arbeit bezahlt werden und die Arbeit Leistungskriterien entspricht, die z. B. von den Leistungsempfänger:innen oder von staatlichen Stellen festgeschrieben sind. Im engeren Sinne bedeutet Professionalisierung der Umweltpsychologie, dass die Leistungskriterien im Wesentlichen vom

Fach, also von der wissenschaftlichen Umweltpsychologie, festgelegt werden (Mieg, 2010). Die Umweltpsychologie wird seit ihren wissenschaftlichen Anfängen in den 1970er-Jahren (vgl. Kap. 1) zunehmend professionalisiert (zum Überblick Matthies, 2017). Diese Professionalisierung umfasst nach Mieg (2010):

1. die Anbindung an etablierte Berufsgruppen und Verbände (hierzu gehören unter anderem die Berufsverbände sowie die Sektion der Umweltpsychologie innerhalb der Deutschen Gesellschaft für Psychologie);
2. die Möglichkeit, auf der Grundlage ausreichenden Handlungsspielraums professionell handeln und somit professionell tätig sein zu können;
3. die Ausbildung umweltpsychologischer Kernkompetenzen.

Berufsverbände und Möglichkeit zu professionellem Handeln: Die Punkte eins und zwei zielen auf berufsständische und berufspolitische Bemühungen ab. Sie spiegeln wider, dass die Umweltpsychologie als Wissenschaft innerhalb der Umweltwissenschaften zunehmend an Bedeutung gewinnt. Zwar dominiert nach wie vor innerhalb der Umweltwissenschaften eine naturwissenschaftlich-technische Sicht. Es werden naturwissenschaftliches Wissen, Wissen über Ökosysteme und technisches Wissen gefordert (Mieg, 2010). Dies entspricht zugleich den traditionellen Ausbildungsprofilen der Umweltexpert:innen, die primär aus den natur-, ingenieur- und wirtschaftswissenschaftlichen Studiengängen stammen. Doch wird von den verschiedenen Arbeitgeber:innen (in Wirtschaftsunternehmen oder beim Staat) zunehmend – und richtigerweise – eine interdisziplinäre Umweltausbildung gefordert (Mieg, 2010). Zweifelsfrei sollte diese die Sozial- und Gesellschaftswissenschaften, und hier vor allem auch die Umweltpsychologie, umfassen. Denn, wie in diesem Buch mehrfach dargelegt wurde, gehen die Ursachen der aktuellen Umweltprobleme auf menschliches (Fehl-)Verhalten zurück und jegliche naturwissenschaftlich-technische Lösung der Umweltprobleme setzt menschliches Handeln und Entscheiden voraus. Mit diesen Argumenten gelingt es der Umweltpsychologie zunehmend, sich Anerkennung zu verschaffen. Entsprechend zieht Ellen Matthies in einem neueren Rückblick (2017) ein positives Fazit zu den Entwicklungen der Umweltpsychologie – bezogen auf die universitäre Verankerung, die Forschungsaktivitäten sowie die interdisziplinäre und internationale Vernetzung. Auch ihre Verankerung in Forschung und Lehre ist heute „besser denn je" (Matthies, 2017, S. 99).

Umweltpsychologische Kernkompetenzen: Die Ausbildung umweltpsychologischer Kernkompetenzen (in der obigen Liste zuletzt genannt) ist für die Ausbildung zu Umweltpsycholog:innen so zentral, dass ihr das nachfolgende Unterkapitel gewidmet ist.

12.2 Umweltpsychologische Kernkompetenzen

Methoden-, Sozial- und personale Kompetenzen: Der Begriff der Kompetenzen hat innerhalb der Psychologie eine lange Tradition. Es werden üblicherweise Methoden-, Sozial- und personale Kompetenzen voneinander unterschieden (Mieg, 2010):

- Zu den Methodenkompetenzen gehören neben Kenntnissen der Forschungs- und statistischen Methoden auch Kompetenzen der Problemlösung.
- Die Sozialkompetenzen umfassen z. B. die Fähigkeit zur Kommunikation und zum Interessenausgleich.
- Die personalen Kompetenzen beziehen sich auf den Umgang mit eigenen Begabungen, Entwicklungschancen, Anforderungen und Einschränkungen.

Die Einteilung wird – wie nachfolgend erläutert – spezifischer, wenn sie anhand des empirischen Dreischritts umweltpsychologischer Arbeit geschieht.

Theorie – Empirie – Evaluation: Umweltpsychologische Arbeit gestaltet sich in der Praxis je nach Aufgabe, Kontext und Rahmenbedingungen unterschiedlich. Bei der gestalterischen Arbeit lassen sich auf übergeordneter Ebene drei Schritte (Theorie – Empirie – Evaluation/Diskussion) mit allgemeingültigen Erfordernissen formulieren, die in den Materialien auf der Seite www.lehrbuch-psychologie.springer.com erklärt werden.

Denken in komplexen Zusammenhängen: Alle drei Schritte erfordern komplexes, systemisches Denken. Es ist bei der Entwicklung, Durchführung und Evaluation von Gestaltungsprogrammen gleichermaßen erforderlich, da immer viele Variablen in komplexen Mensch-Umwelt-Bezügen relevant sind (Schweizer-Ries, 2008). Dieses Denken in ökologischen Zusammenhängen steht bei der Diskussion um Kernkompetenzen zu Recht so gut wie immer an erster Stelle. Es setzt voraus, dass man ein komplexes Beziehungsgeflecht in negative und positive Rückkopplungen zerlegen kann. Nur dann wird sichtbar, ob und welche Konsequenzen eine bestimmte Intervention für das Gesamtsystem besitzt (vgl. Kap. 1). Darüber hinaus gibt es – ohne Anspruch auf Vollständigkeit – weitere Kompetenzen, die mit unterschiedlicher Gewichtung für die drei Schritte relevant sind:

Kernkompetenzen zur Theorienbildung und Interventionsplanung: Die Basis für umweltpsychologisches Handeln bilden profunde Kenntnisse in den psychologischen Grundlagenfächern (z. B. der Sozial-, kognitiven, Entwicklungs-, Methoden- und physiologischen Psychologie) sowie spezifische Kenntnisse zu Mensch-Umwelt-Theorien und -Modellen. Grundlegende Fachkenntnisse über den jeweiligen Sachgegenstand sind vonnöten (z. B. Grundkenntnisse über Gesetze, wie Umweltgesetz oder Bundesimmissionsschutzgesetz (BImSchG) oder über gängige Recht- und Verwaltungspraxis).

Kernkompetenzen zur empirischen Umsetzung der Intervention: Relevant sind hier Kompetenzen der Problemanalyse und -bewältigung, der Generierung von Lösungsoptionen, emotionale und soziale Kompetenzen sowie Freude am und Sicherheit im Umgang mit Menschen. Oftmals ist auch soziokulturelles Wissen notwendig, um umweltbezogene Fehlplanungen zu vermeiden. Beispielsweise gelang es in nordafrikanischen Dörfern nicht, Wasserleitungen einzuführen, weil die überaus wichtige soziale Funktion der Dorfquelle nicht andernorts gedeckt wurde (vgl. Stengel, 1999).

Kernkompetenzen zur Evaluation und Diskussion: Profunde Kenntnisse in statistischen Methoden und Evaluationsforschung sind notwendig, um die Wirksamkeit der Intervention empirisch zu überprüfen. Dieses Wissen wird in einem psychologischen Basisstudium (Bachelor) vermittelt, sodass man hier besondere Expertise voraussetzen kann. Umweltpsychologische Forschung und Intervention profitieren zudem von interdisziplinärer Vernetzung und Zusammenarbeit. Daher ist es hilfreich, wenn Umweltpsycholog:innen die Bereitschaft und die Befähigung zur interdisziplinären Zusammenarbeit mitbringen. Dabei sollten sie zugleich sensibel dafür sein, dass viele der Interventionsprojekte in gesellschaftspolitische Prozesse eingebunden sind (vgl. Homburg & Matthies, 1998), und als Mitglieder einer Experimentier- und Lerngesellschaft eine gewisse Robustheit gegenüber Fehlschlägen mitbringen (Fietkau, 1984).

12.3 (Gestaltungs-)Aufgaben der Umweltpsychologie

Psychologische Kernkompetenzen sind notwendig, um die Gestaltungsaufgaben der Umweltpsychologie zu lösen. Diese vielschichtigen Aufgaben umfassen zunächst als personenbezogener Ansatz die gezielte Beeinflussung von Prozessen, die sich innerhalb des Menschen abspielen. Hier geht es etwa darum, umweltbezogenes Wissen zu vermitteln, für umweltbezogene Empfindungs- und Wahrnehmungssysteme zu sensibilisieren oder umweltbezogene Handlungen in eine gewünschte Richtung zu verändern.

Externe Gestaltung: Die externe Gestaltung entspricht dem herkömmlichen Gestaltungsbegriff und meint gestalterische Tätigkeiten, die vom Menschen ausgehen und sich in einer veränderten natürlichen, sozialen oder kulturellen Umwelt widerspiegeln (Deinsberger, 2007). Sie sind darauf ausgerichtet, die Umwelt so zu gestalten, dass der Mensch in ihr gut leben, wohnen und arbeiten kann.

Die Unterscheidung von personenbezogenem Ansatz und externer Gestaltung äußerer Bedingungen findet ihre Parallele in der vorher beschriebenen Differenzierung von internen und externen Motivatoren (vgl. Kap. 8). Ähnlich der Mensch-

12.3 (Gestaltungs-)Aufgaben der Umweltpsychologie

Umwelt-Interaktion stehen auch Beeinflussung und externe Gestaltung in Interaktion: Veränderungen innerhalb des Menschen wirken sich auf die Umwelt aus und veränderte Umwelten führen ihrerseits zu Veränderungen in Denk- und Handlungsmustern. Eine zweite Parallele ist, dass die Unterscheidung von Beeinflussung und externer Gestaltung nicht immer eindeutig ist und es fließende Übergänge gibt.

Gestaltungsaufgaben: Die Umweltpsychologie als Fachgruppe der Deutschen Gesellschaft für Psychologie nennt folgende (Gestaltungs-)Themen:

- Umweltwahrnehmung, -beurteilung und -bewertung
- Umweltplanung und -gestaltung
- Raumbezogenes Verhalten und Mobilität
- Umweltstressoren
- Soziale Konflikte beim Umgang mit knappen Ressourcen
- Umweltbewusstsein und umweltschützendes Verhalten
- Vermittlung und Mediation bei umweltbezogenen Konflikten

Einige dieser Themen lassen sich direkt dem externen Pol der Gestaltung zuordnen. Hierzu zählen etwa die Messung und Verringerung von Umweltbelastungen (z. B. Straßen- oder Fluglärm), Natur- und technologische Risiken, die Psychologie der Lern- oder Arbeitsumwelt und alle Themen, bei denen es um Umweltplanung und -gestaltung geht (vgl. Kap. 6). Hier zeigen sich enge Bezüge zu anderen Teildisziplinen der Psychologie, wie Architektur-, Freizeit-, Verkehrs-, Arbeits- und Organisationspsychologie. Beispiele für den personenbezogenen Ansatz finden sich im Feld der Umweltbildung und der Umwelt(-schutz-)psychologie (vgl. Kap. 8). Es bestehen enge disziplinäre Bezüge zur Umweltpädagogik. Bei anderen Themen sind beide Einflussrichtungen denkbar (z. B. Umweltstressoren) und bezogen auf ausgewählte Handlungsfelder bereits ausformuliert (vgl. z. B. zur Mobilität von Jugendlichen Hunecke et al., 2013; oder zur Akzeptanz erneuerbarer Energien Hübner et al., 2020).

Beispiel für die externe Gestaltung: Es wurde in Kap. 3 dargestellt, welche schädlichen Wirkungen ein hoher Lärmpegel im Klassenraum auf Wohlbefinden und Leistung hat: Die Sprachwahrnehmung und das Hörverstehen sind beeinträchtigt, die Aufmerksamkeit verringert und das sozial-emotionale Klassenklima verschlechtert. Daher ist eine schlechte Akustik im Klassenraum ein hoher Belastungsfaktor, der sich sowohl bei den kognitiven Leistungen als auch bei weicheren Kriterien wie Wohlbefinden und Klassenklima zeigt (Klatte et al., 2010). Vor allem moderne Unterrichtsformen (z. B. Gruppenarbeit) sind in besonderem Maß auf adäquate raumakustische Bedingungen angewiesen. De facto weisen aber geschätzte 30 % der bayerischen Klassenzimmer bauliche Mängel auf, die sich in zu langen Nachhallzeiten widerspiegeln. Dabei ist die Zeit, die ein Ton in Unterrichtsräumen nachhallen darf, per DIN-Norm festgelegt (DIN 18041, 2016). Durch einfache und kostengünstige bauliche Veränderungen (vor allem durch den Einbau von Schallabsorbern) lassen sich zu lange Nachhallzeiten verkürzen. Auch aufgrund umweltpsychologischer Forschung gelang es, den politischen Druck so weit zu erhöhen, dass z. B. der Münchener Stadtrat im Januar 2010 beschlossen hat, in Münchener Schulen die Klassenzimmer breitflächig akustisch zu sanieren. Die Daten zeigen, dass durch diese baulichen Veränderungen kognitive Leistungen ansteigen, leiser gesprochen wird und das Wohlbefinden steigt (Klatte et al., 2010). Auch bei der Gestaltung öffentlicher Plätze und Räume mit funktionaler Hintergrundmusik, seien es U-Bahn-Stationen oder Einkaufszentren, ist umweltpsychologische Expertise gefragt, um erwünschtes Verhalten oder Wohlbefinden zu generieren (vgl. Hellbrück, 2009).

12.4 Evaluation von Interventions- bzw. Gestaltungsprogrammen

Anlass und Gründe für Evaluation: Interventionen setzen dort an, wo Ist- und Sollzustand auseinanderfallen. Ziel eines jeden Programms ist es also, einen bestimmten Sollzustand zu erreichen. Inwiefern dies gelingt, ist aus verschiedenen Gründen empirisch zu überprüfen: zur wissenschaftlichen Absicherung des Interventionsergebnisses, zur Generierung von Erkenntnissen über die Gültigkeit von Theorien und die Wirksamkeit von Interventionsmethoden sowie zur Legitimation staatlicher (und anderer) Finanzierungsmittel durch einen Wirksamkeitsnachweis.

Notwendigkeit von Evaluationswissen: Daher sollten Umweltpsycholog:innen grundlegendes Wissen über Evaluationsmethodik besitzen. Dazu wird ein allgemeiner Leitfaden zur Evaluation vorgestellt. Grundkenntnisse in Statistik und Versuchsplanung werden vorausgesetzt.

Summative und formative Evaluation: Man unterscheidet die summative Evaluation von der formativen bzw. Prozessevaluation. Bei der summativen Evaluation werden am Ende des Trainings die Trainingsergebnisse in der Summe beurteilt. Es geht somit um eine zusammenfassende Aussage zur Wirksamkeit des Trainings. Bei der formativen bzw. Prozessevaluation stehen hingegen die einzelnen Trainingselemente und der Lernprozess im Fokus. Dazu werden zu mehreren Messzeitpunkten Daten erhoben. Es ist somit eine Begleitforschung, die auch regelmäßige Zwischenergebnisse über einzelne Trainingsschritte bereitstellt. Beide Evaluationsformen werden bei umweltpsychologischen Interventionen angewandt und bei beiden sind die nachfolgenden Einzelschritte relevant.

Basiserfordernisse des Versuchsplans: Die zu messenden Variablen sind jeweils mehrfach zu erheben: vor der Intervention (Baseline-Erhebung), direkt nach der Intervention und mit einigem zeitlichen Abstand (Follow-up-Erhebung). Wenn möglich, ist neben der Experimentalgruppe eine Kontrollgruppe einzuschließen.

Der Leitfaden umfasst sechs Schritte, die sich an der Struktur von Koch und Wittmann (1990) zur Evaluation von Programmen in der Praxis orientieren. Sie werden in den Materialen auf der Seite www.lehrbuch-psychologie.springer.com erklärt.

Evaluation durch externe oder interne Evaluator:innen? Externe Evaluator:innen sind weder an der Trainingsentwicklung, noch an seiner Durchführung beteiligt. Sie sind damit neutral, haben aber auch keine internen Kenntnisse über das Training. Interne Evaluator:innen haben hingegen genau diese Kenntnisse (z. B. weil sie an der Konzeption beteiligt waren oder in derselben Organisation arbeiten, von der aus das Training durchgeführt wird). Sie sind damit zugleich aber auch persönlich involviert. Idealerweise sollten sich daher interne und externe Evaluator:innen in einem Evaluator:innenteam ergänzen.

In der Praxis liegt aus finanziellen Gründen oftmals ein besonderer Fall der internen Evaluation vor, in dem Trainer:innen ihr eigenes Training evaluieren. Hier liegt die Vermutung der Befangenheit nahe, da die Trainer:innen eigenes, möglicherweise auch finanziell motiviertes Interesse daran haben, dass ihr Training erfolgreich ist. Die Reflexion der Befangenheit ist hier der erste Schritt, um zu einer professionellen Distanz zu gelangen. Zudem lässt sich über Einbindung von Kolleg:innen und Fremdratings die Objektivität des Verfahrens erhöhen.

Abstriche vom idealtypischen Evaluationsplan: Die Frage nach externer oder interner Evaluation ist ein Beispiel dafür, dass es in der Praxis immer Abstriche vom idealtypischen Evaluationsplan geben wird. Diese Entscheidungen sind bewusst zu fällen. Neben der Einhaltung der ethischen Standards ist darauf zu achten, dass beim Versuchsplan und Design keine groben Einschränkungen gemacht werden (z. B. fehlende Baseline-Erhebung), und dass sich die Datenerhebung nach Möglichkeit nicht auf qualitative Daten beschränkt, sondern aus dem gesamten Repertoire an Evaluationsmethoden schöpft.

12.5 Ausbildung und Berufsfelder

Wo lassen sich die notwendigen umweltpsychologischen Kernkompetenzen, einschließlich des Methoden- und Evaluationswissens, erwerben, und wie lässt sich die umweltpsychologische Arbeit weiter professionalisieren?

Aktuelle (umwelt-)psychologische Ausbildung: Der Kanon an umweltpsychologischen Kernkompetenzen zeigt, dass neben einer profunden Grundausbildung in

Psychologie zahlreiche Fachkenntnisse aus einem umweltpsychologischen Studium benötigt werden. Diese Kernkompetenzen sind in der praktischen Arbeit bzw. durch entsprechende studienbegleitende (Forschungs-)Praktika oder Erfahrungen zu trainieren und zu vertiefen (Schweizer-Ries, 2008). Im Jahr 2016 gab es das Anwendungsfach Umweltpsychologie nur an zwei Universitäten. Seitdem ist die Zahl deutlich gewachsen (Matthies, 2017). Darüber hinaus gab es bereits frühzeitig umweltpsychologische Lehrangebote in der Hochschullehre (Matthies & Ernst, 2005). Die Zahl an Studiengängen, die einen explizit umweltpsychologischen Schwerpunkt im Rahmen des Bachelor- bzw. Masterstudiengangs haben, steigt zudem stetig. Hinzu kommt, dass viele umweltpsychologische Themen als Anwendungsthemen der Sozialpsychologie vermittelt werden (Schweizer-Ries, 2008). Die entsprechenden Curricula werden dabei zunehmend vereinheitlicht. Allerdings fällt zugleich auf, dass oftmals in naturwissenschaftlich-technischen Studiengängen, wie den sogenannten Umweltwissenschaften, umweltpsychologische Themen fehlen und nicht verankert sind. Besonders rar sind interdisziplinäre Studiengänge, bei denen umweltpsychologische und umwelttechnische bzw. naturwissenschaftliche Perspektiven integrativ betrachtet werden. Doch genau dies scheint ein zukunftsweisender Weg zu sein.

Darüber hinaus gibt es auch außerhalb der Universitäten umweltpsychologische Forschung und Beratung, die mit zunehmenden Bedarfen, etwa im Bereich der Stadt- und Mobilitätsentwicklung, an Bedeutung gewinnt.

Aktuelle Arbeitsfelder: Viele Umweltpsycholog:innen arbeiten in forschungsnahen Bereichen (Matthies, 2017; Matthies & Ernst, 2005), wie Universitäten und Forschungseinrichtungen, sowie als Selbstständige im Bereich der umweltbezogenen Beratung. Die Nachfrage nach umweltpsychologischer Expertise steigt dabei. Einige Umweltpsycholog:innen sind fest in der Politikberatung eingebunden (Matthies, 2017). Hier beschäftigen sie sich mit dem breiten Spektrum an umweltpsychologischen Fragestellungen, wie Umweltbildung, Verkehr, bauliche Umwelt. Als Methoden werden alle qualitativen und quantitativen Methoden verwendet, die in der empirischen Sozialforschung bekannt sind (Schweizer-Ries, 2008). Bei der forschungsorientierten Arbeit helfen den Umweltpsycholog:innen ihre psychologischen Wissensbestände in Diagnostik, Intervention und Evaluation, die sie im Studium erlernt haben und die Basis des empirischen Dreischritts sind: Wie ist auf theoretischer Grundlage die Ausgangslage zu analysieren und zu bewerten? Was ist das Ziel der Intervention und wie lässt sich dieses erreichen? Inwieweit wurde das Ziel durch eine Intervention erreicht?

Bezüge zu Anwendungsfächern: Noch ist die Zahl an Psycholog:innen, die im Bereich der Umweltpsychologie arbeiten, relativ gering, doch gibt es Querbezüge zu allen drei traditionellen psychologischen Anwendungsfächern:

- Im Bereich der *Pädagogischen Psychologie* spielen umweltpsychologische Fragen im zentralen Bereich der schulischen und außerschulischen Umweltbildung eine Rolle.
- Bei der *Arbeits- und Organisationspsychologie* ist umweltpsychologische Expertise erforderlich, wenn es z. B. um Strukturierungen im Unternehmen geht, die sich auch am Konzept der Nachhaltigkeit ausrichten, oder wenn Arbeitsplätze und -systeme gleichermaßen nach Effizienz und Humankriterien gestaltet werden sollen.
- Die Umweltpsychologie hat Berührungspunkte mit der *Klinischen bzw. Gesundheitspsychologie*, wenn es um Stressbewältigung oder Schutz der körperlich-seelischen Gesundheit durch entsprechende Gestaltung der Umweltbedingungen geht. Auch im Umgang mit Ängsten angesichts des Klimawandels („climate anxiety") dürfte eine Zusammenarbeit zwischen Klinischer und Umweltpsychologie, die sowohl das individuelle Wohlbefinden als auch die gesellschaftlichen Aufgaben angesichts des Klimawandels im Blick behalten, sinnvoll sein (vgl. Clayton, 2020).

Darüber hinaus gibt es weitere Bezüge zu anderen, kleineren Anwendungsfächern, wie etwa der Musikpsychologie (Hellbrück, 2009).

Steigender Bedarf: Der Bedarf an umweltpsychologischer Arbeit steigt in der Praxis stetig an: Umweltthemen werden drängender, der Handlungsbedarf wird größer und damit zugleich der Bedarf an Wissen darüber, wie wirksam umweltbezogene Programme und Methoden sind.

Zukünftige universitäre Ausbildung: Auch die Ausbildung an Universitäten unterliegt letztlich dem Prinzip von Angebot und Nachfrage. Daher stehen die Chancen gut, dass sich mit dem steigenden Bedarf an umweltpsychologischer Expertise in der Praxis auch die universitären Strukturen und Studienangebote an diesem vermehrten Bedarf ausrichten werden, denn ein umweltpsychologisches Studium bietet die besten Voraussetzungen, um umweltpsychologische Kernkompetenzen zu erlernen. Idealerweise sollte ein solches Studium (z. B. ein Master-Programm) interdisziplinär ausgerichtet sein und technisch-naturwissenschaftliche mit umweltpsychologisch-sozialwissenschaftlichen Perspektiven integrieren.

Wo Sie Ihr Wissen erweitern und vertiefen können

Hellbrück, J. (2009). Das Hören in der Umwelt des Menschen. In H. Bruhn, R. Kopiez, & A. C. Lehmann (Hrsg.), *Musikpsychologie – das neue Handbuch* (2. Aufl., S. 17–36). Rowohlt.

Matthies, E. (2017). Vom Umweltbewusstsein zur solidarischen Lebensqualität: Ein Blick in jüngste Vergangenheit und Zukunft der Umweltpsychologie. *Umweltpsychologie, 20*(1), 94–100.

Schweizer-Ries, P. (2008). Umweltpsychologie. In A. Sternberg & M. Amelang (Hrsg.), *Psychologen im Beruf: Anforderungen, Chancen und Perspektiven* (S. 228–295). Kohlhammer.

Siehe auch: kostenfreie Materialien auf der Seite www.lehrbuch-psychologie.springer.com.

Literatur

Abrahamse, W., & Matthies, E. (2019). Informational strategies to promote pro-environmental behaviour: Changing knowledge, awareness, and attitudes. In L. Steg & J. I. M. de Groot (Hrsg.), *Environmental psychology* (2. Aufl., S. 263–272). Wiley-Blackwell.

Abrahamse, W., & Schuitema, G. (2019). Psychology and energy conservation: Contributions from theory and practice. In M. Lopes, C. Antunes, & K. Janda (Hrsg.), *Energy and behavior: Towards a low carbon future* (S. 19–44). Elsevier.

ACE Auto Club Europa e.V. (o.J.). *Das NKI-Projekt Klima-Pendel-Challenge.* https://gutewege.ace.de/klima-pendel-challenge/. Zugegriffen am 04.08.2023.

Adams, M., & Raisborough, J. (2010). Making a difference: Ethical consumption and the everyday. *The British Journal of Sociology, 61*(2), 256–274. https://doi.org/10.1111/j.1468-4446.2010.01312.x

Aertsens, J., Verbeke, W., Mondelaers, K., & van Huylenbroeck, G. (2009). Personal determinants of organic food consumption: A review. *British Food Journal, 111*(10), 1140–1167.

Aghabayk, K., Esmailpour, J., & Shiwakoti, N. (2021). Effects of COVID-19 on rail passengers' crowding perceptions. *Transportation Research Part A: Policy and Practice, 154*, 186–202.

Ajzen, I. (1991). The theory of planned behavior. Some unresolved issues. *Organizational Behavior and Human Decision Processes, 50*(2), 179–211. https://doi.org/10.1016/0749-5978(91)90020-T

Albert, M., Hurrelmann, K., Quenzel, G., & Kantar Public. (2019). *Jugend 2019 – 18. Shell Jugendstudie: Eine Generation meldet sich zu Wort.* Beltz.

Alexander, S., & Ussher, S. (2012). The voluntary simplicity movement: A multi-national survey analysis in theoretical context. *Journal of Consumer Culture, 12*(1), 66–86. https://doi.org/10.1177/1469540512444019

Alscher, M., Priller, E., & Burkhardt, L. (2021). Zivilgesellschaftliches Engagement. In Statistisches Bundesamt (Destatis), Wissenschaftszentrum Berlin für Sozialforschung

(WZB) & für Bevölkerungsforschung (BiB) (Hrsg.), *Datenreport 2021. Ein Sozialbericht für die Bundesrepublik Deutschland* (S. 399–407). Bundeszentrale für politische Bildung.
Anderson, C. A., & Bushman, B. J. (1997). External validity of „trivial" experiments. The case of laboratory aggression. *Review of General Psychology, 1*, 19–41. https://doi.org/10.1037/1089-2680.1.1.19
Anderson, C. A., Anderson, K. B., Dorr, N., DeNeve, K. M., & Flanagan, M. (2000). Temperature and aggression. In M. Zanna (Hrsg.), *Advances in experimental social psychology* (Bd. 32, S. 63–133). Academic Press.
Andorfer, V. A. (2013). Ethical consumption in Germany. A cross-sectional analysis of determinants of fair trade consumption (2000–2010). *Zeitschrift für Soziologie, 42*(5), 424–443.
Andorfer, V. A., & Liebe, U. (2012). Research on fair trade consumption – A review. *Journal of Business Ethics, 106*(4), 415–435. https://doi.org/10.1007/s10551-011-1008-5
Andorfer, V. A., & Liebe, U. (2015). Do information, price, or morals influence ethical consumption? A natural field experiment and customer survey on the purchase of Fair Trade coffee. *Social science research, 52*, 330–350. https://doi.org/10.1016/j.ssresearch.2015.02.007
Antil, J. H. (1984). Socially responsible consumers: Profile and implications for public policy. *Journal of Macromarketing, 4*(2), 18–39. https://doi.org/10.1177/027614678400400203
Appleton, J. (1996). *The experience of landscape* (2. Aufl.). Wiley.
Argyle, M., & Dean, J. (1965). Eye contact, distance, and affiliation. *Sociometry, 28*(3), 289–304. https://doi.org/10.2307/2786027
Aronson, E., Wilson, T. D., & Akert, R. M. (2014). *Sozialpsychologie* (8. Aufl.). Pearson.
Babisch, W. (2006). Transportation noise and cardiovascular risk: Updated review and synthesis of epidemiological studies indicate that the evidence has increased. *Noise & Health, 8*(30), 1–29.
Baiardi, D., & Morana, C. (2021). Climate change awareness: Empirical evidence for the European Union. *Energy Economics, 96*, 105163. https://doi.org/10.1016/j.eneco.2021.105163
Baier, M., Kals, E., & Müller, M. M. (2013). Ecological belief in a just world. *Social Justice Research, 26*(3), 272–300. https://doi.org/10.1007/s11211-013-0192-0
Baier, M., Müller, M. M., & Kals, E. (2014). Existentielle Schuld und ihre Relevanz für nachhaltige Handlungs- und Engagementbereitschaften. *Umweltpsychologie, 18*(2), 167–188.
Bamberg, S. (2002). Effects of implementation intentions on the actual performance of new environmentally friendly behaviours. Results of two field experiments. *Journal of Environmental Psychology, 22*(4), 394–411. https://doi.org/10.1006/jevp.2002.0278
Bamberg, S., & Möser, G. (2007). Twenty years after Hines, Hungerford, and Tomera: A new meta-analysis of psycho-social determinants of pro-environmental behaviour. *Journal of Environmental Psychology, 27*(1), 14–25. https://doi.org/10.1016/j.jenvp.2006.12.002
Barker, R. G. (1968). *Ecological psychology: Concepts and methods for studying the environment of human behavior*. Stanford University Press.
Barkow, J. H., Cosmides, L., & Tooby, J. (Hrsg.). (1992). *The adapted mind. Evolutionary psychology and the generation of culture*. Oxford University Press.

Baron, R. A., & Bell, P. A. (1976). Aggression and heat: The influence of ambient temperature, negative affect and a cooling drink on physical aggression. *Journal of Personality and Social Psychology, 33*(3), 245–255. https://doi.org/10.1037/0022-3514.33.3.245

Behringer, W. (2010). *Kulturgeschichte des Klimas: Von der Eiszeit zur globalen Erwärmung* (5. Aufl.). C.H. Beck.

Bell, P. A., Greene, T. C., Fisher, J. D., & Baum, A. (2005). *Environmental psychology* (5. Aufl.). Wadsworth.

Bengel, J. (Hrsg.). (2004). *Psychologie in Notfallmedizin und Rettungsdienst* (2. Aufl.). Springer.

Berding, N., Bukow, W. D., & Cudak, K. (2018). *Die kompakte Stadt der Zukunft*. Springer Fachmedien.

Berlyne, D. E. (1974). *Konflikt, Erregung, Neugier. Zur Psychologie der kognitiven Motivation*. Klett.

Bischof, N. (2008). *Psychologie. Ein Grundkurs für Anspruchsvolle* (2. Aufl.). Kohlhammer.

Bischof, N. (2016). *Struktur und Bedeutung. Einführung in die Systemtheorie*. (3. Aufl.). Hogrefe.

Blamey, R. (1998). The activation of environmental norms. Extending Schwartz's model. *Environment and Behavior, 30*(5), 676–708. https://doi.org/10.1177/001391659803000505

Blankenberg, A. K., & Alhusen, H. (2019). *On the determinants of pro-environmental behavior: A literature review and guide for the empirical economist* (CEGE Discussion Papers, No. 350). University of Göttingen, Center for European, Governance and Economic Development Research (CEGE). http://hdl.handle.net/10419/204821

Bleidorn, W., Lenhausen, M. R., & Hopwood, C. J. (2021). Proenvironmental attitudes predict proenvironmental consumer behaviors over time. *Journal of Environmental Psychology, 76*, 101627. https://doi.org/10.1016/j.jenvp.2021.101627

Böhm, G. (2008). Wahrnehmung und Bewertung von Umweltrisiken. In E.-D. Lantermann & V. Linneweber (Hrsg.), *Grundlagen, Paradigmen und Methoden der Umweltpsychologie* (S. 501–532). Hogrefe.

Böhm, G., Nerb, J., McDaniels, T., & Spada, H. (Hrsg.). (2001). *Environmental risks: Perception, evaluation and management*. Elsevier.

Bolscho, D. (2002). Umweltpädagogik. In W. Dott, H. F. Merk, J. Neuser, & R. Osieka (Hrsg.), *Lehrbuch der Umweltmedizin* (S. 729–732). Wissenschaftliche Verlagsgesellschaft.

Bonsai GmbH. (2022, April 7). *Der neue Werteindex: Wie Deutschland denkt und fühlt*. Bonsai Research. https://www.bonsai-research.com/pressemeldungen/werteindex-groesste-social-media-studie-zum-gesellschaftliche-wandel-heute-veroeffentlicht. Zugegriffen am 04.08.2023.

Borgstedt, S. (2022). In welchem Land wollen wir leben? Milieuspezifische Erwartungen, Bereitschaften und Beharrungskräfte mit Blick auf die sozio-ökologische Transformation. In K. Bergmann (Hrsg.), *Mehr Fortschritt wagen?* (S. 335–360). transcript.

Bormann, I., & de Haan, G. (Hrsg.). (2008). *Kompetenzen der Bildung für nachhaltige Entwicklung. Operationalisierung, Messung, Rahmenbedingungen, Befunde*. Springer.

Brondo, K. V. (2019). Entanglements in multispecies voluntourism: Conservation and Utila's affect economy. *Journal of Sustainable Tourism, 27*(4), 590–607. https://doi.org/10.1080/09669582.2018.1477784

Brough, A. R., Wilkie, J. E. B., Ma, J., Isaac, M. S., & Gal, D. (2016). Is eco-friendly unmanly? The green-feminine stereotype and its effect on sustainable consumption. *Journal of Consumer Research, 43*(4), 567–582. https://doi.org/10.1093/jcr/ucw044

Brundtland, G. H. (1987). *Report of the World Commission on environment and development: „Our common future".* UN.

Bruyere, B., & Rappe, S. (2007). Identifying the motivations of environmental volunteers. *Journal of Environmental Planning and Management, 50*(4), 503–516. https://doi.org/10.1080/09640560701402034

Bundesamt für Bevölkerungsschutz und Katastrophenhilfe. (2022a). *Ratgeber für Notfallvorsorge und richtiges Handeln in Notsituationen.* https://www.bbk.bund.de/DE/Warnung-Vorsorge/Vorsorge/Ratgeber-Checkliste/ratgeber-checkliste_node.html. Zugegriffen am 04.08.2023.

Bundesamt für Bevölkerungsschutz und Katastrophenhilfe. (2022b). *Vorsorge und Verhalten bei Hitze und Dürre.* https://www.bbk.bund.de/DE/Warnung-Vorsorge/Tipps-Notsituationen/Weitere-Gefahrensituationen/Extremwetter/Hitze-Duerre/hitze-duerre_node.html. Zugegriffen am 04.08.2023.

Bundesinstitut für Bau-, Stadt- und Raumforschung. (2016). *Anpassung an den Klimawandel in Stadt und Region: Forschungserkenntnisse und Werkzeuge zur Unterstützung von Kommunen und Regionen.* Bundesamt für Bauwesen und Raumordnung. https://www.bbsr.bund.de/BBSR/DE/veroeffentlichungen/sonderveroeffentlichungen/2016/anpassung-klimawandel-dl.pdf;jsessionid=D295514ECD5E320498ED1D520D21E46A.live21323?__blob=publicationFile&v=1. Zugegriffen am 04.08.2023.

Bundesministerium der Justiz. (2007, letzte Änderung 2021). *Verordnung zum Schutz der Beschäftigten vor Gefährdungen durch Lärm und Vibrationen.* https://www.gesetze-im-internet.de/l_rmvibrationsarbschv/index.html. Zugegriffen am 04.08.2023.

Bundesministerium für Umwelt, Naturschutz und Reaktorsicherheit (BMU). (1992). *Konferenz der Vereinten Nationen für Umwelt und Entwicklung im Juni 1992 in Rio de Janeiro.* Köllen.

Bundesministerium für Umwelt, Naturschutz und Reaktorsicherheit (BMU). (2016). *Nationales Programm für nachhaltigen Konsum: Gesellschaftlicher Wandel durch einen nachhaltigen Lebensstil.*

Bundesministerium für Wirtschaft und Klimaschutz. (o.J.-a). *Die nationale Klimaschutzinitiative.* https://www.klimaschutz.de/de. Zugegriffen am 29.09.2022.

Bundesministerium für Wirtschaft und Klimaschutz. (o.J.-b). *KIM – Klimaschutz isst mehrweg – Förderung von Mehrweg-Take-away Angeboten in der multikulturellen Gastronomie.* Nationale Klimaschutzinitiative des Bundesministeriums für Wirtschaft und Klimaschutz. https://www.klimaschutz.de/de/projekte/kim-klimaschutz-isst-mehrweg-foerderung-von-mehrweg-take-away-angeboten-der. Zugegriffen am 04.08.2023.

Bundesregierung. (2016). *Deutsche Nachhaltigkeitsstrategie.* https://www.bundesregierung.de/breg-de/service/publikationen/deutsche-nachhaltigkeitsstrategie-neuauflage-2016-730826. Zugegriffen am 04.08.2023.

Bunz, M., & Wothge, J. (2016). *Fachliche Einschätzung der Lärmwirkungsstudie NORAH.* Umweltbundesamt. https://www.umweltbundesamt.de/sites/default/files/medien/376/publikationen/fachliche_einschaetzung_der_laermwirkungsstudie_norah.pdf. Zugegriffen am 19.12.2022.

Buss, D. M. (2004). *Evolutionäre Psychologie* (2., akt. Aufl.). Pearson.

Butcher, J. N., Mineka, S., & Hooley, J. M. (2009). *Klinische Psychologie* (13. Aufl.). Pearson.

Butollo, W., & Hagl, M. (2003). *Trauma, Selbst und Therapie. Konzepte und Kontroversen in der Psychotraumatologie*. Huber.

Caissie, L. T., & Halpenny, E. A. (2003). Volunteering for nature: Motivations for participating in a biodiversity conservation volunteer program. *World Leisure Journal, 45*(2), 38–50.

Calhoun, J. B. (1962). Population density and social pathology. *Scientific American, 206*(2), 139–149.

Canlas, I. P., Karpudewan, M., & Khan, N. S. M. A. (2022). More than twenty years of value-belief-norm theory of environmentalism: What has been and yet to be done? *Interdisciplinary Journal of Environmental and Science Education, 18*(2), e2269. https://doi.org/10.21601/ijese/11801

Carrington, M. J., Neville, B. A., & Whitwell, G. J. (2010). Why ethical consumers don't walk their talk: Towards a framework for understanding the gap between the ethical purchase intentions and actual buying behavior of ethically minded consumers. *Journal of Business Ethics, 97*, 139–158.

Carrington, M. J., Neville, B. A., & Whitwell, G. J. (2014). Lost in translation: Exploring the ethical consumer intention–behavior gap. *Journal of Business Research, 67*(1), 2759–2767. https://doi.org/10.1016/j.jbusres.2012.09.022

Cervinka, R., & Schmuck, P. (2010). Umweltpsychologie und Nachhaltigkeit. In V. Linneweber, E.-D. Lantermann, & E. Kals (Hrsg.), *Spezifische Umwelten und umweltbezogenes Handeln* (S. 595–641). Hogrefe.

Cialdini, R. B. (2017). *Die Psychologie des Überzeugens: Wie Sie sich selbst und Ihren Mitmenschen auf die Schliche kommen*. Hogrefe.

Clary, E. G., & Snyder, M. (1999). The motivations to volunteer: Theoretical and practical considerations. *Current Directions in Psychological Science, 8*(5), 156–159. https://doi.org/10.1111/1467-8721.00037

Clary, E. G., Snyder, M., Ridge, R. D., Copeland, J., Stukas, A. A., Haugen, J., & Miene, P. (1998). Understanding and assessing the motivations of volunteers: A functional approach. *Journal of Personality and Social Psychology, 74*(6), 1516–1530. https://doi.org/10.1037/0022-3514.74.6.1516

Clayton, S. (2020). Climate anxiety: Psychological responses to climate change. *Journal of Anxiety Disorders, 74*, 102263. https://doi.org/10.1016/j.janxdis.2020.102263

Cox, D. T., Shanahan, D. F., Hudson, H. L., Plummer, K. E., Siriwardena, G. M., Fuller, R. A., Anderson, K., Hancock, S., & Gaston, K. J. (2017). Doses of neighborhood nature: The benefits for mental health of living with nature. *BioScience, 67*(2), 147–155.

De Haan, G. (2008). Gestaltungskompetenz als Kompetenzkonzept für Bildung für nachhaltige Entwicklung. In I. Bormann & G. de Haan (Hrsg.), *Kompetenzen der Bildung für nachhaltige Entwicklung. Operationalisierung, Messung, Rahmenbedingungen, Befunde* (S. 23–44). Springer.

De Leeuw, A. D., Valois, P., & Houssemand, C. (2011). Predicting the intentions to buy fairtrade products: The role of attitude, social norm, perceived behavioral control, and moral norm. *OIDA International Journal of Sustainable Development, 2*(10), 77–84.

De Pelsmacker, P., & Janssens, W. (2007). A model for fair trade buying behaviour: The role of perceived quantity and quality of information and of product-specific attitudes. *Journal of Business Ethics, 75*(4), 361–380.

De Pelsmacker, P., Janssens, W., Sterckx, E., & Mielants, C. (2006). Fair-trade beliefs, attitudes and buying behaviour of Belgian consumers. *International Journal of Nonprofit and Voluntary Sector Marketing, 11*(2), 125–138. https://doi.org/10.1002/nvsm.47

Deci, E. L., & Ryan, R. M. (1985). *Intrinsic motivation and self-determination in human behavior*. Springer.

Deinsberger, H. (2007). *Die Psycho-Logik von Wohnbaustrukturen*. Books on Demand.

DeLong, A. J. (1970). The micro-spatial structure of the older person: Some implications of planning the social and spatial environment. In L. A. Pastalan & D. H. Carson (Hrsg.), *Spatial behaviour of older people* (S. 68–87). University of Michigan.

Dickson, M. A. (2001). Utility of no sweat labels for apparel consumers: Profiling label users and predicting their purchases. *Journal of Consumer Affairs, 35*(1), 96–119. https://doi.org/10.1111/j.1745-6606.2001.tb00104.x

Diekmann, A., & Preisendörfer, P. (2003). Green and greenback: The behavioral effects of environmental attitudes in low-cost and high-cost situations. *Rationality and Society, 15*(4), 441–472. https://doi.org/10.1177/1043463103154002

Diekmann, F., Flade, A., Schuemer, R., Ströhlein, G., & Walden, R. (1998). *Psychologie und gebaute Umwelt*. Institut Wohnen und Umwelt.

DIN 18041. (2016). *Hörsamkeit in Räumen – Anforderungen, Empfehlungen und Hinweise für die Planung*. Beuth.

Dolan, P. (2002). The sustainability of "sustainable consumption". *Journal of Macromarketing, 22*(2), 170–181. https://doi.org/10.1177/0276146702238220

Dong, M., Palomo-Vélez, G., & Wu, S. (2021). Reducing the gap between pro-environmental disposition and behavior: The role of feeling power. *Journal of Applied Social Psychology, 51*(3), 262–272. https://doi.org/10.1111/jasp.12733

Dovidio, J. F., Piliavin, J. A., Schroeder, D. A., & Penner, L. A. (2006). *The social psychology of prosocial behavior*. Lawrence Erlbaum.

Downs, R. M., & Stea, D. (1982). *Kognitive Karten: Die Welt in unseren Köpfen*. UTB Harper & Row.

Eckes, T., & Six, B. (1994). Fakten und Fiktionen in der Einstellungs-Verhaltens-Forschung: Eine Meta-Analyse. *Zeitschrift für Sozialpsychologie, 25*, 253–271.

Edney, J. (1979). Gemeinsinn: Bitte nach Ihnen! *Psychologie heute, 11*, 54–61.

Eis, D., Mühlinghaus, T., Birkner, N., Bullinger, M., Ebel, H., Eikmann, T., Gieler, U., Herr, C., Hornberg, C., Hueppe, M., Lecke, C., Lacour, M., Mach, J., Nowak, D., Podoll, K., Quinzio, B., Renner, B., Rupp, T., Scharrer, E., et al. (2003). Multizentrische Studie zur Multiplen Chemikalien-Sensitivität (MCS) – Beschreibung und erste Ergebnisse der RKI-Studie. *Umweltmedizin in Forschung und Praxis, 8*(3), 133–145.

Eis, D., Mühlinghaus, T., Birkner, N., Dietel, A., Eikmann, T., Gieler, U., Herr, C., Jordan, L., Nowak, D., Ottova, V., Gil, F. P., Podoll, K., Renner, B., Schwarz, E., Tönnies, R., Wiesmüller, G. A., & Worm, M. (2005). The German multicenter-study on multiple chemical sensitivity (MCS) – Results from phase II. *Umweltmedizin in Forschung und Praxis, 10*, 359–376.

Eisenhardt, T. (2008). *Mensch und Umwelt*. Peter Lang.

Ekardt, F. (2016). Suffizienz: Politikinstrumente, Grenzen von Technik und Wachstum und die schwierige Rolle des guten Lebens. *Soziologie und Nachhaltigkeit. Beiträge zur sozial-ökologischen Transformationsforschung, 4*, 1–25.

Erdmann, K. H., & Kastenholz, H. G. (Hrsg.). (2013). *Umwelt- und Naturschutz am Ende des 20. Jahrhunderts: Probleme, Aufgaben und Lösungen*. Springer.

Ernst, A. (1997). *Ökologisch-soziale Dilemmata: Psychologische Wirkmechanismen des Umweltverhaltens*. Beltz.

Ernst, A. (2008). Ökologisch-soziale Dilemmata. In E.-D. Lantermann & V. Linneweber (Hrsg.), *Grundlagen, Paradigmen und Methoden der Umweltpsychologie* (S. 377–413). Hogrefe.

Ernst, A. (2010). Individuelles Umweltverhalten – Probleme, Chancen, Vielfalt. In H. Welzer, H. G. Soeffner, & D. Giesecke (Hrsg.), *KlimaKulturen. Soziale Wirklichkeiten im Klimawandel* (S. 128–143). Campus.

Eulefeld, G. (1996). Umwelterziehung. In L. Kruse, C.-F. Graumann, & E.-D. Lantermann (Hrsg.), *Ökologische Psychologie* (2. Aufl., S. 654–659). Psychologie Verlags Union.

Festinger, L. (1957). *A theory of cognitive dissonance*. Stanford University Press.

Fietkau, H. J. (1984). *Bedingungen ökologischen Handelns: Gesellschaftliche Aufgaben der Umweltpsychologie*. Beltz.

Fietkau, H.-J., & Kessel, H. (1981). *Umweltlernen. Veränderungsmöglichkeiten des Umweltbewußtseins*. Hain.

Finnveden, G., Hauschild, M., Ekvall, T., Guinée, J., Heijungs, R., Hellweg, S., Koehler, A., Pennington, D., & Suh, S. (2009). Recent developments in life cycle assessment. *Journal of Environmental Management, 91*(1), 1–21. https://doi.org/10.1016/j.jenvman.2009.06.018

Fisher, R., Ury, W., & Patton, B. M. (2000). *Das Harvard-Konzept: Sachgerecht verhandeln – erfolgreich verhandeln* (21. Aufl.). Campus.

Flade, A. (2008). *Architektur – psychologisch betrachtet*. Huber.

Flade, A. (2010a). *Natur psychologisch betrachtet*. Huber.

Flade, A. (2010b). Wohnen und Nachbarschaft. In V. Linneweber, E.-D. Lantermann, & E. Kals (Hrsg.), *Spezifische Umwelten und umweltbezogenes Handeln* (S. 265–292). Hogrefe.

Flade, A. (2020). *Wohnen in der individualisierten Gesellschaft*. Springer Fachmedien.

Freund, S. (2020). *Organisationsentwicklung in Freiwilligenorganisationen: Psychologische Modellbildung und Evaluation von Veränderungsbereitschaft und Engagement im Transformationsprozess*. Springer.

Fuhrer, U. (2008). Ortsidentität, Selbst und Umwelt. In E.-D. Lantermann & V. Linneweber (Hrsg.), *Grundlagen, Paradigmen und Methoden der Umweltpsychologie* (S. 415–442). Hogrefe.

Fujii, S., Gärling, T., & Kitamura, R. (2001). Changes in drivers' perceptions and use of public transport during a freeway closure: Effects of temporary structural change on cooperation in a real-life social dilemma. *Environment and Behavior, 33*(6), 796–808. https://doi.org/10.1177/00139160121973241

Gabriel, Y., & Lang, T. (2015). *The unmanageable consumer*. Sage.

Gehring, K., & Maes, J. (2010). Freizeit, Tourismus, Regeneration. In V. Linneweber, E.-D. Lantermann, & E. Kals (Hrsg.), *Spezifische Umwelten und umweltbezogenes Handeln* (S. 461–484). Hogrefe.

Geipel, R. (1992). *Naturrisiken*. Wissenschaftliche Buchgesellschaft.
Geller, E. S., Berry, T. D., Ludwig, T. D., Evans, R. E., Gilmore, M. R., & Clarke, S. W. (1990). A conceptual framework for developing and evaluating behavior change interventions for injury control. *Health Education Research, 5*(2), 125–137. https://doi.org/10.1093/her/5.2.125
Gellrich, A., Burger, A., Tews, K., Simon, C., & Seider, S. (2021). *25 Jahre Umweltbewusstseinsforschung im Umweltressort: Langfristige Entwicklungen und aktuelle Ergebnisse*. Umweltbundesamt. https://www.umweltbundesamt.de/sites/default/files/medien/5750/publikationen/2021_hgp_umweltbewusstseinsstudie_bf.pdf. Zugegriffen am 04.08.2023.
Gibson, J. J. (1982). *Wahrnehmung und Umwelt*. Urban & Schwarzenberg.
Glass, D. C., & Singer, J. E. (1972). *Urban stress: Experiments on noise and social stressors*. Academic Press.
Golledge, R. G., & Stimson, R. J. (1997). *Spatial behavior. A geographic perspective*. The Guilford Press.
Göring, A., & Mutz, M. (2016). Kompetenzerwerb und Persönlichkeitsentwicklung im Freiwilligen Sozialen Jahr – Ein Vergleich vier sozialer Tätigkeitsbereiche. *Zeitschrift für Erziehungswissenschaft, 19*(2), 395–414. https://doi.org/10.1007/s11618-015-0632-8
Graumann, C. F., & Kruse, L. (2008). Umweltpsychologie – Ort, Gegenstand, Herkünfte, Trends. In E.-D. Lantermann & V. Linneweber (Hrsg.), *Grundlagen, Paradigmen und Methoden der Umweltpsychologie* (S. 3–65). Hogrefe.
Griskevicius, V., Tybur, J. M., & Van den Bergh, B. (2010). Going green to be seen: Status, reputation, and conspicuous conservation. *Journal of Personality and Social Psychology, 98*(3), 392–404. https://doi.org/10.1037/a0017346
Grunert, K. G., Hieke, S., & Wills, J. (2014). Sustainability labels on food products: Consumer motivation, understanding and use. *Food Policy, 44*, 177–189. https://doi.org/10.1016/j.foodpol.2013.12.001
Grunwald, A. (2010). Wider die Privatisierung der Nachhaltigkeit. Warum ökologisch korrekter Konsum die Umwelt nicht retten kann. *GAIA, 19*(3), 178–182.
Grunwald, A. (2016). Umweltrisiken. In K. Ott, J. Dierks, & L. Voget-Kleschin (Hrsg.), *Handbuch Umweltethik* (S. 49–55). JB Metzler.
Güntert, S. T., Wehner, T., & Mieg, H. A. (2022). *Organizational, motivational, and cultural contexts of volunteering: The European view*. Springer.
Guski, R. (1996). *Wahrnehmen – ein Lehrbuch*. Kohlhammer.
Guski, R., & Blöbaum, A. (2008). Umweltwahrnehmung und Umweltbewertung. In E.-D. Lantermann & V. Linneweber (Hrsg.), *Grundlagen, Paradigmen und Methoden der Umweltpsychologie* (S. 443–470). Hogrefe.
Habisch, A. (2011). Corporate Volunteering als Element des Positive Organizational Scholarship. In M. Ringelstetter, S. Kaiser, & G. Müller-Seitz (Hrsg.), *Positives Management: Zentrale Konzepte und Ideen des Positive Organizational Scholarship* (S. 221–236). Gabler.
Häcker, H., & Stapf, K.-H. (Hrsg.). (2009). *Dorsch psychologisches Wörterbuch* (15. Aufl.). Huber.
Hackman, J. R., & Oldham, G. R. (1975). Development of the Job Diagnostic Survey. *Journal of Applied Psychology, 60*(2), 159–170. https://doi.org/10.1037/h0076546
Hagerhall, C. M. (2001). Consensus in landscape preference judgements. *Journal of Environmental Psychology, 21*(1), 83–92. https://doi.org/10.1006/jevp.2000.0186
Haken, H. (1995). *Erfolgsgeheimnisse der Natur*. Rowohlt.

Haken, H., & Schiepek, G. (2005). *Synergetik in der Psychologie*. Hogrefe.
Hall, E. T. (1966). *The hidden dimension*. Doubleday.
Hancock, P. A., Ross, J. M., & Szalma, J. L. (2007). A meta-analysis of performance response under thermal stressors. *Human Factors, 49*(5), 851–877. https://doi.org/10.1518/001872007X230226
Harland, P., Staats, H., & Wilke, H. A. M. (1999). Explaining proenvironmental intention and behavior by personal norms and the theory of planned behavior. *Journal of Applied Social Psychology, 29*(12), 2505–2528. https://doi.org/10.1111/j.1559-1816.1999.tb00123.x
Harloff, H. J., Eitmann, J., & Hinding, B. (2010). Psychologische Probleme der Stadtplanung. In V. Linneweber, E.-D. Lantermann, & E. Kals (Hrsg.), *Spezifische Umwelten und umweltbezogenes Handeln* (S. 1005–1030). Hogrefe.
Harrell, W. A., Bowlby, J. W., & Hall-Hoffarth, D. (2000). Directing wayfinders with maps: The effects of gender, age, route complexity, and familiarity with the environment. *Journal of Social Psychology, 140*, 169–178. https://doi.org/10.1080/00224540009600456
von Hauff, M. (2014). *Nachhaltige Entwicklung. Grundlagen und Umsetzung*. De Gruyter.
Heerwagen, J. H., & Orians, G. H. (1993). Humans, habitats, and aesthetics. In S. J. Kellert & E. O. Wilson (Hrsg.), *The biophilia hypothesis* (S. 138–172). Island Press.
Heinrich, S., Ossig, A., Schlittmeier, S., & Hellbrück, J. (2007). Elektromagnetische Felder einer UMTS-Mobilfunkbasisstation und mögliche Auswirkungen auf die Befindlichkeit – eine experimentelle Felduntersuchung. *Umweltmedizin in Forschung und Praxis, 12*(3), 171–180.
Hellbrück, J. (2009). Das Hören in der Umwelt des Menschen. In H. Bruhn, R. Kopiez, & A. C. Lehmann (Hrsg.), *Musikpsychologie – das neue Handbuch* (2. Aufl., S. 17–36). Rowohlt.
Hellbrück, J., & Fischer, M. (1999). *Umweltpsychologie. Ein Lehrbuch*. Hogrefe.
Hellbrück, J., & Guski, R. (2018). *Lauter Schall. Wie Lärm in unser Leben eingreift*. WBG Academic.
Hellbrück, J., & Schlittmeier, S. (2008). Allgemeine Psychologie und Umwelt. In E.-D. Lantermann & V. Linneweber (Hrsg.), *Grundlagen, Paradigmen und Methoden der Umweltpsychologie* (S. 69–98). Hogrefe.
Hellbrück, J., Guski, R., & Schick, A. (2010). Schall und Lärm. In V. Linneweber, E.-D. Lantermann, & E. Kals (Hrsg.), *Spezifische Umwelten und umweltbezogenes Handeln* (S. 3–44). Hogrefe.
Hellpach, W. (1924). Psychologie der Umwelt. In E. Abderhalden (Hrsg.), *Handbuch der biologischen Arbeitsmethoden. Abt. VI: Methoden der experimentellen Psychologie. C,3.* Urban & Schwarzenberg.
Hemmerling, S., Hamm, U., & Spiller, A. (2015). Consumption behaviour regarding organic food from a marketing perspective – A literature review. *Organic Agriculture, 5*(4), 277–313.
Herbes, C. (2021). Nachhaltiger Konsum. In P. Genkova (Hrsg.), *Handbuch Globale Kompetenz*. Springer.
Hertel, S., Scruggs, L., & Heidkamp, C. P. (2009). Human rights and public opinion: From attitudes to action. *Political Science Quarterly, 124*(3), 443–459.

Hofinger, G., & Becker, R. (2010). Großräumige natürliche Umwelten: Schutzgebiete, Wildnis und Landschaft. In V. Linneweber, E.-D. Lantermann, & E. Kals (Hrsg.), *Spezifische Umwelten und umweltbezogenes Handeln* (S. 389–431). Hogrefe.

Homburg, A. (2008). Umwelt und Stress. In E.-D. Lantermann & V. Linneweber (Hrsg.), *Grundlagen, Paradigmen und Methoden der Umweltpsychologie* (S. 567–593). Hogrefe.

Homburg, A. (2023a). Erklärungsansätze für umweltfreundliches Verhalten. In Sachverständigenrat für Umweltfragen (Hrsg.), *Politik in der Pflicht: Umweltfreundliches Verhalten erleichtern* (S. 41–50). https://www.umweltrat.de/SharedDocs/Downloads/DE/02_Sondergutachten/2020_2024/2023_05_SG_Umweltfreundliches_Verhalten.html

Homburg, A. (2023b). Bündelung von Ansätzen zur Förderung umweltfreundlichen Verhaltens. In Sachverständigenrat für Umweltfragen (Hrsg.), *Politik in der Pflicht: Umweltfreundliches Verhalten erleichtern* (S. 50–53). https://www.umweltrat.de/SharedDocs/Downloads/DE/02_Sondergutachten/2020_2024/2023_05_SG_Umweltfreundliches_Verhalten.html

Homburg, A., & Matthies, E. (1998). *Umweltpsychologie: Umweltkrise, Gesellschaft und Individuum*. Juventa.

Houts, P. S., Cleary, P. D., & Hu, T.-W. (1988). *The three mile island crisis – psychological, social and economic impacts on the surrounding population*. The Penn State University Press.

Howell, A. J., & Passmore, H.-A. (2013). The nature of happiness: Nature affiliation and mental well-being. In C. L. M. Keyes (Hrsg.), *Mental well-being: International contributions to the study of positive mental health* (S. 231–257). Springer.

Hübner, G., Pohl, J., Warode, J., Gotchev, B., Ohlhorst, D., Krug, M., Salecki, S., & Peters, W. (2020). *Akzeptanzfördernde Faktoren erneuerbarer Energien*. Bundesamt für Naturschutz.

Hunecke, M., Tully, C. J., & Bäumer, D. (Hrsg.). (2013). *Mobilität von Jugendlichen: Psychologische, soziologische und umweltbezogene Ergebnisse und Gestaltungsempfehlungen*. Springer.

Husk, K., Lovell, R., Cooper, C., Stahl-Timmins, W., & Garside, R. (2016). Participation in environmental enhancement and conservation activities for health and well-being in adults: A review of quantitative and qualitative evidence. *Cochrane Database of Systematic Reviews, 5*. https://doi.org/10.1002/14651858.CD010351.pub2

Hustvedt, G., & Bernard, J. C. (2010). Effects of social responsibility labelling and brand on willingness to pay for apparel. *International Journal of Consumer Studies, 34*(6), 619–626.

Hygge, S. (1992). Heat and performance. In D. M. Jones & A. P. Smith (Hrsg.), *Handbook of human performance* (Bd. 1, S. 79–104). Academic Press.

Inglehart, R. (1977). *The silent revolution: Changing values and political styles among western publics*. Princeton University Press.

Inglehart, R. (1998). *Modernisierung und Postmodernisierung. Kultureller, wirtschaftlicher und politischer Wandel in 43 Gesellschaften*. Campus.

Intergovernmental Panel on Climate Change. (2022). *Climate change 2022: Impacts, adaptation and vulnerability: Working group II contribution to the sixth assessment report of the intergovernmental panel on climate change*. United Nations Environment Program, World Meteorological Organization. https://www.ipcc.ch/report/ar6/wg2/downloads/report/IPCC_AR6_WGII_FullReport.pdf. Zugegriffen am 04.08.2023.

Ittelson, W. H., & Cantril, H. (1954). *Perception: A transactional approach*. Doubleday and Co.

Ittner, H., Hübner, G., & Kals, E. (2018). Umweltpsychologie. In O. Decker (Hrsg.), *Sozialpsychologie und Sozialtheorie, Band 2: Forschungs- und Praxisfelder* (S. 55–68). Springer VS.

Jiranek, P., Kals, E., Humm, J. S., Strubel, I. T., & Wehner, T. (2013). Volunteering as a means to an equal end? The impact of a social justice function on intention to volunteer. *The Journal of Social Psychology, 153*(5), 520–541. https://doi.org/10.1080/00224545.2013.768594

Joanes, T. (2019). Personal norms in a globalized world: Norm-activation processes and reduced clothing consumption. *Journal of Cleaner Production, 212*, 941–949. https://doi.org/10.1016/j.jclepro.2018.11.191

Kahn, P. H., Jr., & Kellert, S. R. (Hrsg.). (2002). *Children and nature: Psychological, sociocultural, and evolutionary investigations*. The MIT Press.

Kahneman, D., Slovic, P., & Tversky, A. (Hrsg.). (1982). *Judgment under uncertainty*. Cambridge University Press.

Kaiser, F. G. (2020). *GEB-50. General ecological behavior scale* [Process documentation, Questionnaire German and English]. Leibniz Institute for Psychology, Open Test Archive. ZPID.

Kaiser, F. G., & Henn, L. (2017). Nicht alles Gold, was glänzt. Trugschlüsse umweltpsychologischer Verhaltensforschung. *Umweltpsychologie, 21*(1), 29–42.

Kaiser, F. G., & Lange, F. (2021). Offsetting behavioral costs with personal attitude: Identifying the psychological essence of an environmental attitude measure. *Journal of Environmental Psychology, 75*, 101619. https://doi.org/10.1016/j.jenvp.2021.101619

Kaiser, F. G., Byrka, K., & Hartig, T. (2010). Reviving Campbell's paradigm for attitude research. *Personality and Social Psychology Review, 14*(4), 351–367. https://doi.org/10.1177/1088868310366452

Kals, E., & Baier, M. (2017). Beiträge der Gerechtigkeitspsychologie zum Verständnis und zur Lösung von Umweltproblemen und -konflikten. *Umweltpsychologie, 1*, 79–92.

Kals, E., & Montada, L. (1997). Motive politischer Engagements für den globalen oder lokalen Umweltschutz am Beispiel konkurrierender städtebaulicher Interessen. *Zeitschrift für Politische Psychologie, 5*, 21–39.

Kals, E., & Müller, M. M. (2012). Emotion and environment. In S. Clayton (Hrsg.), *Handbook of environmental and conservation psychology* (S. 128–147). Oxford University Press.

Kals, E., & Müller, M. M. (2014). Education for sustainability. Moral issues in ecology education. In L. Nucci, T. Krettenauer, & D. Narvaez (Hrsg.), *Handbook of moral and character education* (S. 471–487). Routledge.

Kals, E., & Nisbet, E. (2019). Affective connection to nature. In A. C. Michalos (Hrsg.), *Encyclopedia of quality of life and well-being research* (2. Aufl., S. 83–88). Springer.

Kals, E., Becker, R., & Ittner, H. (2006). Protecting nature or promoting competing values and interests? In R. J. G. van den Born, R. H. J. Lenders, & W. T. de Groot (Hrsg.), *Visions of nature* (S. 129–151). LIT.

Kals, E., Müller, M. M., & Baier, M. (2016). Ethische Diskurse in Umweltkonflikten. In U. Eser (Hrsg.), *Jenseits von Belehrung und Bekehrung: Wie kann Kommunikation über Ethik im Naturschutz gelingen* (S. 22–33). Bundesamt für Naturschutz.

Kamelger, K., & Atzwanger, K. (2002). Die ewige Stadt im Sekundentakt. Der Einfluss der Begrünung auf die Gehgeschwindigkeit in Rom. In M. Schultz (Hrsg.), *Homo – unsere Herkunft und Zukunft* (Proceedings -4. Kongress d. Gesellschaft für Anthropologie e. V.; GfA, S. 176–181). Cuvillier.

Kaminski, G. (2008). Das Behavior Setting-Konzept – Entstehungsgeschichte und Weiterentwicklungen. In E.-D. Lantermann & V. Linneweber (Hrsg.), *Grundlagen, Paradigmen und Methoden der Umweltpsychologie* (S. 333–376). Hogrefe.

Kaplan, S. (1995a). Environmental preference in a knowledge-seeking, knowledge-using organism. In J. H. Barkow, L. Cosmides, & J. Tooby (Hrsg.), *The adapted mind. Evolutionary psychology and the generation of culture* (S. 581–598). Oxford University Press.

Kaplan, S. (1995b). The restorative benefits of nature: Toward an integrative framework. *Journal of Environmental Psychology, 15*(3), 169–182. https://doi.org/10.1016/0272-4944(95)90001-2

Kaplan, S., & Kaplan, R. (1989). *Cognition and environment. Functioning in an uncertain world*. Praeger.

Karlin, B., Zinger, J. F., & Ford, R. (2015). The effects of feedback on energy conservation: A meta-analysis. *Psychological Bulletin, 141*(6), 1205–1227. https://doi.org/10.1037/a0039650

Katz, I. M., Rauvola, R. S., Rudolph, C. W., & Zacher, H. (2022). Employee green behavior: A meta-analysis. *Corporate Social Responsibility and Environmental Management, 29*, 1146–1157. https://doi.org/10.1002/csr.2260

Katz, P. (1937). *Animals and men*. Langmans & Green.

Katzev, R. D., & Johnson, T. R. (1984). Comparing the effects of monetary incentives and foot-in-the-door strategies in promoting residential electricity consumption. *Journal of Applied Social Psychology, 14*(1), 12–27. https://doi.org/10.1111/j.1559-1816.1984.tb02217.x

Kausmann, C., & Hagen, C. (2022). Gesellschaftliche Bereiche des freiwilligen Engagements. In J. Simonson, N. Kelle, C. Kausmann, & C. Tesch-Römer (Hrsg.), *Freiwilliges Engagement in Deutschland: Empirische Studien zum bürgerschaftlichen Engagement* (S. 95–124). Springer.

Keatinge, W. R. (2003). Death in heat waves. *British Journal of Medicine, 327*, 512–513.

Kellert, S. J., & Wilson, E. O. (Hrsg.). (1993). *The biophilia hypothesis*. Island Press.

Kellert, S. R. (2005). *Building for life*. Island Press.

Kirby, A. (2003). Redefining social and environmental relations at the ecovillage at Ithaca: A case study. *Journal of Environmental Psychology, 23*(3), 323–332. https://doi.org/10.1016/S0272-4944(03)00025-2

Kitchin, R., & Blades, M. (2002). *The cognition of geographic space*. I. B. Tauris.

Klages, H. (1984). *Werteorientierungen im Wandel: Rückblick, Gegenwartsanalyse, Prognosen*. Campus.

Klatte, M., Hellbrück, J., Seidel, J., & Leistner, P. (2010). Effects of classroom acoustics on performance and well-being in elementary school children: A field study. *Environment and Behavior, 42*(5), 659–692. https://doi.org/10.1177/0013916509336813

Klatte, M., Spilski, J., Mayerl, J., Möhler, U., Lachmann, T., & Bergström, K. (2016). Effects of aircraft noise on reading and quality of life in primary school children in Germany: Results from the NORAH study. *Environment and Behavior, 49*(4), 390–424. https://doi.org/10.1177/0013916516642580

Klein, G., Orasanu, J., Calderwood, R., & Zsambock, C. E. (1993). *Decision making in action: Models and methods*. Ablex.

Kley, J., & Fietkau, H.-J. (1979). Verhaltenswirksame Variablen des Umweltbewusstseins. *Psychologie und Praxis, 1*, 13–22.

Klima-Bündnis. (o.J.). *Was ist Stadtradeln? Darum geht es!* Stadtradeln. https://www.stadtradeln.de/darum-geht-es. Zugegriffen am 29.09.2022.

Klöckner, C. A. (2013). A comprehensive model of the psychology of environmental behaviour – A meta-analysis. *Global Environmental Change, 23*, 1028–1038. https://doi.org/10.1016/j.gloenvcha.2013.05.014

Knoblich, H., Scharf, A., & Schubert, B. (2003). *Marketing mit Duft* (4. Aufl.). Oldenbourg Wissenschaftsverlag.

Koch, U., & Wittmann, W. W. (Hrsg.). (1990). *Evaluationsforschung. Bewertungsgrundlage von Sozial- und Gesundheitsprogrammen*. Springer.

Köckler, H., & Sieber, R. (2020). Die Stadt als gesunder Lebensort?! *Bundesgesundheitsblatt-Gesundheitsforschung-Gesundheitsschutz, 63*(8), 928–935.

Kolb, B., & Whishaw, I. Q. (1996). *Neuropsychologie* (2. Aufl.). Spektrum Akademischer Verlag.

Kriz, J. (1999). *Systemtheorie für Psychotherapeuten, Psychologen und Mediziner. Eine Einführung*. (3. Aufl.). UTB/Facultas.

Lammers, J., Crusius, J., & Gast, A. (2020). Correcting misperceptions of exponential coronavirus growth increases support for social distancing. *PNAS, 117*(28), 16264–16266.

Lange, F., & Dewitte, S. (2019). Measuring pro-environmental behavior: Review and recommendations. *Journal of Environmental Psychology, 63*, 92–100. https://doi.org/10.1016/j.jenvp.2019.04.009

Lantermann, E.-D. (1996). Nachhaltigkeit als Leitlinie interdisziplinärer Umweltforschung. In P. M. Wiedemann & H. M. Seitz (Hrsg.), *Gesundheitsbelastungen* (S. 3–16). Forschungszentrum Jülich.

Lantermann, E. D., & Linneweber, V. (Hrsg.). (2008). *Grundlagen, Paradigmen und Methoden der Umweltpsychologie*. Hogrefe.

Lazarus, R. S., & Folkman, S. (1984). *Stress, appraisal and coping*. Springer.

Lehmann, A., Roffeis, M., & Finkbeiner, M. (2019). *Ökobilanzielle Bewertung des Lebensweges eines handelsüblichen weißen Baumwolle T-Shirts in Deutschland. Ökobilanz nach ISO 14040/14044*. https://www.ikw.org/fileadmin/IKW_Dateien/downloads/Haushaltspflege/20190415_Oekobilanz_T-Shirt.pdf. Zugegriffen am 31.05.2022.

Leitgeb, N. (1991). *Strahlen, Wellen, Felder. Ursachen und Auswirkungen auf Umwelt und Gesundheit* (2. Aufl.). Georg Thieme/Deutscher Taschenbuch Verlag.

Leitgeb, N., & Schröttner, J. (2003). Electrosensibility and electromagnetic hypersensitivity. *Bioelectromagnetics, 24*(6), 387–394. https://doi.org/10.1002/bem.10138

Lindau, A.-K., Mohs, F., Reinboth, A., & Lindner, M. (Hrsg.). (2021). *„Wilde Nachbarschaft" – Wildnisbildung im Kontext einer Bildung für nachhaltige Entwicklung*. Oekom.

Lindsay, J. L., & Anderson, C. A. (2000). From antecedent conditions to violent actions: A general affective aggression model. *Personality and Social Psychology Bulletin, 26*(5), 533–547. https://doi.org/10.1177/0146167200267002

Linneweber, V. (1998). Nachhaltige Entwicklung als unscharfes Prädikat. *Umweltpsychologie, 2*(1), 66–77.

Linneweber, V., & Lantermann, E.-D. (2010). Psychologische Beiträge zur (Natur-)Katastrophenforschung. In V. Linneweber, E.-D. Lantermann, & E. Kals (Hrsg.), *Spezifische Umwelten und umweltbezogenes Handeln* (S. 883–907). Hogrefe.

Linneweber, V., Lantermann, E.-D., & Kals, E. (Hrsg.). (2010). *Spezifische Umwelten und umweltbezogenes Handeln*. Hogrefe.

Loy, L. S., Wieber, F., Gollwitzer, P. M., & Oettingen, G. (2016). Supporting sustainable food consumption: Mental contrasting with implementation intentions (MCII) aligns intentions and behavior. *Frontiers in Psychology, 7*, 607.

Luhmann, N. (2003). *Soziologie des Risikos* (Nachdruck der Ausgabe 1991). De Gruyter.

Lynch, K. (1960). *The image of the city*. MIT Press.

Ma, Y. J., & Lee, H.-H. (2012). Understanding consumption behaviours for fair trade non-food products: Focusing on self-transcendence and openness to change values. *International Journal of Consumer Studies, 36*(6), 622–634. https://doi.org/10.1111/j.1470-6431.2011.01037.x

Magnusson, A. (2000). An overview of epidemiological studies on seasonal affective disorder. *Acta Psychiatrica Scandinavia, 101*(3), 176–184.

Maloney, M. P., & Ward, M. P. (1973). Ecology: Let's hear from the people. An objective scale for the measurement of ecological attitudes and knowledge. *American Psychologist, 28*(7), 583–586. https://doi.org/10.1037/h0034936

Maslow, A. H. (1943). A theory of human motivation. *Psychological Review, 50*, 370–396.

Matthies, E. (2017). Vom Umweltbewusstsein zur solidarischen Lebensqualität: Ein Blick in jüngste Vergangenheit und Zukunft der Umweltpsychologie. *Umweltpsychologie, 20*(1), 94–100.

Matthies, E., & Ernst, A. M. (2005). Befragung „Umweltpsychologie in der Lehre" (Juni 04–Februar 05). *IZU, 11*(1), 7–12.

Matthies, E., & Wallis, H. (2018). Was kann die Umweltpsychologie zu einer nachhaltigen Entwicklung beitragen? In C. T. Schmitt & E. Bamberg (Hrsg.), *Psychologie und Nachhaltigkeit* (S. 37–46). Springer.

Matthies, E., Krömker, D., & Schweizer-Ries, P. (2006). From environmental psychology to sustainable psychology? Introduction into the main topic. *Umweltpsychologie, 10*(1), 114–117.

Matyssek, A. K., & Neuser, J. (2002). Subjektive Beeinträchtigungen ohne objektivierbare Umweltnoxe: Fehlattributionen. In W. Dott, H. F. Merk, J. Neuser, & R. Osieka (Hrsg.), *Lehrbuch der Umweltmedizin* (S. 501–509). Wissenschaftliche Verlagsgesellschaft.

Maue, J. (2009). *0 Dezibel + 0 Dezibel = 3 Dezibel*. Erich Schmidt.

McDougle, L. M., Greenspan, I., & Handy, F. (2011). Generation green: Understanding the motivations and mechanisms influencing young adults' environmental volunteering. *International Journal of Nonprofit and Voluntary Sector Marketing, 16*(4), 325–341. https://doi.org/10.1002/nvsm.431

McMahan, E. A., & Estes, D. (2015). The effect of contact with natural environments on positive and negative affect: A meta-analysis. *Journal of Positive Psychology, 10*(6), 507–519. https://doi.org/10.1080/17439760.2014.994224

Measham, T. G., & Barnett, G. B. (2008). Environmental volunteering: Motivations, modes and outcomes. *Australian Geographer, 39*(4), 537–552. https://doi.org/10.1080/00049180802419237

Metha, G., & Rückert, K. (Hrsg.). (2003). *Mediation und Demokratie.* Carl-Auer-Systeme.

Mieg, H. A. (2010). Professionalisierung von Umweltexpertise. In V. Linneweber, E.-D. Lantermann, & E. Kals (Hrsg.), *Spezifische Umwelten und umweltbezogenes Handeln* (S. 855–881). Hogrefe.

Mierheim, H., & Wehrspaun, M. (2000). Nur ein Beruhigungsmittel? Kommunikation über Nachhaltigkeit als politisches Instrument. *Politische Ökologie, 63*(64), 16–18.

Miller, S. (2020). Greenspace volunteering post-disaster: Exploration of themes in motivation, barriers, and benefits from post-hurricane park and garden volunteers. *Journal of Environmental Planning and Management, 63*(11), 2004–2021. https://doi.org/10.1080/09640568.2019.1700942

Millette, V., & Gagné, M. (2008). Designing volunteers' tasks to maximize motivation, satisfaction and performance: The impact of job characteristics on volunteer engagement. *Motivation and Emotion, 32*(1), 11–22. https://doi.org/10.1007/s11031-007-9079-4

Montada, L., & Kals, E. (2010). Umweltmediation. In V. Linneweber, E.-D. Lantermann, & E. Kals (Hrsg.), *Spezifische Umwelten und umweltbezogenes Handeln* (S. 735–760). Hogrefe.

Morgenstadt. (2022a). *Global Smart Cities Initiative (MG).* https://mgi-iki.com/. Zugegriffen am 04.08.2023.

Morgenstadt. (2022b). *SMARTilienceGoesLive.* https://www.morgenstadt.de/de/projekte/smart_city/smartilience.html#1234395278. Zugegriffen am 03.08.2023.

Müller, M. M., Maier, K., & Kals, E. (2013). Klimaschützendes Handeln im Haushalt: Die Rolle von emotionaler Bindung an die Natur. *Umweltpsychologie, 17*(1), 60–73.

Müller, M. M., Zieris, P., Krebs-Fehrmann, M., Thümer, K., Loreth, P., Pokorny, D., Katzlberger, F., Grec, A. & Kals, E. (submitted). *A mindfulness- and relaxation-based nature intervention improves mood in depressed patients in psychosomatic rehabilitation: Results from the GREENCARE controlled clinical trial.*

Nair, C. (2022). *Transformations for a disparate and more equitable world* (Earth4all: Deepdive paper 10). Club of Rome. https://www.clubofrome.org/wp-content/uploads/2022/08/Earth4All_Deep_Dive_Nair.pdf. Zugegriffen am 03.08.2023.

Neidhardt, E., & Schmitz, S. (2001). Entwicklung von Strategien und Kompetenzen in der räumlichen Orientierung und in der Raumkognition: Einflüsse von Geschlecht, Alter, Erfahrung und Motivation. *Psychologie in Erziehung und Unterricht, 48*(4), 262–279.

Neufeind, M., Güntert, S. T., & Wehner, T. (2015). Neue Formen der Freiwilligenarbeit. In T. Wehner & S. T. Güntert (Hrsg.), *Psychologie der Freiwilligenarbeit* (S. 195–220). Springer.

Newholm, T., & Shaw, D. (2007). Studying the ethical consumer: A review of research. *Journal of Consumer Behavior, 6*(5), 253–270. https://doi.org/10.1002/cb.225

Newman, O. (1972). *Defensible space.* Macmillan.

Niemiec, R., Jones, M. S., Lischka, S., & Champine, V. (2021). Efficacy-based and normative interventions for facilitating the diffusion of conservation behavior through social networks. *Conservation Biology, 35*(4), 1073–1085. https://doi.org/10.1111/cobi.13717

Öhman, A. (1986). Face the beast and fear the face: Animal and social fears as prototypes of evolutionary analyses of emotion. *Psychophysiology, 21*(2), 123–145.

Okumah, M., Martin-Ortega, J., Novo, P., & Chapman, P. J. (2020). Revisiting the determinants of pro-environmental behaviour to inform land management policy: A meta-analytic structural equation model application. *Land, 9*(5), 135. https://doi.org/10.3390/land9050135

Okun, M. A., & Sloane, E. S. (2002). Application of planned behavior theory to predicting volunteer enrollment by college students in a campus-based program. *Social Behavior and Personality, 30*(3), 243–250. https://doi.org/10.2224/sbp.2002.30.3.243

Onwezen, M. C., Antonides, G., & Bartels, J. (2013). The norm activation model: An exploration of the functions of anticipated pride and guilt in pro-environmental behaviour. *Journal of Economic Psychology, 39*, 141–153. https://doi.org/10.1016/j.joep.2013.07.005

Opotow, S. (1987). *Limits of fairness: An experimental examination of antecedents of the scope of justice*. Doctoral dissertation, Columbia University.

Opotow, S. (1994). Predicting protection: Scope of justice and the natural world. *Journal of Social Issues, 50*(3), 49–63. https://doi.org/10.1111/j.1540-4560.1994.tb02419.x

Orians, G. H. (2007). Human behavioral ecology: 140 years without Darwin is too long. In D. J. Penn & I. Mysterud (Hrsg.), *Evolutionary perspectives on environmental problems* (S. 259–279). Transaction Publishers.

Ott, K. (2016). Starke Nachhaltigkeit. In K. Ott, J. Dierks, & L. Voget-Kleschin (Hrsg.), *Handbuch Umweltethik* (S. 190–194). J. B. Metzler.

Ouellette, J. A., & Wood, W. (1998). Habit and intention in everyday life: The multiple processes by which past behavior predicts future behavior. *Psychological Bulletin, 124*(1), 54–74.

Over, M., Brischke, L. A., & Leuser, L. (2020). Das selbstverwaltete Wohnheim Collegium Academicum in Heidelberg: Suffizienz lernen, leben und verbreiten. In A. Brokow-Loga & F. Eckardt (Hrsg.), *Postwachstumsstadt* (S. 306–319). Oecom.

Patrick, R., Henderson-Wilson, C., & Ebden, M. (2022). Exploring the co-benefits of environmental volunteering for human and planetary health promotion. *Health Promotion Journal of Australia: Official Journal of Australian Association of Health Promotion Professionals, 33*(1), 57–67.

Pawlik, K. (1991). The psychology of global environmental change: Some basic data and an agenda for cooperative international research. *International Journal of Psychology, 26*(5), 547–563. https://doi.org/10.1080/00207599108247143

Petzold, H. G., Ellerbrock, B., & Hömberg, R. (2019). *Die Neuen Naturtherapien*. AITHESIS.

Peyer, M., & Balderjahn, I. (2007). Zahlungsbereitschaft für sozialverträgliche Produkte. *Jahrbuch der Absatz- und Verbrauchsforschung, 53*(3), 267–288.

Pollard, R., & Pollard, G. (2005). Long-term trends in home advantage in professional team sports in North America and England (1876–2003). *Journal of Sports Sciences, 23*(4), 337–350. https://doi.org/10.1080/02640410400021559

Polz-Watzenig, A. (2020). *Die heilsame Wirkung des Waldes in der Integrativen Therapie. Mit zahlreichen Übungsbeispielen für die Praxis*. Springer.

Porteous, J. D. (1985). Smellscape. *Progress in Human Geography, 9*(3), 356–378.

Prose, F. (1997). Sieben Schritte zur neuen Beweglichkeit. Konzept und Zwischenergebnisse der Nordlicht-Aktion zur Verminderung des motorisierten Individualverkehrs. In E. Giese (Hrsg.), *Verkehr ohne (W)Ende? Psychologische und sozialwissenschaftliche Beiträge* (S. 317–329). dgvt-Verlag.

Pufé, I. (2017). *Nachhaltigkeit*. UVK Verlagsgesellschaft mbH.

Reason, J. (1994). *Menschliches Versagen. Psychologische Risikofaktoren und moderne Technologien*. Spektrum Akademischer Verlag.

Reusswig, F. (1999). Umweltgerechtes Handeln in verschiedenen Lebensstil-Kontexten. In V. Linneweber & E. Kals (Hrsg.), *Ausreden aus dem Umweltschutz?* (S. 49–69). Psychologie Verlags Union.

Reusswig, F. (2002). Die Bedeutung von Lebensstiltypen für den Natur- und Umweltschutz. In K.-H. Erdmann & C. Schell (Hrsg.), *Naturschutz und gesellschaftliches Handeln* (S. 55–77). Bundesamt für Naturschutz.

Rhein, S. (2006). *Lebensstil und Umgehen mit Umwelt*. Dt. Univ.-Verlag.

Richter, P. G., & Christl, B. (2008). Territorialität und Privatheit. In P. G. Richter (Hrsg.), *Architekturpsychologie* (S. 235–260). Pabst Science Publishers.

Robert Koch Institut. (Hrsg.). (2022). *Epidemiologisches Bulletin 42. Hitzebedingte Mortalität in Deutschland 2022*. Bundesministerium für Gesundheit. https://www.rki.de/DE/Content/Infekt/EpidBull/Archiv/2022/42/Art_01.html;jsessionid=FDF-FA3742C7A708BD50FBF853D07A46B.internet122?nn=13282292. Zugegriffen am 03.08.2023.

Rohmann, E., & Bierhoff, H. W. (2021). Ehrenamt und Freiwilligenarbeit. In P. Genkova (Hrsg.), *Handbuch Globale Kompetenz*. Springer.

Rohrmann, B. (1990). Partizipation und Protest. In L. Kruse, C.-F. Graumann, & E.-D. Lantermann (Hrsg.), *Ökologische Psychologie* (S. 645–653). Psychologie Verlags Union.

Ryan, R. L., Kaplan, R., & Grese, R. E. (2001). Predicting volunteer commitment in environmental stewardship programmes. *Journal of Environmental Planning and Management, 44*(5), 629–648.

Sachverständigenrat für Umweltfragen. (2023, Mai). *Politik in der Pflicht: Umweltfreundliches Verhalten erleichtern* [Sondergutachten]. https://www.umweltrat.de/SharedDocs/Downloads/DE/02_Sondergutachten/2020_2024/2023_05_SG_Umweltfreundliches_Verhalten.html

Sahin, B. (2022). The perception of personal space and crowding during Covid-19: An example of grocery shopping. *Beykent University Journal of Science and Engineering, 15*(1), 11–22.

Samuel, O., Wolf, P., & Schilling, A. (2013). Corporate volunteering: Benefits and challenges for nonprofits. *Nonprofit Management and Leadership, 24*(2), 163–179. https://doi.org/10.1002/nml.21089

Sandifer, P. A., Sutton-Grier, A. E., & Ward, B. P. (2015). Exploring connections among nature, biodiversity, ecosystem services, and human health and well-being: Opportunities to enhance health and biodiversity conservation. *Ecosystem Services, 12*, 1–15. https://doi.org/10.1016/j.ecoser.2014.12.007

Schaefer, J., & Crane, A. (2005). Addressing sustainability and consumption. *Journal of Macromarketing, 25*(1), 76–92. https://doi.org/10.1177/0276146705274987

Schäfer, M., Jaeger-Erben, M., & Bamberg, S. (2012). Life events as windows of opportunity for changing towards sustainable consumption patterns? *Journal of Consumer Policy, 35*, 65–84.

Schahn, J., & Matthies, E. (2008). Moral, Umweltbewusstsein und umweltbewusstes Handeln. In E.-D. Lantermann & V. Linneweber (Hrsg.), *Grundlagen, Paradigmen und Methoden der Umweltpsychologie* (S. 663–689). Hogrefe.

Scherer, P., & Roßteutscher, S. (2020). Wertorientierungen und Wertewandel. In T. Faas, O. W. Gabriel, & J. Maier (Hrsg.), *Politikwissenschaftliche Einstellungs-und Verhaltensforschung: Handbuch für Wissenschaft und Studium* (S. 209–229). Nomos.

Scheuer, A. (2016). Werte und Einstellungen. In Bundeszentrale für politische Bildung, Statistisches Bundesamt, Wissenschaftszentrum Berlin für Sozialforschung & sozio-oekonomisches Panel (Hrsg.), *Datenreport 2016: Ein Sozialbericht für die Bundesrepublik Deutschland* (S. 417–431). https://www.wzb.eu/system/files/docs/sv/iuk/dr2016_bf_gesamt_korr.pdf

Scheuthle, H., Frick, J., & Kaiser, F. G. (2010). Personzentrierte Interventionen zur Veränderung von Umweltverhalten. In V. Linneweber, E.-D. Lantermann, & E. Kals (Hrsg.), *Spezifische Umwelten und umweltbezogenes Handeln* (S. 643–667). Hogrefe.

van Schie, S., Güntert, S. T., & Wehner, T. (2015). Gestaltung von Aufgaben und organisationalen Rahmenbedingungen in der Freiwilligenarbeit. In T. Wehner & S. T. Güntert (Hrsg.), *Psychologie der Freiwilligenarbeit. Motivation, Gestaltung und Organisation* (S. 131–149). Springer.

Schienle, A., Stark, R., & Vaitl, D. (2001). Sferics provoke changes in EEG power. *International Journal of Neuroscience, 107*, 87–102. https://doi.org/10.3109/00207450109149759

Schmitt, C. T., & Bamberg, E. (Hrsg.). (2018). *Psychologie und Nachhaltigkeit*. Springer Fachmedien.

Schmitz, S. (1997). Gender-related strategies in environmental development: Effects of anxiety on wayfinding in and representation of a three-dimensional maze. *Journal of Environmental Psychology, 17*(3), 215–228. https://doi.org/10.1006/jevp.1997.0056

Schuh, A. (2007). *Biowetter. Wie das Wetter unsere Gesundheit beeinflusst*. C.H. Beck.

Schulte-Kellinghaus, R., & Maier, C. (2022). Das biosoziale Konfliktverständnis – eine neue Perspektive zum Umgang mit der ökologischen Krise. *Konfliktdynamik, 11*(1), 21–27.

Schultz, W. P., Khazian, A. M., & Zaleski, A. C. (2008). Using normative social influence to promote conservation among hotel guests. *Social Influence, 3*(1), 4–23. https://doi.org/10.1080/15534510701755614

Schuster, K. (2008). Lebensstil und Umwelt. In E.-D. Lantermann & V. Linneweber (Hrsg.), *Grundlagen, Paradigmen und Methoden der Umweltpsychologie* (S. 691–714). Hogrefe.

Schwartz, S. H. (1975). The justice of need and the activation of humanitarian norms. *Journal of Social Issues, 31*(3), 111–136. https://doi.org/10.1111/J.1540-4560.1975.TB00999.X

Schwartz, S. H. (1977). Normative influences on altruism. In L. Berkowitz (Hrsg.), *Advances in experimental social psychology* (Bd. 10, S. 221–279). Academic Press.

Schwartz, S. H. (1994). Are there universal aspects in the structure and contents of human values? *Journal of Social Issues, 50*(4), 19–45. https://doi.org/10.1111/j.1540-4560.1994.tb01196.x

Schwartz, S. H., & Howard, J. A. (1980). Explanations of the moderating effect of responsibility denial on the personal norm-behavior relationship. *Social Psychology Quarterly, 43*(4), 441–446. https://doi.org/10.2307/3033965

Schwarz, A.-L., & Raffel, T. (2021). *Vierte Wertestudie. Wandel von Werten und Einstellungen in der Krise*. Wertestiftung/Universität für Wirtschaft und Recht.

Schweizer-Ries, P. (2008). Umweltpsychologie. In A. Sternberg & M. Amelang (Hrsg.), *Psychologen im Beruf: Anforderungen, Chancen und Perspektiven* (S. 228–295). Kohlhammer.

Seeber, A. (2010). Gefahrstoffe und Altlasten. In V. Linneweber, E.-D. Lantermann, & E. Kals (Hrsg.), *Spezifische Umwelten und umweltbezogenes Handeln* (S. 45–78). Hogrefe.

Seeber, A., Blaszkewicz, M., Golka, K., Hallier, E., Kiesswetter, E., Schäper, M., & van Thriel, C. (2004). Neurobehavioral effects of experimental exposures to low levels of styrene. *Toxicology Letters, 151*, 183–192.

Sekhon, T. S., & Armstrong Soule, C. A. (2020). Conspicuous anticonsumption: When green demarketing brands restore symbolic benefits to anticonsumers. *Psychology & Marketing, 37*(2), 278–290. https://doi.org/10.1002/mar.21299

Shaw, D., & Newholm, T. (2002). Voluntary simplicity and the ethics of consumption. *Psychology & Marketing, 19*(2), 167–185. https://doi.org/10.1002/mar.10008

Shaw, D., Hogg, G., Wilson, E., Shiu, E., & Hassan, L. (2006a). Fashion victim: The impact of fairtrade concerns on clothing choice. *Journal of Strategic Marketing, 14*(4), 427–440. https://doi.org/10.1080/09652540600956426

Shaw, D., Newholm, T., & Dickinson, R. (2006b). Consumption as voting: An exploration of consumer empowerment. *European Journal of Marketing, 40*(9/10), 1049–1067. https://doi.org/10.1108/03090560610681005

Sheeran, P. (2002). Intention-behavior relations: A conceptual and empirical review. *European Review of Social Psychology, 12*(1), 1–36.

Shipley, N. J., & van Riper, C. J. (2022). Pride and guilt predict pro-environmental behavior: A meta-analysis of correlational and experimental evidence. *Journal of Environmental Psychology, 79*, 101753. https://doi.org/10.1016/j.jenvp.2021.101753

Silny, J. (2002). Nichtionisierende elektromagnetische Felder und Strahlen. In W. Dott, H. F. Merk, J. Neuser, & R. Osieka (Hrsg.), *Lehrbuch der Umweltmedizin* (S. 275–290). Wissenschaftliche Verlagsgesellschaft.

Simonson, J., Kelle, N., Kausmann, C., & Tesch-Römer, C. (Hrsg.). (2022). Einleitung: Zwanzig Jahre Deutscher Freiwilligensurvey. In *Freiwilliges Engagement in Deutschland: Empirische Studien zum bürgerschaftlichen Engagement*. Springer.

Sinus-Institut. (2022). *Sinus-Milieus Deutschland*. https://www.sinus-institut.de/sinus-milieus/sinus-milieus-deutschland. Zugegriffen am 03.08.2023.

Sloane, G., & Pröbstl-Haider, U. (2019). Motivation for environmental volunteering – A comparison between Austria and Great Britain. *Journal of Outdoor Recreation and Tourism, 25*, 158–168.

Slovic, P., Fischoff, B., & Lichtenstein, S. (1982). Facts versus fear: Understanding perceived risk. In D. Kahneman, P. Slovic, & A. Tversky (Hrsg.), *Judgment under uncertainty: Heuristics and biases* (S. 463–489). Cambridge University Press.

Sönning, W. (2007). Wetter und Gesundheit: Die Suche der Medizinmeteorolgie nach dem biotropen Wetterfaktor. *Umwelt-Medizin-Gesellschaft, 20*(3), 212–218.

Spada, H. (1990). Umweltbewusstsein: Einstellung und Verhalten. In L. Kruse, C.-F. Graumann, & E.-D. Lantermann (Hrsg.), *Ökologische Psychologie* (S. 623–631). Psychologie Verlags Union.

Städtler, T. (2003). *Lexikon der Psychologie*. Kröner.

Steg, L., & de Groot, J. I. M. (Hrsg.). (2019). *Environmental psychology*. (2. Aufl.). Wiley-Blackwell.

Steiner, J. (1996). *Gewissen in der Politik: Entscheidungsfälle in der Schweiz*. Paul Haupt.

Steiof, M., Gardey, K.-U., & Dott, W. (2002). Ionisierende Strahlen. In W. Dott, H. F. Merk, J. Neuser, & R. Osieka (Hrsg.), *Lehrbuch der Umweltmedizin* (S. 291–301). Wissenschaftliche Verlagsgesellschaft.

Steneberg, A. (1996). *Umweltmedizin*. Wissenschaftliche Buchgesellschaft.

Stengel, M. (1999). *Ökologische Psychologie*. Oldenbourg.

Stepanek, P. (2022). *Sozialwirtschaft nachhaltig managen. Basiswissen Sozialwirtschaft und Sozialmanagement*. Springer.

Stern, P. C. (2000). New environmental theories: Toward a coherent theory of environmentally significant behavior. *Journal of Social Issues, 56*(3), 407–424. https://doi.org/10.1111/0022-4537.00175

Stern, P. C., Dietz, T., & Kalof, L. (1993). Value orientations, gender, and environmental concern. *Environment and Behavior, 25*, 322–348. https://doi.org/10.1177/0013916593255002

Strubel, I. T. (2019). *Nachhaltiger Konsum, Fairer Handel und Gerechtigkeit: Eine multimethodale psychologische Untersuchung gerechtigkeits- und verantwortungsbezogener Motive*. Dissertation, Katholische Universität Eichstätt-Ingolstadt. https://opus4.kobv.de/opus4-ku-eichstaett/frontdoor/index/index/docId/496

Strubel, I. T. (2020). The impact of indignation on fairtrade support. *Conflict & Communication online, 19*(1&2), 1–16.

Strubel, I. T., & Kals, E. (2018). Scope of Justice und freiwillige Engagements in der Flüchtlingshilfe. *Konfliktdynamik, 7*(1), 40–49.

Strubel, I. T., Riedner, A., & Kals, E. (2016). Motive freiwilligen Umweltengagements: Die Bedeutung von Gerechtigkeit und Wissen. In I. T. Strubel & E. Kals (Hrsg.), *Freiwilligenarbeit und Gerechtigkeit* (S. 83–100). Zentrum für Organisations- und Arbeitswissenschaften EHTZ.

Strubel, I. T., Schütt, S. C., & Kals, E. (2021). Soziale Engagements aus psychologischer Sicht. In P. Genkova (Hrsg.), *Handbuch globale Kompetenz* (S. 1–14). Springer.

Sullivan, W. C., Kuo, F. E., & Depooter, S. F. (2004). The fruit of urban nature: Vital neighborhood spaces. *Environment & Behavior, 36*(5), 678–700.

Sunderer, G., & Rössel, J. (2012). Morality or economic interest? The impact of moral motives and economic factors on the purchase of fair trade groceries. *International Journal of Consumer Studies, 36*(2), 244–250. https://doi.org/10.1111/j.1470-6431.2011.01087.x

Sunstein, C. R. (2014). Nudging: A very short guide. *Journal of Consumer Policy, 37*(4), 583–588.

Tanner, C., & Wölfing Kast, S. (2003). Promoting sustainable consumption: Determinants of green purchases by Swiss consumers. *Psychology & Marketing, 20*(10), 883–902.

Thaler, R., & Sunstein, C. (2008). *Improving decisions about health, wealth and happiness*. Penguin.

Thiel, K. (2021). *Organisation, Motivation und Konflikte in der Freiwilligenarbeit. Eine organisationspsychologische Analyse freiwilligen Engagements in Non-Profit-Organisationen*. Springer.

Thiel, K., Strubel, I. T., & Kals, E. (2016). Engagement aus Empörung? Emotionen als motivationale Grundlagen freiwilliger Engagements. In I. T. Strubel & E. Kals (Hrsg.), *Freiwilligenarbeit und Gerechtigkeit* (S. 101–115). Zentrum für Organisations- und Arbeitswissenschaften EHTZ.

Thorun, C., Diels, J., Vetter, M., Reisch, L., Bernauer, M., Micklitz, H.-W., Rosenow, J., Forster, D., & Sunstein, C. R. (2017). *Nudge-Ansätze beim nachhaltigen Konsum: Ermittlung und Entwicklung von Maßnahmen zum „Anstoßen" nachhaltiger Konsummuster*. Umweltbundesamt.

Tolman, E. (1948). Cognitive maps in rats and men. *Psychological Review, 55*(4), 189–208. https://doi.org/10.1037/h0061626

Torjusen, H., Sangstad, L., O'Doherty-Jensen, K., & Kjaernes, U. (2004). *European consumers' conceptions of organic food: A review of available research*. National Institute for Consumer Research.

Trenkle, H. (1992). *Klima und Krankheit*. Wissenschaftliche Buchgesellschaft.

Tukker, U., & Jansen, B. (2006). Environmental impact of products: A detailed review of studies. *Journal of Industrial Ecology, 10*(3), 159–182. https://doi.org/10.1162/jiec.2006.10.3.159

Turin, L. (2007). *The secret of scent adventures in perfume and the science of smell*. Faber & Faber.

Ulrich, R. S., Simons, R., Losito, B. D., Fiorito, E., Miles, M. A., & Zelson, M. (1991). Stress recovery during exposure to natural and urban environments. *Journal of Environmental Psychology, 11*(3), 201–230. https://doi.org/10.1016/S0272-4944(05)80184-7

Umweltbundesamt. (2015). *Daten zur Umwelt: Umwelt, Haushalte und Konsum*. http://www.umweltbundesamt.de/sites/default/files/medien/378/publikationen/daten_zur_umwelt_umwelt_haushalte_und_konsum_2.pdf. Zugegriffen am 03.08.2023.

Valentin, A., & Spangenberg, J. H. (2000). A guide to community sustainability indicators. *Environmental Impact Assessment Review, 20*(3), 381–392. https://doi.org/10.1016/S0195-9255(00)00049-4

van Valkengoed, A. M., Abrahamse, W., & Steg, L. (2022). To select effective interventions for pro-environmental behaviour change, we need to consider determinants of behaviour. *Nature human behaviour, 6*(11), 1482–1492. https://doi.org/10.1038/s41562-022-01473-w

Varotto, A., & Spagnolli, A. (2017). Psychological strategies to promote household recycling. A systematic review with meta-analysis of validated field interventions. *Journal of Environmental Psychology, 51*, 168–188. https://doi.org/10.1016/j.jenvp.2017.03.011

Varul, Z. (2009). Ethical consumption: The case of Fairtrade. *Kölner Zeitschrift für Soziologie und Sozialpsychologie, 49*, 366–385.

Vereinte Nationen. (Hrsg.). (1992). *AGENDA 21. Konferenz der Vereinten Nationen für Umwelt und Entwicklung, Rio de Janeiro, Juni 1992*. Vereinte Nationen.

Verplanken, B., & Roy, D. (2015). Consumer habits and sustainable consumption. In L. Reisch & J. Thogersen (Hrsg.), *Handbook of research on sustainable consumption* (S. 243–253). Edward Elgar Publishing Ltd.

Verplanken, B., & Wood, W. (2006). Interventions to break and create consumer habits. *Journal of Public Policy and Marketing, 25*(1), 90–103. https://doi.org/10.1509/jppm.25.1.90

Vester, F. (2019). *Die Kunst, vernetzt zu denken. Ideen und Werkzeuge für einen neuen Umgang mit Komplexität*. Pantheon.

viamedica – Stiftung für eine gesunde Medizin. (o.J.-a). *Über das Projekt*. Klimaretter – Lebensretter. https://projekt.klimaretter-lebensretter.de/das-projekt/ueber-das-projekt/. Zugegriffen am 03.08.2023.

viamedica – Stiftung für eine gesunde Medizin. (o.J.-b). *Ergebnisse: 1.629.477 kg CO_2 vermieden – 7.333 Teilnehmer*innen – 133 Unternehmen*. Klimaretter – Lebensretter. https://projekt.klimaretter-lebensretter.de/fileadmin/user_upload/Erfolgsbilanz_Klimaretter_2020.pdf. Zugegriffen am 19.12.2022.

Wackernagel, M., & Rees, W. (1996). *Our ecological footprint: Reducing human impact on the earth*. New Society Publishers.
Walden, R. (2010). Lernumwelten. In V. Linneweber, E.-D. Lantermann, & E. Kals (Hrsg.), *Spezifische Umwelten und umweltbezogenes Handeln* (S. 151–186). Hogrefe.
Walter, A. I., Mieg, H. A., & Scholz, R. W. (2010). Landschaft, Landnutzung, Planung des ländlichen Raums. In V. Linneweber, E.-D. Lantermann, & E. Kals (Hrsg.), *Spezifische Umwelten und umweltbezogenes Handeln* (S. 295–317). Hogrefe.
Walter, F. (2010). *Katastrophen. Eine Kulturgeschichte vom 16. bis ins 21. Jahrhundert*. Reclam.
Warren, D. I. (1978). Exploration in neighborhood differentiation. *Sociological Quarterly, 19*, 310–331.
Wehner, T., & Güntert, S. T. (2015). *Psychologie der Freiwilligenarbeit: Motivation, Gestaltung und Organisation*. Springer.
Wehner, T., Güntert, S. T., Neufeind, M., & Mieg, H. A. (2015). Frei-gemeinnützige Tätigkeit: Freiwilligenarbeit als Forschungs- und Gestaltungsfeld der Arbeits- und Organisationspsychologie. In T. Wehner & S. T. Güntert (Hrsg.), *Psychologie der Freiwilligenarbeit. Motivation, Gestaltung und Organisation* (S. 3–22). Springer.
Welsch, R., Wessels, M., Bernhard, C., Thönes, S., & von Castell, C. (2021). Physical distancing and the perception of interpersonal distance in the COVID-19 crisis. *Scientific Reports, 11*(1), 1–9. https://doi.org/10.1038/s41598-021-90714-5
van de Wetering, J., Leijten, P., Spitzer, J., & Thomaes, S. (2022). Does environmental education benefit environmental outcomes in children and adolescents? A meta-analysis. *Journal of Environmental Psychology, 81*, 101782. https://doi.org/10.1016/j.jenvp.2022.101782
White, K., Habib, R., & Hardisty, D. J. (2019). How to SHIFT consumer behaviors to be more sustainable: A literature review and guiding framework. *Journal of Marketing, 83*(3), 22–49.
Whitmarsh, L., & O'Neill, S. (2010). Green identity, green living? The role of pro-environmental self-identity in determining consistency across diverse pro-environmental behaviours. *Journal of Environmental Psychology, 30*(3), 305–314. https://doi.org/10.1016/j.jenvp.2010.01.003
Wiedemann, P. M., & Schütz, H. (2010). Risikokommunikation als Aufklärung: Informieren über und Erklären von Risiken. In V. Linneweber, E.-D. Lantermann, & E. Kals (Hrsg.), *Spezifische Umwelten und umweltbezogenes Handeln* (S. 787–816). Hogrefe.
Wiedmann, T., & Minx, J. (2008). A definition of "carbon footprint". *Ecological Economics Research Trends, 1*, 1–11.
Wilson, E. O. (1984). *Biophilia: The human bond with other species*. Harvard University Press.
Wilson, J. (2000). Volunteering. *Annual Review of Sociology, 26*, 215–240.
Winneke, G. (2002). Wirkungen chemischer Noxen. In W. Dott, H. F. Merk, J. Neuser, & R. Osieka (Hrsg.), *Lehrbuch der Umweltmedizin* (S. 487–493). Wissenschaftliche Verlagsgesellschaft.
von Winterfeld, U. (2007). Keine Nachhaltigkeit ohne Suffizienz: Fünf Thesen und Folgerungen. *Vorgänge, 46*(3), 46–54.

World Health Organization, Regionalbüro für Europa (2011). *Burden of disease from environmental noise, quantification of healthy life years lost in Europe*. https://www.euro.who.int/__data/assets/pdf_file/0008/136466/e94888.pdf. Zugegriffen am 03.08.2023.

Wyss, A. M., Knoch, D., & Berger, S. (2022). When and how pro-environmental attitudes turn into behavior: The role of costs, benefits, and self-control. *Journal of Environmental Psychology, 79*, 101748. https://doi.org/10.1016/j.jenvp.2021.101748

Yildirim, K., Akalin-Baskaya, A., & Celebi, M. (2007). The effects of window proximity, partition height, and gender on perceptions of open-plan offices. *Journal of Environmental Psychology, 27*(2), 154–165. https://doi.org/10.1016/j.jenvp.2007.01.004

Yiridoe, E. K., Bonti-Ankomah, S., & Martin, R. C. (2005). Comparison of consumer perceptions and preference toward organic versus conventionally produced foods: A review and update of the literature. *Renewable Agriculture and Food Systems, 20*(4), 193–205.

Yuriev, A., Dahmen, M., Paillé, P., Boiral, O., & Guillaumie, L. (2020). Pro-environmental behaviors through the lens of the theory of planned behavior: A scoping review. *Resources, Conservation and Recycling, 155*, 104660. https://doi.org/10.1016/j.resconrec.2019.104660

Zapetis, S., Nasiriavanaki, Z., Hughes, D., DeTore, N., Pace-Schott, E. F., Tootell, R. B., & Holt, D. J. (2021). Changes in personal space during the COVID-19 pandemic [Poster Abstracts]. *Biological Psychiatry, 89*(9), 324–S325. https://doi.org/10.1016/j.biopsych.2021.02.809

Zelenski, J. M., Dopko, R. L., & Capaldi, C. A. (2015). Cooperation is in our nature: Nature exposure may promote cooperative and environmentally sustainable behavior. *Journal of Environmental Psychology, 42*, 24–31. https://doi.org/10.1016/j.jenvp.2015.01.005

Zemann, A. (2021). *You are nature*. Kailash.

Zieris, P., Freund, S., Kals, E. (2023). Nature experience and well-being: Bird watching as an intervention in nursing homes to maintain cognitive resources, mobility, and biopsychosocial health. *Journal of Environmental Psychology*. https://doi.org/10.1016/j.jenvp.2023.102139

Zilleßen, H. (Hrsg.). (1998). *Mediation. Kooperatives Konfliktmanagement in der Umweltpolitik*. Westdeutscher Verlag.

Zimbardo, P. G., & Gerrig, R. J. (2018). *Psychologie* (21. Aufl.). Pearson.

Zinn, H. (1979). Der Einfluss der Wohnumwelt auf die Sozialisation von Kindern. *Kindheit, 1*, 293–310.

Stichwortverzeichnis

A
Affordanz 14
Allmende 84
    Allmende-Klemme 84
Arbeit 74, 160
    Arbeitsleistung 66
    Arbeitsumwelt 74
    Arbeitspsychologie 75, 161
Attention-Restoration-Theorie 42

B
Barker, Roger 8
Bedürfnispyramide (Maslow) 64, 80
Behavior Setting 8, 67
Behavior-Constraint-Modell 67
Bioklima 44
Bioklimatischer Wirkungskomplex 45
    Aktinischer Wirkungskomplex 46
    Chemischer Wirkungskomplex 46
    Neurotroper Wirkungskomplex 46
    Thermischer Wirkungskomplex 45
Bioklimatologie 44
Biophilia 39
Biophobia 39
Brunswik, Egon 7
Bürgerschaftliches Engagement 132. *Siehe auch* Freiwilligenarbeit

C
Corporate Volunteering 142
Crowding 65
    Crowd-/Crowding-Behavior 68
    Deindividuation 68
    Ratten-Universum 65

D
Dammeffekt 61
Determinismus 10
Dichte 68
Distanz/-zone 69

E
Effizienz 116
Ehrenamt 132. *Siehe auch* Freiwilligenarbeit
Elektrosmog 33
Evaluation 153, 158
Evolutionspsychologie 9, 40

F
Förderung von Umwelthandeln 93, 97
    Door-in-the-face-Technik 106
    Foot-in-the-door-Technik 106

Individuumbezogener Ansatz 102
Kognitiver und verhaltenstheoretischer Ansatz 101
Personen- und situationsbezogener Ansatz 101
Freiwilligenarbeit 132
    Form im Umweltschutz 131
    Gestaltung 138
    Motivation 133
Freiwilliges Engagement 132. *Siehe auch* Freiwilligenarbeit
Funktionaler Ansatz 134

G
Gerechtigkeit/Ungerechtigkeit 89
Gesundheit 5, 21
Gesundheitspsychologie 161
Gibson, James 14

H
Haeckel, Ernst 6
Handlungsmodell 93, 94, 96, 97. *Siehe auch* Förderung von Umwelthandeln
    Modell verantwortlichen Umwelthandelns 96
    Modell von Fietkau und Kessel 100
    Norm-Aktivationsmodell 95, 123, 134
    Rational-Choice-Modell 94
    Spezifisches Umweltmodell 96
    Theorie geplanten Verhaltens 95, 133
Hellpach, Willy 4
Hitze 42, 45
    Hitze und Aggression 48

K
Kernkompetenzen 155
Klima 42
    Belastungsklima 44
    Reizklima 44
    Schonklima 44
Kognitive Karte 8, 16
Konsistenz 116
Konsum 111
    Ethischer Konsum 114
    Geltungskonsum 121

Nachhaltiger Konsum 114
    Sozial verantwortlicher Konsum 114
Kriseneffekt 61
Kultur 3

L
Landschaft 37
    Landschaftspräferenz" 40
Lärm 24, 157
Lärmwirkung
    Aurale Lärmwirkung 24
    Extraaurale Lärmwirkung 24
Lebensstil 90
    Sinus-Studie 91
Lebenszyklusperspektive 114
Lehr- und Lernumwelt 74
Licht 33, 46, 47

M
Mobilität 76
Multiple Chemikaliensensitivität (MCS) 32

N
Nachhaltigkeit 4, 76, 86
    Drei-Säulen-Modell 4, 87
Natur 2
    Liebe zur Natur 38
    Naturgefahr 53
Natur und Gesundheit 42. *Siehe auch* Gesundheit
Nudge 120

O
Ökologische Optik 14
Ökologischer Fußabdruck 115
Ökologie 6

P
Persönlicher Raum („personal space") 68
    Äquilibrationshypothese 70
    Defensible Space 74
    Possibilismus 10

Stichwortverzeichnis

Posttraumatische Belastungsstörung 62
Probabilistischer Funktionalismus 7
Produktsiegel 119
Professionalisierung 153
Prospect-Refuge-Hypothese 40
Psychosoziale Notfallhilfe 61

R
Reizüberlastungsmodell 67

S
Savannen-Hypothese 39
Schieds- und Schlichtungsverfahren 149
Scope of Justice 136
Seasonal Affective Disorder (SAD) 48
Sick-Building-Syndrom (SBS) 32
Smellscape 29
Sozioökologisches Dilemma 84
Stadtentwicklung 73
Stress 21
Suffizienz 122
Systemanalyse 11

T
Technische Umweltgefahr 53
Territorialität 70
    Primäres, sekundäres und tertiäres Territorium 71
The Image of the City 18
Tolman, Edward 8, 16
Transaktionalismus 10

U
Uexküll, Jakob von 2, 7
Umwelt 2
Umweltbewusstsein, Gefahrenbewusstsein 82
Umweltbildung 107
Umweltgefahr, -problem 53, 145
Umweltgestaltung 64, 71, 156
    Bewertung 64
    Primär- und Sekundärfunktion 64
Umweltgift 31

Umwelthandeln/umweltgefährdendes Handeln 93. *Siehe auch* Handlungsmodell sowie Förderung von Umwelthandeln
Umweltkatastrophe 51
Umweltkonflikt 146
Umweltmediation 149
    Ablauf 150
    Grenzen 151
    Vorteile 151
    Werkzeuge 150
Umweltpädagogik 109
Umweltpsychologie 1, 99, 109, 153
    Aufgaben 156
Umweltrisiko 51
Umweltschutz 4, 82, 86
Umweltschutzpsychologie 6

V
Verantwortung 95, 151
Verhaltensstromanalyse 9
Vertrauenseigenschaft 118
Volunteering 142. *Siehe auch* Freiwilligenarbeit
Voluntourismus 141

W
Werte 79
    Postmaterialismus 80, 91
    Shell Studie 81
    Wertesynthese 80
    Wertewandel 80
Wetter 42
    Wetterempfindlichkeit 45
    Wetterfühligkeit 45
    Wetterreaktion 45
Wohnen 72
    Wohnraumgestaltung 72
    Wohnumfeld 72

Z
Zahlungsbereitschaft 117
Zivilisation 2

The manufacturer's authorised representative in the EU is Springer Nature Customer Service Centre GmbH, Europaplatz 3, 69115 Heidelberg, Germany. If you have any concerns regarding our products, please contact ProductSafety@springernature.com

Printed and bound by CPI Group (UK) Ltd, Croydon, CR0 4YY

23/03/2026

02076457-0006